ON THE DIACHRONIC EVOLUTION OF
ENGLISH AND CHINESE
CAUSAL COMPLEX SENTENCES

英汉因果复句的历时演变研究

邓云华 曾冬梅 李 曦 著

商务印书馆
The Commercial Press

序

　　《英汉因果复句的历时演变研究》以认知语言学理论为框架，根据自建的各历史时期的大规模语料库语料的统计，结合历时和共时的视角，对比研究了英汉因果复句句法和语义的演变特征，主要分析和解释了以下问题："英汉因果复句的语法形式是如何产生和演变的？英汉因果复句演变特征的共性和差异是什么？作用于英汉因果复句演变特征的各种认知机制和动因是什么？"

　　本书具有几大独到之处。第一，量化分析的充分性。针对英汉因果复句形式表征数量丰富的特点，根据英汉语的各个历史时期，对每个历史时期自建了大规模语料库，检索到大量的相关语句，历时的数据分析清晰揭示了英汉因果复句的最初起源和发展过程的具体特征。历时语料库的时间跨度逾两千年，英汉各五个历史时期，自建语料库的穷尽性收集和统计的工作量之大可想而知，充分的量化分析保证了研究结论和成果的可靠性和可信性。

　　第二，历时和共时研究视角的结合。该研究摆脱了以往的以共时为主或历时与共时分离的研究方法的限制，考察了英汉因果复句演变的过程、方式、程度和形态，对比了两者在演变路径特征、句法、语义和语用等不同层面上的共性和差异，解析了其演变特征共性和差异的深层理据，并阐释了其演变的机制、动因及相关问题。该研究应用认知语言学理论对比分析英汉语言中的因果复句的形成及演变过程，清晰揭示出英汉因果复句的演变事实，并清楚展示了英汉因果复句的共时语法系统，具体地回答了英汉因果复句"从何处来、到何处去、为何如此"的问题。理论解释进一步证明了英汉因果复句和句法系统在形式、语用、语义、认知、语言接触等各方面的相互作用、相互影响，从历时共时、认知语用及认知心理等角度对语法化现象做出解释，所得出的观点创新性更强，解释更加充分。

　　第三，宏观和微观研究的结合。研究范围从微观拓展到中观和宏观，从系统的观点探求语法结构的演变，把因果复句的演变放在整个语法系统发展的大背景下进行考察。该研究对比分析了英汉因果复句演变的句法环境对因果复句演变的影响和语义抽象化／变化的方式等。基于语法化理论，从语用语法化新视角出发，对比研究了英汉原因连词的语法化过程和特征，对比分析了英汉原因和结果语法标记特征、焦点标记的演变特征及其认知动因，对比分析了英汉因果复句关联标记模式及其优先序列的演变过程、英汉因果复句关联标记模式类型特征的演变特征、英汉因果复句语序和关联词标记模式关系的演变的特征，对比分析了英汉因果复句语法化和主观化的历程的共性和差异，考察了英汉因果复句的基本句法语义特征和认知特征，并从认知语法"入场理论"的视角探讨了因果关联词的入场资格、策略、路径以及因果分句入场和场景的构建。基于英汉因果复句演变过程的描述具体清晰地展示了英汉因果复句演变的路径，同时分析了英汉语言因果复句演变路径的共性和差异。依据大规模语料库，从句法、语义、语用等层面分析了其共性特征，从演变进程和语法化程度总结出英汉因果复句各自的演变路径特征的差异，根据路径概括出英汉因果复句历时演变的进程和发展趋势，揭示了英汉语言因果复句演变背后的认知动因和演变机制，解释了英汉因果复句结构演变特征的相似性和差异性。该研究全方位、多角度地深入对比分析与解释，将语法化与语用、语义和认知等领域相结合，保证和展现了概括和解释的全面性、透彻性。

　　第四，研究观点的创新。该研究主要提出了三大创新观点：（1）句法、语用、语义三因素在因果复句的演进中具有互动作用。因果复句在形成和演变过程中受到句法、语义、语用等条件的相互影响。因果复句所出现的句法环境和使用频率影响其演变特征，因果复句的初始功能影响其语法标记形式，因果复句的概念化特征影响其结构的语法特征。功能相同或者相近的多个语法手段之间具有相互制约的关系。（2）语法化过程具有动态性。英汉因果复句的语法范畴和语法手段具有动态性和可变性。随着时代的推移、因果复句环境的改变，因果复句在形式、语音、语义、语用等方面都产生了相应的变化。（3）新语法手段对现有语法系统产生了影响。新语法手段的出现影响到现有的语法系统，因果复句的演变在一定程度上改变了现代的语法系统，由此证明了语言系统的"整体性"。

　　本著作揭示了人类语言与思维的发展趋势，剖析了因果逻辑关系概念化模式的共性和个性，是比较研究英汉因果复句的一部力作。本书作者多年来一直致力于英汉语言比较，在英汉因果复句对比研究成果方面，作者已先后发表一系列相关论文，这部著作是作者近年来聚焦英汉因果复句系列成果的总括。我相信，《英汉因果复句的历时演变研究》的出版对国内复句和句式的研究是一个重要的贡献，在研究方法、视角和阐释方面将给复句和句式研究提供有益的启示和指导，研究成果可以直接应用于语言习得、双语教学和翻译实践。是为序。

2022 年 10 月 20 日

前　言

　　《牛津哲学辞典》对"因果关系"的定义是："Causation is the relation between two events that holds when，given that one occurs，it produces，or brings forth，or determines，or necessitates the second."（"因果关系"是指相关两方面间的联系，当一方发生时会导致另一方的产生。）具有因果关系的复句就称为因果复句。因果关系是客观世界普遍存在的一种关系，即原因和结果的内在联系。所以在各级表现"因果关系"的语法单位中，因果复句是最重要的一级，处于中心地位。"因果"一词来源于佛教，但它并不是佛教独有术语，在哲学领域里，凡是一种"现象"的产生，必有形成此"现象"的原因在先，然后才会产生结果。而在逻辑学中，因果关系用于解释某个事物，找寻某事物的来源、发展及最后的去向。因果逻辑被广泛应用，万物具有普遍联系，因此因果关系也具有普遍性。语言是对客观认识的主观表达形式，英汉两种语言表达因果关系的形式有很多，其中英语因果复句和汉语因果复句就是表达这一关系最基本、最重要的形式之一。英汉因果复句的研究一直都在进行，经历了从结构主义语言学到形式主义语言学再到认知主义语言学的转变。结构主义语言学视角下的英汉因果复句重视记录实际语言中的因果复句使用，倾向于共时研究，主要是研究因果复句的分布情况。形式语言学视角下的英汉因果复句倾向于从语言结构内部寻找对语言现象的解释，认为因果复句的句法、语义、语用等边界非常清楚。认知语言学视角的因果复句研究认为语言是认知的一部分，我们所用的因果复句也带有我们个人的认知印记和色彩，其语义、语用具有主观性，主观性的表达与主观化相关，主观化的进行与词汇化、语法化也有联系。因此在认知语言学视角下，我们的研究主要从语法化和主观化两个角度进行。不同的语言学视角能够为我们呈现因果复句的不同特点，让我们一览当下因果复句研究的全貌。

　　本研究以认知语言学理论为框架，根据各历史时期的语料统计，研究英汉因果复句句法和语义的演变特征，考察它们演变路径特征的共性和差异，对比两者在句法、语义和语用演变等不同层面上的共性和差异，解析其演变特征共性和差异的深层理据，发现英汉因果复句结构相同和各自的演变机制，并分析解释其演变机制、动因及相关问题。本研究主要尝试分析和解释以下问题：

（1）英汉因果连词语法化的各个层面的共性和差异以及语法化动因是什么？

（2）英汉原因和结果语法标记和焦点标记演变的特征及其认知动因是什么？

（3）英汉因果复句关联标记模式和英汉因果复句语序演变的特征及其认知动因是什么？

（4）英汉因果复句语法化和主观化的历程及其认知机制或动因是什么？

（5）因果复句关联词入场的策略与路径以及因果复句入场模式是什么？

本研究的学术价值主要包括：（1）研究角度的意义。结合历时和共时的角度应用认知语言学理论对比分析英汉语言中的因果复句的形成及演变过程，清晰揭示英汉因果复句的演变事实，且清楚展示英汉因果复句的共时语法系统。（2）研究方法的意义。将人工和大型语料库 CCCS、CCL、BNC、COCA 语料统计相结合，采用先进的语料统计软件，数据统计全面充分，可以保证论证和结论的可靠性。（3）研究范围的意义。突破此领域研究对象的单一性。通过英汉两种及以上语言语法化特征的对比分析，可以清晰地揭示不同语言因果复句语法化路径特征的共性和个性，加深我们对语言普遍规律的认识。同时，研究范围从微观拓展到中观和宏观，从系统的观点探求语法结构的演变，把因果复句的演变放在整个语法系统发展的大背景下加以考察。（4）理论上的意义。理论解释可以进一步证明英汉因果复句和句法系统在形式、语用、语义、认知、语言接触等各方面的相互作用、相互影响；多角度的解释可以保证解释的全面性和充分性。对因果复句进行构式语法与语法化的接口研究有助于扩大构式语法理论的应用范围和解释力，突破认知语言学研究的"高原"阶段，寻找新的研究视角，实现新的理论飞跃。

应用价值主要包括：（1）可以具体地回答英汉因果复句"从何处来、

到何处去、为何如此"的问题。（2）演变规律和机制的分析解释可以帮助人们更清晰地了解英汉因果复句演变的过程、路径和特征。（3）研究成果可以促进语言习得、语言教学、翻译实践以及语法化理论的完善。

本研究的方法主要包括定量与定性相结合、描写与解释相结合、历时研究与共时研究相结合和多维度比较法。（1）定量与定性相结合的方法。首先，针对英汉因果复句形式表征数量丰富的特点，根据英汉语的各个历史时期，对每个历史时期自建了大规模语料库，以某个或某些特定的词为关键词，检索相关的语料，方便快捷地检索到大量的相关语句，运用归纳法进行细致的归纳分类分析，进行充分细致的数据统计分析。同时，对一些难以根据关键词检索的结构进行人工析取。针对英汉因果复句在时间、空间上分布特点，对英汉因果复句进行综合对比研究，揭示英汉因果复句结构演变特征的共性和个性。（2）描写与解释相结合。采取描写和解释相结合的方法，一方面，静态地描写英汉因果复句演变的历程，系统地描述其发展历史；另一方面，运用认知语言学理论深入地阐释英汉因果复句演变的动因和机制。（3）历时研究与共时研究相结合。应用语法化理论研究英汉因果复句的历时演变。对比分析英汉因果复句句法、语义和语用等各方面在各历史时期的共时特点，细致而客观地揭示出其历时发展的情况。因英汉因果复句历时的发展结果源自各历史阶段共时特征之间的联结，故本研究基于各历史阶段对英汉因果复句的对比，充分发掘其发展的历程。（4）多维度比较法。针对英汉因果复句的不同特点，采用多维比较的研究方法，进行句法、语义、语用多方面的解释，力求解释得透彻、系统。

本研究内容一共分为八章。第一章是文献综述，对以往的相关研究进行细致的描述和评论。第二章是理论基础，介绍语法化、主观化、识解和入场理论的概念、特征及其运用。第三章基于语法化理论，从语用语法化新视角出发，对比研究英汉原因连词的语法化过程和特征，并进行认知解释。第四章对比分析英汉原因和结果语法标记特征和焦点标记的演变特征及其认知动因。第五章对比分析英汉因果复句关联标记模式及其优先序列的演变过程、英汉因果复句关联标记模式的演变特征、英汉因果复句语序和关联词标记模式关系的演变的特征，并对它们进行认知阐释。第六章对比分析英汉因果复句语法化和主观化的历程的共性和差异，并对认知机制或动因进行阐释。第七章对比考察英汉因果复句的基本句法语义特征和认知特征，并从认知语法"入场理论"的视角探讨因果关联词的入场资格、策略、路径以及因果分句入场和场景的构建。第八章结语部分将就研究发现、创新之处、研究展望几个方面对本研究进行总结。

　　书中内容是集体合作的成果。邓云华与刘欣婷合写第一章，与邓凯方合写第三章，与邵阳学院曾冬梅合写第四章第一节，与湘南学院蒋知洋合写第四章第二节，与湖南财政经济学院李曦合写第四章第三节、第五章第二节和第七章，与邵阳学院成祖堰合写第五章第一节，与齐新刚合写第六章第一节。前言、结语和其他章节，以及最后统稿由邓云华完成。书中部分章节曾在《外语教学与研究》《中国外语》《外语教学》《外语电化教学》《语言研究》等刊物发表过，这次出版对部分内容又做了修改。

目　录

第一章　英汉因果复句的研究综述

因果关系是客观世界普遍存在的一种关系，即原因和结果的内在联系，所以在各级表现"因果关系"的语法单位中，因果复句是最重要的一级，处于中心地位。"因果"一词来源于佛教，但它并不是佛教独有术语，在哲学领域里，凡是一种"现象"的产生，必有形成此"现象"的原因在先，然后才会产生结果。而在逻辑学中，因果关系一般用来解释事物，分析其来源、发展和最终的动态。因为万物的普遍联系，因果关系具有普遍性。语言是对客观认识的主观表达形式，英汉两种语言表达因果关系的形式有很多，其中英语因果复句和汉语因果复句就是表达这一关系最基本、最重要的形式之一。英汉因果复句的研究一直都在进行，经历了从结构主义语言学到形式主义语言学再到认知主义语言学的转变。不同的语言学视角能够为我们呈现因果复句的不同特点，让我们一览当下因果复句研究的全貌。

第一节　结构主义语言学与因果复句

结构主义语言学强调语言本身就是内在关系结构，重视对文本、口语中某种现象的分布；强调共时研究。结构主义认为语言是一个价值系统，不是毫不相干的语言现象的汇合，否则人类就无法进行有效的交流。同时语言在某种意义上也是一种工具，用于某一个语言社团，完成一系列基本职责和任务。结构主义语言学从共时的视角对因果复句进行了分类，分析了因果复句的关联词以及因果复句的语序。

一、因果复句的概念

国内外的语言学家对因果复句的概念进行了各自的研究。这些学者用不同的理论，从不同的角度对因果句的定义进行了比较深入的研究。以下分别综述汉语和英语因果句的定义的研究情况。

（一）汉语

最初的汉语因果复句研究来源于语言学家黎锦熙（1924）的研究。他开创了汉语复句传统研究，他主张，因果关系复句，无论强调原因或强调结果，因句都被看成主句，果句被看成从句；也无论语气侧重行为或侧重目的，行为分句都被视为主句，目的分句都被视为从句，且此从句都被视为原因句。作为行为目的，它是动机，即动的原因。但后来学者们认为，主从句的界定应基于句意中心，而非因果关系。吕叔湘先生（1947）认为两件事情一先一后发生，可以是偶然的，也可以不是偶然的。我们即使使用时间关系词连接复句，但前后事件的因果关系仍是事实，因此因果关系复句不一定有因果关系词。邢福义（2001）将汉语复句划分成并列、转折、因果三种，提出，宽泛意义上，因果复句包括各种因果关系，它们表达各个类型的"因果聚合"。即两事件之间只要存在因与果相互顺承的关系，都属于广义因果关系。荣丽华（2011）把"因果复句"界定为"用来表达因果关系的复句，是客观因果关系在语言中的一种主观表现形式，因此具有主客观交互性的特征"。关于因果关系复句，原因分句表示原因事件，结果分句表示结果事件。

因果复句可以划分为广义和狭义两大类型，前者语义宽泛，狭义的因果复句主要指具有"因为……所以……"这样结构的说明性因果复句。

（二）英语

一个英语因果复句常常由主句、连接词和从句三部分组成。用 A 代表主句，C 代表连接词，B 代表从句，其基本结构为：

（1）A(,)+ C + B（"(,)"表示可以不用）；

（2）C + B, + A。

英语因果复句语序倾向于主句前置，从句后置。语言学家根据表示的内容将英语因果复句分为两类：（1）原因状语从句：原因状语从句用来修饰整个主句；（2）结果状语从句：一般为结果状语从句修饰整个主句。英语中的因果复句结构较为单一，一般情况下因果关联词必须出现，通过标点符号和其他关联词来体现因果关系的情况较为少见。

二、因果复句的分类

学者们比较注重对因果复句的分类，它也是研究因果复句其他方面的基础。因果复句的分类角度包括两种：

（1）形式的角度；（2）语义的角度。

有关因果复句分类的研究较多，因果复句的分类为研究因果复句其他方面提供了基础。而因果复句的分类主要是从因果复句的形式和语义两个角度来分类。

（一）汉语

对汉语因果复句的分类，主要是通过其形式也就是关联词和语义即复句表达的意义进行分类。

就形式来分类，吕叔湘先生和黎锦熙先生都做了相关研究。吕叔湘先生（1947）根据关联词的不同将因果复句分类，有释因关系词的因果复句称为释因句，有纪效关系词的因果复句称为纪效句。比如："下了店不妨，因为那是店家的干系，走着须要小心。"这个句子有"因为"这个释因关系词，因此是释因句。但有些句子兼用释因和纪效关系词（主要出现在白话里），那就不能确定划入哪一类。吕叔湘先生的这个分类主要是针对文言书面语。而黎锦熙先生等（1962）根据原因和结果的语序把因果复句划成两类——"溯因"复句和"据果"复句。"溯因"复句实际上就是我们所说的有原因从句的因果复句，而"据果"复句就是有结果从句的因果复句。

关于语义的分类，吕叔湘、沈家煊和王维贤等进行了相关的研究。吕叔湘先生（1947）提出，原因是个大类，它又可分成三小类：

（1）事件的理由。例如：

　　[1] 因为地上结冰了，道路交通比较堵塞。

（2）行事的理由。例如：

　　[2] 因为天太热，今天我就没出门了。

（3）推论的理由。例如：

　　[3] 你一定很紧张，因为你全身在发抖。

张志公（1980）把因果复句分成原因和结果、理由和论断两种。邢福义（1991）根据语义把因果复句分为因果句、目的句、条件句、假设句4小类，因果句又进一步分成说明性和推断性因果句。

基于认知语义的视角，沈家煊（2003）通过"行、知、言"的概念域分析因果复句的语义类型。"行域"表达"事理上的因果关系"。例如：

　　[4] 她脸上还有泪花，因为她刚才一定哭了。

"知域"表达"推理上的因果关系"。例如：

"她刚才一定哭了，因为她脸上还有泪花。"

但"言域"不是事理上或推理上的因果关系，应被理解成"实施某一言语行为的原因"。例如：

［5］今天还去散步吗？因为外面下雨了。

这个例句属于"言域"，其实它的作用类似于会话中的直接引语，言者提问"今天还去散步吗？"，因为他知道外面下雨了。言外之意："我建议今天不去散步了，因为外面下雨了。""外面下雨了"是提问或建议这个言语行为的原因。

基于因果复句的逻辑语义特点，牛保义（2006）把英语因果复句分成两种——客观因果复句和主观因果复句。客观因果复句的语义表达客观存在或发生的事件命题信息之间的因果关系，主观因果复句为说话人主观认识之间或主观上话语行为与事件之间的因果关系。显然，沈家煊和牛保义是从语义角度对因果复句进行了分类。

陆恒（2019）研究了《道行般若经》中以"故"为关联标记的因果复句。文章从句法、语义、语用三个层面对其进行分类。句法上，"故"类因果复句可以分为由因及果式"故"类因果复句和由果溯因式"故"类因果复句，其中由果及因类复句占多数。语义上，"故"类因果复句的语义类型有说明性、推断性、定名性和无奈性的语义。从语用层面分，"故"类因果复句可以分为祈使型和判断型。《道行般若经》使用"故"类关联标记联结表达了多种语义模式，这反映出当时语言中因果类关联标记较少，也反映出其翻译不够灵活。

荣丽华（2017）将因果复句标记词语分为十类，即缘起类、依凭类、受益类、意欲类、连贯类、达至类、致使类、终结类、故旧类和推断类。然后根据标记词语的语义特征，将汉语的因果复句归为三类：行为、说明和推断。其中行为因果又可分为前阶因果和后阶因果，前阶因果包括起因、凭因、动因三类，后阶因果包括顺成、使成、达成、欲成、终成五类。

（二）英语

对于英语的因果复句关系，夸克等（Quirk et al.，1985）对英语因果关系进行了分类，即原因和结果分句。

1. 原因分句

原因分句分为两类：直接原因和间接原因。直接原因又分为四种：

（1）原因和效果

　　［6］She got well very soon because she was taken good care of.

　　　　（她身体很快恢复了，因为她得到了精心的照顾。）

她得到了精心的照顾的原因直接导致她的身体很快恢复了的效果。

这个复句结构表明，客观世界中，因事件和果事件间存在一种固有的客观联系。

（2）前因和后果

　　［7］We went to see her because she was sick.

　　　　（我们去看她，因为她生病了。）

我们去看她的原因是她生病了，即有了她生病的前因，才发生我们去看她的后果。

这个复句结构说明，说话人对因事件和果事件的联系进行了推论。

（3）动机和效果

　　［8］I wash my hands before meals because my mother asked me to do so.

　　　　（我洗手的动机是我妈妈要求我这么做。）

这个复句结构说明了原因事件是结果事件的动机。

（4）状况和后果

　　［9］Since it is fine today, we will go on a picnic.

　　　　（鉴于今天天气晴朗这个事实，我们将去野餐。）

这个复句结构说明原因事件和结果事件的关系是前提和结论的关系。

　　上面四个例句中，原因分句和结果分句间都是直接的关系。表间接原因的原因分句则不同，它不涉及主句的情景，仅为话语行为的隐含的动机（Quirk et al.，1985）。例如：

　　［10］He will come to see you tomorrow, for he told me so.

　　　　　（因为他告诉过我，所以我知道"他明天会来看你"。）

　　［11］But now—since I am irrevocably doomed—wherefore should I not snatch the so-lace allowed to the condemned culprit before his execution?

　　　　　（可是如今，我既已命中注定无法挽回，又何必不去捕捉已经定罪的犯人临刑前所能得到的那点儿慰藉呢？）

状语从句的句法功能中有一项叫外加状语，其中评论母句所说内容的语体或形式的，我们称为语体外加状语，它是其所在分句的外缘成分，它隐指言语行为的环境，因此间接原因的分句均是语体外加状语（Quirk et al.，1985）。

2. 结果分句

结果分句是由连词 so that 和 so 引导的。结果分句和目的分句在意义和连词方面有交错，其主要区别分为两方面：

（1）语义方面。结果分句是事实而非推定：两者都表达结果，但在结果分句中，结果已取得；而在目的分句中，结果尚未取得，即是一种希望或谋求的结果。因此结果分句不需要一个情态助动词。

（2）句法方面。结果分句是外在状语，而目的分句是附加状语。结果分句只出现在句末，由 so 引导的结果分句由逗号分隔。

夸克等的传统语法研究对后来的因果复句研究功不可没，但是还有些问题亟待解决。主要的问题有：（1）他的传统语法认为世界由实体及其特征构成，与人们的认知无关，意义客观地独立于人的认知机制之外，因此没有关注人的认知因素的重要性。（2）他对因果关系的探讨不够深入。（3）连接词的分布有详细的调查，但对连接词分布的原则的机制和原因没有进行明确的阐释。（4）他把间接原因视作直接原因的外缘作用，而没有关注动机机制。

因为英语是形合语言，所以它更多地依靠固定的词语连接来表达各种关系。因此，在英语因果复句中，关联词是不可缺少的成分。如果失去关联词成分，则在语义的表达和接收上都会造成一定的困难或误解。

在传统语法基础上，基于"言者识解维度"，斯威策（Sweetser，2002）把因果复句分为内容、认知域和言语行为域，沈家煊（2003）把它们称为"行域、知域和言域"三域。斯威策（Sweetser，2002）认为，because 引导的因果复句，主句后面不使用逗号，表示一种预设（presupposition）；使用逗号，意指一种断言。语用因素影响连词的选用，即把两个关联的句子看作内容单位，逻辑实体还是言语行为（1990）。在内容域中，连词用来指示现实中某一事件的原因；在认识域中，连词用来标记某个现象或结果的原因；在言语行为域中，连词用来对言语行为加以归因分析。例如：

［12］a. What are you doing this morning, <u>because</u> it is weekend today.

　　　　b. He didn't say a word today <u>because</u> he was unhappy.

　　　　　c. He was unhappy because he didn't say a word today.

　　例［12］a 的 because 分句解释了主句事件的原因，是一种言语行为；例 b 句说明他"不高兴"是他"一语不发"的原因。例 c 句表示，根据他今天"一语不发"的状态可以推知他今天"不高兴"这个结论。

三、因果复句的语序

　　结构主义语言学基于句法成分的结构和意义的分类，将语序的研究聚焦于具体描述句法成分序列。对因果复句而言，语句对于意义理解很重要，句序也体现出一种思维习惯。以往的汉语因果复句研究认为汉语文本中因果句占多数，因为因果句的时间性。而英语中则是果因句占多数。

　　因果复句语序是指在因果复句中，原因句和结果句的位置排列，到底是原因句在前还是结果句在前。吕冀平（1959）指出，因果复句的语序表达的主要意义为：因句在前，果句在后的语序主要聚焦于结果意义，但特异的语序——"（之）所以……是因为……"，其意义聚焦于原因。如"所以"类的关联词不出现，单用"因为"，"因为"就表示"追加"的意义，同时还有推论的含义。语序的演变还包括其他视角。孙云（1980）认为，除了句子本身重点突出的差异，其他因素也影响到因句和果句的位置。景士俊（1992）也提到了这种"语用现象"。李晋霞和王忠玲（2003）分析了因果配位，即原因与结果的位置关系，有两种配位方式：原因＋结果和结果＋原因。这两种位置关系受到以下因素的制约：原因"与"结果"的语序主要受制于篇章信息结构，即，前置的往往为次要信息，后置的往往是重要信息。信息的重要程度常常影响"原因"和"结果"的语序：如果原因事件更重要，结果分句往往前置于原因分句；如果结果事件更重要，结果分句常常后置于原因分句。

　　文体对因果复句的语序也有影响。肖任飞（2010）考察不同文体中因果复句语序的差异。其语料显示，根据绝对频次，在各类文体语料中，因－果复句远远超过果－因复句的使用频率，这与我们对原因在前结果在后语序认知思维相同，即按照事情发生的顺序进行语序的排列。但是在口语体中，因－果复句却比果－因复句用得少。而且原因＋结果排序的因果复句频次不仅在汉语中，根据考察的另外两个语料数据，因句前置果句语序的因－果复句也少许超过果－因语序复句。

　　从大量的语料研究可以看出，在口语中，英汉因果复句中先果后因的句子占优势，主要与口语交际性有关，人们习惯先说结果，再补充原因。而在文本中，不同的文体也会有不同的选择，文学文本中，汉语的因果复句先因后果的句子占优势，而英语中仍是先果后因的句子占多数。在其他文体中，先果后因也略占优势。许文胜和张柏然（2006）在《基于英汉名著语料库的因果关系连词对比研究》中，基于语料对英汉因果连词进行了定量研究，发现在中英文的原著中，因果关系的连词使用比例要远远小于英文小说汉译本。

第二节   形式语言学与因果复句

形式语言学区分语言能力和语言应用，沿袭了结构主义语言学的传统，但形式语言学强调语言能力而非语言应用。语言能力是指语言系统知识以及讲本族语的人对该语言系统的知识。形式语言学认为语言的功能与语言的结构无关。而且形式语言学是以内部理论衡量标准。对于形式语言学来说，句法现象只能通过句法术语来体现，而语义现象只能通过语义术语来解释。同时，形式语言学倾向于从语言的经济性、理论动因和预见性方面去分析问题。在形式语言学里，词法、句法、语义、语用等概念具有明显的界限。就因果复句而言，形式语言学视角下的研究主要集中在从语言内部分析因果复句的关联词、语序、语义以及语用。

一、因果复句的关联词

形式语言学视角下因果复句的关联词研究主要是从语料中分析关联词的使用和特征。因果复句的关联词分为连接原因小句的关联词和连接结果小句的关联词。其中考察连接结果小句的关联词"所以""结果"的研究聚焦于这些关联词的结构。朱城（2000）研究了连词"所以"的产生的时代，明确"所以"产生于先秦时期，同时提出了确认"所以"为因果连词的两个原则和标准：（1）引入结果分句，表示结果或结论；（2）并非构成"所"字结构，把后面的分句变成名词性词组（朱城，2000）。

还有一些研究致力于分析连接结果小句关联词的共性与差异。姚双云（2007）考察了两个果标"结果"和"所以"的共性和差异。其共性主要体现在"结果"和"所以"都可以做连词使用，表示因果关系；其差异主要体现在关联句类的差异、搭配强度的差异和搭配语义韵的差异。从关联句类上分析，"所以"可以关联说明因果类和推论因果类的复句和句群，"结果"只能关联说明因果类的复句或者句群。从搭配强度上看，"所以"的搭配强度大于"结果"的搭配强度。从搭配语义韵分析，"所以"搭配的语义韵是中性的，而"结果"搭配的语义韵呈现出消极倾向。通过"所以"和"结果"的对比，能够明确关联词的适用范围。邓雨辉（2007）考察了汉语因果复句关联标记表示结果的两个关联标记"因此"和"因而"，从语义关系、连接能力以及这两个词语的句法限制等几个方面对果标情况下两词的用法进行了比较分析。从语义关系上看，两个果标具有共性，即都具有因果性、据实性和复指性；但它们也存在差异，"因此"多出现在单纯的因果句里，一般不出现在因果连贯句里，"因而"可出现在这两种句式里。从连接能力上分析，两个果标也存在共性，即"因此"和"因而"皆可连接因果分句，因句和果句间可存在显著的停顿；而其差异体现在"因而"可以连接有因果关系的短语，"因此"只能连接句与句以上的单位。从句法限制上来看，"因此"和"因而"具有两大共性，即"因此"和"因而"连接的分句，分句的主语可以一致，也可以不一致，以及两个果标都可以放在主语的前面或者后面。

英语中的"because"也是研究的焦点之一。福特（Ford，1994）在《会话和写作的对话方面：关于交互式编辑连续体的"Because"》（*Dialogic Aspects of Talk and Writing: Because on the Interactive-edited Continuum*）中，通过分析交际性不同的语料，考察了"because"在口语和文本中的对话性，发现不管是在口语这种交际性很强的语料里还是在交际性较差的文本里，"because"经常用来比较、解释差异，并常常跟否定语气相关。"because"后面的内容常常与交际中另一方的期待有较大差距。在口语中，"because"可以直接用来与另一方进行协商，而在具有修辞性的文本里，"because"的存在往往是因为其具有"内在对话性"。同时"because"也是口语中实现话语轮换的标志。

也有研究关注不同关联词关联语力的强弱关系。储泽祥、陶伏平（2008）应用类型学的研究方法，基于因果关联标记的研究，分析了汉语中因果复句关联标记的语序和模式，内容涉及三点：第一部分陈述因果复句的关联标记模式有三种类型——居中粘接式、居端依赖式和前后配套式，这三种类型也普遍存在于世界各语言因果复句的关联标记模式之中，这就说明了不同语言的因果复句关联标记有其共性。不同的是，汉语因果复句标记模式的特点倾向为"标记前置,模式多样"。第二部分说明了汉语原因分句和结果分句主语对应的程度,仅仅影响前置因句标记的语序。因为居中粘接式倾向的影响力较大,后分句的关联标记往往前置于主语。第三部分分析了汉语因果复句的关联标记,其居中的程度存在差异。基于位置和停顿的特征,得出汉语因果复句的关联标记序列为"所以/因此/因而/于是>以致/因为",同时基于迪克(Dik,1997)的"联系项居中原则"进行了阐释,发展并深化"联系项居中原则"对汉语因果复句的解释力。储泽祥和陶伏平认为,在汉语因果复句中,一般关联词越多,其连接作用越强;居中的关联词比居端的关联词连接作用强。

在口语和文本中,因果关系关联词的使用有其共性和差异。阿尔滕伯格(Altenberg,1984)在《英语口语和书面语中的因果关系》(*Causal Linking in Spoken and Written English*)中运用语料分析的方法考察了口语和文本中的因果关联词的使用,发现其存在相同点和不同点。相同点在于因果复句的排序和关联的优先性,都是结果-原因语序居多。同时关联词的语法途径排序差不多。其差异体现在:(1)选择的因果表达方式不一样,口语中"because"和"so"出现的频率特别高,而在文本中,因果关联词更加丰富。这主要由于计划和解码的不同,文本更加精简。(2)口语中的关联词一般是前指并且语言效力较小,而文本中的关联词一般后指,其语言效力较大。(3)口语中的"因为"无法提前计划,因此原因的呈现不具备逻辑性与主体性。

二、因果复句的语用

因果复句的语用研究主要研究因果复句在使用不同的关联词时其表达的因果关系具有差异性,其语用功能有所区别。

李晋霞、王忠玲(2013)研究了"因为""所以"单用时的选择倾向和使用差异,从因果配对和意义与形式的差异上进行了分析。关于因果配对,表达"原因+结果"时优选"所以",搭配结构的语序为前果后因时多用"因为"搭配结构,这种影响主要来自篇章信息结构里原因和结果信息的重要程度。"因为"和"所以"皆可以用于因果复句,但其意义存在差异:"因为"连接的因果复句因果关系的显著度有时较低,单独出现的"所以"表达的因果关系的显著度往往高于因句。

第三节　认知语言学与因果复句

认知语言学基于体验哲学，认为语言能力也属于认知能力的一种。认知语言学是一个跨学科的语言学视角，涉及人工智能学、语言学、心理学等多个学科。认知语言学认为范畴之间的边界是模糊的，认知语言学视角下的研究主要集中在语法化和主观化两个方面。

语法化理论最早由法国语言学家梅耶（Meillet）提出，是指"自主词向语法成分转换"的一种语言现象。国内学者沈家煊提出，语法化一般指这种过程：语言里较实义的词演变成无实义、具有语法功能的词或成分。而这种过程与现象一般是因为其语用功能的变化，而背后也反映出人们思维方式的变化。

"主观性"被界定为话语中言者同时传达自己主观的情感或态度，话语里留下言者自我的印记（Lyons，1977）。而"主观化"指主观性的传达涉及相应的形式结构或演变过程。即主观性的表达形式的演变，它不仅有"共时"的特征，在某时期主观性的传达涉及怎样的形式或结构；也有"历时"的特征，主观性的形式或结构的演变历经了什么不同的时期，使用了哪些形式或结构。

一、因果复句的语法化

因果复句的语法化研究主要是想通过历时的语料研究，分析因果复句关联词词汇化和语法化的过程以及因果复句语序的变化及其背后的原因。因果复句中的关联词经历了由意义实在的词转换成无实在意义的词、表语法功能的词的过程，因果复句的语序也经历了语法化的过程。这些研究为更好地了解因果复句的语法化过程提供了重要的支持。

（一）因果复句关联词的语法化

在语法化过程中，关联词的语法化过程最明显。例如汉语中的因果复句关联词"因为"原本是由"因""为"两个具有实义的词演化而来，而英语中的"because"来源于"by cause that"。因果复句关联词的语法化是语用语法化，在语法化的过程中，关联词的意义和分布都发生了变化。

以往研究主要集中在语法化的方式和英汉分句和关联词的对比。马清华（2003）分析了关联词如何实现语法化，阐释了关联词语法化进程中的路径以及方式。语法化的进程并没有结束，而是仍在进行，这个研究也让我们窥见语法化的发展方向。

关联词的考察在认知语言学视角下有了新的发现。邓云华和储泽祥（2004）在《英汉连接词语法化的对比研究》中从共时和历时研究角度考察了英汉并列结构和主从结构中关系连接词的语法化特征和其理据。从语法化认知理据层面上看，重新分析和类推是两个重要途径。重新分析让一个句子句法结构的内在关系发生了改变。重新分析能够改变词语的原有意义和使用范围。重新分析将原本具有实义的词语虚化成连接词，使得两个或两个以上的独立小句呈现出显性的关系，句子之间出现主从关系。类推具有两个作用：（1）促进重新分析过程的产生；（2）将重新分析产生的语法形式拓展到整个语言里。由于语言形式和逻辑思维越来越严谨，作为连接关联词，某些较实义的词被置于句首，类推后具有连词的功能和意义（常晓敏，2005）。在类推过程中，隐形意义的频次较高，就会慢慢固化下来。"since"由表时间的连词到表示弱原因的连词，就是一个例子。英汉连接词语在语法化的过程中呈现出单向的连续体，即不断虚化的一个过程。其失去部分实词含义，语音形式也不断弱化。连接关系词的出现是因为逻辑关系更加严密和复杂，是为了表达的清晰和严谨。重新分析和类推是语法化的重要途径，为实词虚化以及其语音形式的弱化提供了概念工具。

肖奚强和王灿龙（2006）在《"之所以"的词汇化》中考察了"之所以"这个跨层非短语结构演变成一个连词的过程。"之所以"的词汇化过程有以下三个阶段：（1）在古代汉语中，"所"和"以"分别用作代词和连词，当将它们结合起来再加上后面的动词短语就变成了具有谓词性的复杂结构，一般在句子中充当谓语。当前面加上S（主语）就可以变成独立小句或句子，但有时为了取消句子间的独立性，就在"所以"前加上"之"，变成"S+之+所以VP（动词短语）"的句式。这里的"之"既不是与"S"的直接结合，也不是与"所以"的直接结合，所以是跨层非短语结构。在句法上"S之所以VP"不管做主语还是谓语都具有判断功能。（2）随着"S之所以VP"句式中VP越来越复杂，它不再限于体词成分，后来出现体词的复杂成分、动宾短语甚至小句。在"S之所以VP"作主语的句子中，"之所以"中的"之"不再是取消句子独立性的成分，其所在小句也获得了独立性，并具有了一定的陈述性。因此，"之所以"中的"之"被看作"所以"的粘附性的前置成分。（3）在"之"字取消句子独立性的功能弱化之后，"所以"这个词开始虚化，并用来表示结果。"所以 VP"最初是表示凭借、方法，后来演变成表示结果。因为结果总是跟原因相关联，所以"所以 VP"就被隐喻为原因，表示为"VP 的原因"。因为其后面总是跟着原因，因此"所以 VP"就变成了结果。从认知上来说，结果比方式更凸显。

在"之所以"词汇化的过程中，"之"从取消句子间独立性的助词变成"所以"的粘附性前置成分，而"所以"从代词和连词的结合表示凭借和方式之后，变成了表示结果的一个关联词。我们的认知一般是关注事件的结果，然后追溯其原因。"之所以"的词汇化过程已经大致完成，而其词汇化的过程实际上也是其语法化的过程。

有的研究聚焦于某个连接原因小句或是连接结果小句的关联词。姚双云（2010）在《连词"结果"的语法化及其语义类型》中考察了"结果"的语法化，探讨了"结果"从名词到连词的演变过程，以及分析了语法化的诱因。"结果"一词先是由动词短语向名词转变。"结果"一词由名词转变为连词出现在明朝，直到 19 世纪末至 20 世纪初，才被广泛使用。"结果"一词从名词到连词的演化，其背后的诱因主要包括交际的语用因素、认知的心理因素和语言的内部因素。语用因素涉及推理机制的使用。"结果"所连接的前后两个事件，要么从时间上看是先后顺序，要么从逻辑上看是因果关系。"结果"的"发展状态"义发展成"因果"义，其实涉及主观化，"因果"义比"发展状态"义更主观。它的促发因素是语用推理。认知的心理因素往往表现在隐喻机制的使用。"结果"由之前表示时间先后变成了表示事件先后或是逻辑先后，就是隐喻机制起了作用。文章还考察了"结果"的语义类型，认为"结果"首先是连贯连词，然后才有了因果连词的用法，而现在两种用法都存在。在做连贯连词时，往往与同类词"首先""接着"等搭配。关于有些学者提到的"结果"的转折意义，其实是因为结果在表示因果关系时，后面的结果大多数是消极意义，而"结果"本身并不是转折连词。"结果"语义类型的演变遵循了从客观语义发展到主观语义的这一规律，与其他语言中连词的演变有着类似规律。"结果"作名词时表时间，展示了它的概念功能，做连词时展示了它的语篇功能，经过演变，它用来表达言者的主观情感或态度，描述消极的场景，被赋予人际功能。它的虚化程度对应语法化的序列：概念功能 > 语篇功能 > 人际功能。但是文章也提出了一个问题，即"结果"到底是从"结裹"这个动词演化而来，还是从"结果"这个名词演化而来。在作者看来，语法化离不开"用例频率"

和"一般性",因此更倾向于认为"结果"的连词用法来源于"结果"这个名词。

郭春芳和邓云华(2016)在《汉英原因关系词"因为"和"because"句法的历时演变》中考察了英汉两种语言中的原因关系词"因为"和"because"的演变过程。"因"和"为"在古汉语中首先作为实词。然后"因"和"为"可以单用表示原因,这时它们的词性为介词。因为汉语词汇双音化的影响,"因"和"为"就被"因为""因此"替代,但"因"还是可以单独用作介词表示原因。在晚唐五代以后,"因为"和"为因"都可以表示原因,清代时期,"为因"逐渐消失。然后"因为"和"所以"形成了一个框架结构,汉语因果关系表达更加明显,逻辑意义得到凸显。"because"演化过程相对较快,来源于虚词"by"和实词"cause"的结合,受到法语"par cause"意义的影响,表达的意义为"by reason that(因为)"。在结合后,"because"变成了一个虚词,即因果关系的关系词。而"because of"后面只能接名词性成分。在英语中,"because"和"so"不能同时出现。

英汉因果关系词"因为"和"because"的共性在于:(1)都是由实词或者部分实词演变而来,最后都变成了连词。(2)经过语法化过程后,结构慢慢固定下来。

除此之外,英汉关系分句的语法化研究也为研究英汉因果分句的语法化提供了新视角。邓云华、申小阳和曹新竹(2015)在《英汉关系分句语法化的路径》中探讨了英语关系词 that 和汉语中"底"字型关系分句的特点和演化过程。通过对比其句法和语义上的差异,分析英汉关系分句在语法化路径上的共性和差异。文章发现,英语和汉语关系分句语法化的共性是重新分析。其差异体现在:英语关系分句语法化的主要机制是隐喻,而汉语关系分句语法化的主要机制是类推。英语中的关系词"that"和汉语中的"底"在演化过程中有共性:从句法层面上来看,关系词的约束性增强,边界的转移和消失导致了语法关系的改变;从语义上来看,它们都演变自实词或较实义的词,都经过了语义虚化的过程。

(二)因果复句语序的语法化

因果复句的语序研究主要从英汉因果复句的分句结构、关联词与语序的蕴含关系两方面进行考察。

英汉分句结构的研究则从一个更大的层面去分析因果复句语法化的过

程。邓云华（2005）在《英汉跨分句结构的语法化对比研究》中对比了英汉跨分句结构的异同并考察了它们语法化的过程。之前的语法化一直聚焦在词汇层面，该研究从英汉跨分句结构入手，分析了其语法化的路径，主要从意合连接 > 形合连接 > 主从关系的角度。从依赖和嵌入两个方面分析，意合连接没有语义依赖和句法嵌入，形合连接有语义依赖没有句法嵌入，而主从关系既有语义依赖又有语法嵌入。英语关系分句的早期例子表明，它们早期是放在句尾的意合分句，然后可能经过了话题化阶段，关系分句可以放到前面，最后才形成了一个可以嵌入的从属分句。通过语料分析发现，汉语跨分句的语法化也显示出了和英语跨分句语法化发展的单向连续性，即从意合连接到形合连接，再到主从关系。英汉跨分句语法化过程的认知理据包括图样象似性、重新分析和逻辑的发展。英汉因果复句语法化都具有单向连续性，也再一次证明语法化是一个不断发展的进程。

因果复句的关联标记与其语序的关系的研究可以运用到语料中去分析不同结构的语言其因果复句的特点。郭中（2015）在《因果复句关联标记模式与语序的蕴涵关系》中应用语言类型学的方法考察了 60 种语言的因果复句的关联标记模式和语序的关系，并根据理论上可以存在的 8 种因果复句标记进行研究，发现，在 VO 句式里面，出现最多的是"g- 因句，果句"的标记模式，这符合时间顺序原则。在 OV 中，"因句 -g，果句"出现最多，OV 语言不太能接受双标。文章认为，在因果复句的形成过程中，时间顺序原则、联系中项原则、象似性和经济性共同作用。

二、因果复句的主观化

因果复句的主观化是指从识解的角度来考察因果复句。识解理论由兰盖克在《认知语法导论》（Langacker，2008）一书中提出。识解理论主张，表达式的意义并不仅是其所激活的概念内容，内容被识解时运用什么方式也同样重要。表达式的内容可以比作一个场景，世界则可看作观察这一场景的特定方式。兰盖克将识解现象分为四类：详略度、聚焦、突显性及视角。

其中详略度是指对情景描述的精细及具体程度，与此相对应的说法是图式度。图式的提取是对寓于多重经验中的东西加以强化，其共性可在任何详略度上得以浮现。因此图式应视为内蕴于形形色色的例示中，而非独立自主的存在。聚焦是指经由语言表达式，我们可以通达概念世界的特定区域，并按照前景和背景加以排列。组合和辖域也是其中非常重要的概念。突显性是指语言结构呈现出的众多不对称性。有两种特殊的突显性值得关注：侧显与射体－界标联结。视角构成了观察格局。观察格局是指言者与听者共处某一固定场所，观察和描述周围实际发生的情况。不同的识解方式和路径会产生不同程度的主观化。

（一）因果复句主观化的历时研究

因果复句的主观化研究主要从历时和共时两个方面展开。历时的主观化研究主要聚焦于关联词、语序、语义以及焦点标记的主观化过程。

1. 因果复句关联词的主观化

因果复句的关联词在表达主观性上起到非常重要的作用，能够标注原因的主客观性。在发展过程中，关联词的表意逐渐细化，为表现主观化提供了方式。

英语中的"because"就经历了主观化的过程，从表示客观原因转变到既可以表示客观原因也可以表示主观推测。而且在口语料中，主要是表达主观推测。苏倩倩（2010）在其硕士学位论文《Because-因果复句的主观性研究》中探讨了英语中以"because"引导的因果复句的主观性。在前人研究的基础上，文章从逻辑层面和认知层面将其进行分类，包括逻辑因果复句、认知因果复句、演绎推理性因果复句、溯因推理性因果复句、言内行为因果复句和言外行为因果复句。在兰盖克创建的主观性理论框架下分析了"because"引导的因果复句主观性的程度，明晰了其语法化的过程。"because"引导的因果复句语法化是一个连续体，其主观性程度如下：逻辑因果复句＜认知因果复句＜演绎推理性因果复句＜溯因推理性因果复句＜言内行为因果复句和言外行为因果复句。

2. 因果复句语序的主观化

因果复句的语序的主观化主要体现在口语语料中。为了实现话语交际中的合作原则，避免产生冲突或者不理解，而先说结果，后补充原因。然而在汉语中，人们也有可能为了达成一致而采取先说结果后说原因的方式。宋和陶（Song & Tao，2009）在《汉语因果复句序列的统一解释及其启示》（*A Unified Account of Causal Clause Sequences in Mandarin Chinese and Its Implications*）中考察了汉语在口语和文本中因果复句因前果后和果前因后的分布，并对此做出认知解释。根据语料，文章发现，与传统因果复句认知不同，果前因后不管在口语中还是在文本中都比因前果后要多，而且在口语中更是占到 80% 以上。根据分析，因前果后主要是为了信息流动的自然性，为后面主句的结果提供背景信息。而果前因后主要是为了交际需要，一般是为了避免冲突或者不同的意见，也有少量情况是为了寻求一致、实现合作。在口语中，因为交际双方往往在自我的主观态度和意识的作用下进行某种意义协商，所以果前因后占据大多数，而在书面文本中，这种交际性意义协商的情况很少，所以因前果后的情况比在口语中多，这主要是为了提供背景信息。

英语因果复句从表示客观因果到表示推断的因果关系经历了主观化的过程。牛保义（2006）在《英语因果复句的认知语法研究》中考察了英语中两种因果复句——客观因果复句和主观因果复句的语义特征。从认知语义的角度，文章发现，从客观因果复句到主观因果复句经历了一个主观化的过程。英语因果复句在语法结构上形式单一，但在语义层面却比较复杂。主观因果复句的主观性是因为言者从自己的主观出发，把两个事件之间的联系推断成因果逻辑关系，凸显了言者的参与和介入。文章从识解角度分析了客观因果复句和主观因果复句的成因，认为，当言者只是识解者时，则是客观因果复句；而当言者既是识解者又是被识解者时，则是主观因果复句。因果复句的意义构建符合识解过程中的时序原则和接近原则，正是时序原则和接近原则的概念化才造就了因果复句的语义。在英语因果复句语法化的过程中，客观意义是朝着主观意义的单向连续体。在主观因果复句中，事件之间的客观因果关系不再是关注焦点。同时，在主观化过程中，主观因果复句的主语逐渐变成言者主语，其话题功能也转变为话语功能。

英语因果复句主观化的过程及其路径也是研究的焦点之一。廖巧云（2008）在《英语实据因果句生成机理研究》中从构式的角度探讨了从逻辑因果复句到实据因果复句的演变。文章认为，实据因果句的形成机理的分析框架是自主－依存框架，即逻辑因果复句时自主的关系，而实据因果复句则是依存关系。文章认为，实据因果复句是由逻辑因果复句推衍而来，是在意向性制约下通过相似关系的推衍而发生的传承过程。根据认知语言学的特征，实据因果复句可以看作认知上通过仿逻辑因果复句的构式而实现的。

3. 因果复句焦点标记的主观化

因果复句的焦点标记是指能够判断一个因果复句中焦点位置的词，这是解决复句焦点问题的关键。因果复句中的焦点标记对因果复句语义有标示作用。朱斌（2013）采用了新的焦点判断法——"否则"投射法考察了因句和果句的焦点标记。"否则"投射法是在因果复句之后根据其内容添加"是否"引导的分句，看"是否"中所"否"的是因句还是果句，"否"谁谁就是焦点。通过对因句标点结构和果句焦点结构的研究，发现汉语中因句焦点标记词包括"才"、评注性副词"正""就是"、全称量词"全""完全""都"、语气副词和程度副词。而果句的焦点标记则包括情态词和分句语气。这些焦点标记的锁定，能够让我们辨别因果复句焦点的位置。

（二）因果复句主观化的共时研究

因果复句的主观化的共时研究主要聚焦于当下因果复句使用时所表现出的主观性，即在表达因果复句时所体现的个人情感、态度等因素。

1. 因果复句关联词的共时研究

因果复句关联词的共时研究考察的是语言中表示主观因果复句的关联词和表示客观因果复句的关联词的区别和使用语境。其中，荷兰语因其关联词的分化和分工非常明确而成为研究的热门语言之一。

卡内斯特雷利和桑德斯（Canestrelli & Sanders，2013）在《话语处理中的因果连接词：主体性差异如何反映在眼动中》（*Causal Connectives in Discourse Processing: How Differences in Subjectivity Are Reflected in Eye Movements*）中通过眼动实验考察了荷兰语中主观原因状语从句和客观原因状语从句对文本理解的影响。研究发现，表示主观原因的"want"关联词比表示客观原因的"omdat"带来的认知难度要大。而且在荷兰语中，"want"引导的是并列句，"omdat"引导的句子是主从句。"want"会引起人的主观图式，而"omdat"的出现说明前后的句子片段是客观的原因–结果关系。因此，"want"引导的句子需要更多的识解关注，但是作者发现如果在主观原因状语从句中加入"I think""I bet"这一类的认知标志词，其识解就和客观原因状语从句一样容易。

桑德斯和斯布仁（Sanders & Spooren）在《话语中的因果关系和主观性：因果连接词在自发对话、聊天互动和书面文本中的含义和使用》（*Causality and Subjectivity in Discourse: The Meaning and Use of Causal Connectives in Spontaneous Conversation, Chat Interactions and Written Text*）中考察了在即兴谈话、聊天以及文本中因果关联词的意义和使用。通过语料分析，文章研究了荷兰语中"want"和"omdat"的分布和意义，发现"want"所表达的是主观性较强的认知关联，而"omdat"所表示的是较客观的内容关联。这种认知范畴的区别主要跟与其关联类型相关，而关联类型与媒介关系不大。所以，内容行为和认知言语行为才是预测"want"和"omdat"的基础。在"want"引导的句子里，往往第一个分句是主观的一种判断。通过研究，发现不仅在荷兰语中存在这种现象，在法语、德语中也是如此，这可以用原型理论来解释。

桑德斯在《语篇连贯性、因果关系与认知复杂性》（*Coherence, Causality and Cognitive Complexity in Discourse*）中考察了语篇中连贯性、因果关系以及认知复杂程度之间的关系。通过语料分析和实验研究，发现因果关系从句并不比其他状语从句的认知复杂程度高。相反，两个句子间的因果关系关联度越高，认知处理所需时间就越短，并且在之后回忆起来会越清晰。在因果关联词中，功能越细化的关联词，其所引导的句子就更容易进行认知处理，例如在荷兰语中"doordat"引导的句子是非意愿性的原因句，那么它引导的原因状语从句就更容易为人们所理解。

桑德斯杰和桑德斯特（Sanders, J. & Sanders, T.）和斯威策（Sweetser）在《心理空间和视角如何帮助识别荷兰语后向因果连接词的主观性》（*How Mental Spaces and Perspective Help Identifying Subjectivity in Dutch Backward Causal Connectives*）中在基础交流空间网络理论的观照下，考察了荷兰语中果因复句引导词的特性。该理论文章引入了该理论下的意识主体概念，并结合知域、行域、言域分析荷兰语果因复句引导词的区别。这个理论因果复句的主观性不仅指言者的主观性，也包括听者和意识主体的主观性。通过语料分析，发现在荷兰语中，"want"主要用于行域和言域，并且意识主体是隐性的，而"omdat"主要用于知域，其意识主体是显性的。同时，意识主体是否存在是非意愿性内容关联因果句与其他类型因果句的最大差别。言域中的意识主体是隐形的"I"，知域中亦是如此。而意愿性因果复句的意识主体是显性的"I"。然而当言者和听者同在一个概念空间，那知域内的言者－意识主体只是推理性关系，而言域内的言者－意识主体是交流的客体。"omdat"是一个从属连词，其内容不具有独立性，依赖于前面的主句，表现结果－原因联系，而"want"是一个并列连词，独立于主句，其表现的是观点－论据的关系。

2. 因果复句语序的主观化

因果复句语序的主观化为我们理解因果复句提供了新的窗口。张金桥和莫雷（2003）在《汉语因果复句的心理表征项目互换效应研究》中通过实验的方法考察了在理解汉语因果复句时心理表征的情况。通过奥伯芳（Oberauer）的句子—图画验证任务的实时（on-line）研究技术发现，当汉语因果复句后的项目表达顺序为先结果后原因时，读者所形成该句的心理表征中项目发生互换，即读者理解该因果复句时，仍然采用从原因到结果的顺序进行理解。其原因有两种：

（1）与汉语表达的习惯性有关。在汉语中，因果复句的表达主要是由原因到结果的顺序。

（2）与汉语读者思维的顺向性有关。母语是汉语的读者的思维倾向于从"原因"推导出"结果"（张金桥、莫雷，2003）。

张健（2018）在《英语因果复句的认知研究》中，根据语义将英语因果复句分为显性因果复句和隐性因果复句。显性因果复句是指表达语境符合一般自然客观逻辑，听者识解时，只需要根据常识或逻辑识解其因果关系。隐形因果复句的表达语境不是客观世界，其背景是说话者的推测或意图，即说话者将其主观意识与主句和从句表达的内容融合认知。根据图形－背景理论，人们在识解时，总是将认知中占有优势的突出的事物看作语法主体。在用这个理论解释英语因果复句时，文章谈到，在逻辑因果复句中，"原因"和"结果"都可以成为背景或图形，这要取决于它们在居中所处的位置，一般而言，它们遵循"末尾法则"，即处于句末的那个部分一般是图形，在背景中得到凸显。在隐形因果复句中，其背景分为两个部分，大背景是言者自我的意识，小背景一般是复句中的"原因"，而复句中的"结果"得到强调。英语因果复句遵循顺序象似性和标记象似性，即前因后果因果复句一般遵循顺序相似性，而出现不同顺序的复句则说明其有标记。

3. 因果复句语义的主观化

语义在主观化的过程中也有了新的变化。张滟（2012）在《因果复句关联标记句法—语义研究——基于"交互主观性"认知观》中从"交互主观性"的角度考察了不同因果复句关联标记的句法——语义的区别。通过"语言使用事件构型"，根据其意义的不同，将因果复句的关联标记分为三类，这也决定了关联词的句法表现和修辞功能。"因为、因此"属于第一类；"由于、既然、所以、以致（至）/致使、……因为……"属于第二类；"然后、于是、结果"属于第三类。总体来说，类别越靠前，其认知的语言张力就越大，表现认知语言差异的语言特征就越明显。文章又将第二类关联词进行了分类，发现它们的交互性主观意义都较强。

郝静芳（2013）在《试论汉语因果复句的主观性》中分析了沈家煊提出的"三域"中汉语因果复句的主观性，认为行域＞知域＞言域。原因在于说话者的视角从"脱身"于事外到"置身"于事内，将个人情感、推理等因素加入汉语因果复句的表达之中。

4. 因果复句焦点标记的主观化

张良（2018）的博士学位论文《汉语语篇因果关系的认知加工：理解与韵律产出研究》从认知层面考察了汉语语篇中因果关系的理解和韵律产出。通过分析大量的语料，发现：（1）在汉语口语语篇中，基于逻辑语义，其在语序上并没有偏好。根据修辞结构理论对修辞关系核心性的描述，汉语因果复句的语序选择来源于语用目的，人们倾向于将重要的信息放在后面。同时，汉语因果复句中的关联词灵活多样，意义并非一一对应，因此对计算机语言处理造成了一定的难度。而"因为"的出现体现了说话人的语用意图。（2）就因果关系的理解而言，汉语的语篇阅读不会受到关联词和语序的影响，虽然根据象似性原则，我们应该更善于处理前因后果的句子。连词的出现可以加速在原因小句的加工，但是只限于小句之中，对于语篇整体没有影响。

在口语中，91%的因果关系复句都不使用连接词。如果人们使用"因为"，说明说话者主观上想要强调原因小句的内容，具有交际目的。通过在线认知加工研究，"因为"小句在语篇中会得到更多的认知回扫。这说明"因为"起到了突出原因小句的作用，即成为作者所说的"因果逻辑焦点"。

说话者可以通过除关联词之外的其他手段来表现因果关系，比如采用前果后因的语序手段。但是即使说话者不采用关联词和语序手段，在交流过程中，说话者也能通过韵律来强调原因小句，体现出"因果逻辑焦点"。在语篇和交际中，无论连词的隐去还是语序的差异都不会影响听者正确地识解因果关系，这就解释了汉语流水句现象。

（三）跨语言的对比研究

跨语言的对比研究从不同语言出发，对比因果复句存在的共性与差异。

戴庆厦、范丽君（2010）考察了藏缅语系中众多语言因果复句的关联标记，并通过亲属语言间的对比探讨了藏缅语因果复句的历史演变轨迹，通过与汉语进行对比，发现了其与汉语的共性与差异。藏缅语系多是前因后果句，这与早期汉语相一致。其差异则更明显，汉语的因果复句关联标记更加灵活，可以出现在分句主语前或者主语后；汉语因果复句的关联词更加丰富，其原因在于汉语有较早的文字记录；汉语因果复句的关联标记表意更加细致，"由于"和"因为"除了搭配上的不同以外，前者更多用于书面语，后者更多用于口语；而藏缅语系的关联标记的语序比汉语更稳定，具有多功能性。此研究从藏缅语系反观汉语因果复句关联标记，清晰地分析了藏缅语系与汉语关联标记的差异，深化了汉语因果复句关联标记的研究。

迪塞尔和海特尔（Diessel & Hetterle）在《因果复句：结构、意义和用法的跨语言研究》（*Causal Clauses: A Crosslinguistic Investigation of Their Structure, Meaning and Use*）中从跨语言的角度考察了原因状语从句的结构、意义和使用。通过研究60种语言的语料，发现原因状语从句比时间状语从句和条件状语从句的独立性要强。通过研究发现，时间状语从句和条件状语从句放在主句之前的比例远远超过原因状语从句放在主语之前的情况，而且还有学者认为，原因状语从句不是从句而是与主句并列的句子。这主要是由于原因状语从句的交际性，尤其体现在口语中，这与之前的研究结果相符。从儿童习得原因状语从句的途径可以看出，口语交际是儿童习得原因状语从句的主要方式。

英语中的因果关联词"because"可以用于知域、行域和言域，而在其他语言中，一般一个因果关联词最多只能用于两个域。在英语中，"because"引导的原因分句往往是新信息，而"since"和"as"引导的句子一般是旧信息，所以"because"更多出现在因果复句的后半句，而"since"和"as"则出现在句首。但法语却不同，法语表示旧信息的引导词"puisque"就常出现在因果复句的后半句。分析数据后发现，英语和法语在运用因果关联词时，都过度使用了某一个词，比如英语中的"because"和法语中的"parce que"。

第四节　以往研究的评论

本综述从结构主义语言学、形式主义语言学以及认知主义语言学的角度对以往因果复句的研究进行了分类和讨论，发现以往的研究主要从因果复句的复句、关联词、语序、语义等方面进行考察。其中结构主义语言学主要聚焦因果复句的定义、分类和语序，形式主义语言学在结构语言学的基础上继续考察语言内部因果复句的关联词、语序、语用等方面，而认知语言学则是从语法化和主观化两个方面进行研究，包括语法化的历时研究、主观化的历时研究和主观化的共时研究，聚焦于关联词、语序、语用及焦点标记，跨语言的主观化研究也在其中。

因果复句的定义研究考察了因果复句的界定范围，时间上前后出现的句子，即使没有原因关联词，只要表示因果关系，都是因果复句，可以分为因果句、目的句、假设句、条件句四个小类，其中因果句又分说明性因果句和推断性因果句。

因果复句的分类则从关联词、语序以及语义的角度进行。根据关联词进行分类，就有释因句和纪效句，以及隐性因果复句和显性因果复句；根据语序进行分类则有溯因句和据果句；根据语义进行分类则有事实的理由、行事的理由和推断的理由，也可以从"行域""知域"和"言域"三个角度去分类，也可以将因果复句分为主观的因果复句和客观的因果复句。

关联词的研究贯穿结构语言学、形式语言学和认知语言学。关联词是因果复句非常重要的部分，虽然有隐形因果复句的存在，但显性因果复句仍然占多数。显性因果复句就是因句或者果句或者因句和果句中都有关联词的因果复句。既然如此，关联词就自然而然成了因果复句的研究焦点，其中汉语、英语、荷兰语、法语以及藏语的关联词都有一定的研究。汉语中因句标记和果句标记都有一定的研究，角度包括其结构、语义、语法化过程和认知理解。英汉对比的因句标记主要是从结构和语义理解的角度进行分析。英语中的"because"可以表示客观因果复句和主观因果复句，荷兰语中的因果标记的语义细化，表示主观因果复句的连词和表示客观因果复句的连词单独存在，这为认知理解节省了时间和精力。

因果复句的研究也聚焦于语序，因果复句的语序对因果复句的理解也有影响。传统的研究认为汉语按照时间语序来组织语序，所以一般是前因后果。但是新的研究表明，前果后因在汉语口语中占绝对优势，在所有类型的文本中，前果后因的语序也占优势，但是在文学中，前因后果的语序还是占多数。这说明文体对汉语的语序有影响。在英语中，对语序的研究主要集中在口语中，研究发现，先说结果，再说原因占主体，其语义功能是为了避免冲突和解释差异。同时，因果复句的语序也受到上下文的影响，有时因为上文出现过原因的信息，下文再强调原因时，就会出现前因后果的语序。一般根据"末尾法则"，出现在末尾的句子一般是语义的焦点，但是这也受到重音等因素的影响。

因果复句的语用研究主要通过考察不同语用下因果复句因果关联词和因果语序的选择来实现。在表示"原因＋结果"和表示"结果＋原因"时，我们首选的关联词根据"居中联系原则"会选择"所以"和"虽然"。而根据语用的经济性，同时使用"因为"和"所以"的句子不是很多。而且，在英语中"because"和"so"不会同时出现，也体现了英语这种语言的经济性。

因果复句的焦点标记的研究主要是为了明确因果复句的语义焦点的位置。英汉因果复句都有其焦点标记，比如"才、全""just"等，它们的存在，为因果复句语义焦点提供证明，因果复句的焦点研究也为主观化的发展提供了佐证。

在认知语言学视角下，语法化和主观化是当下研究的重心所在。语法化是指实词虚化成虚词的过程，体现了语用的变化，而且一般是为了更加清楚地表达意义，而出现表示意义之间联系的语法词。语法化的过程主要是历时研究，通过研究不同时期的语料，研究者可以观察出实词虚化的路径和方式，比如重新定义、类推和隐喻机制，这也为语法化的未来发展指明了方向。除了词语以外，复句以及语序也可以在时间进程中变成一个语用现象。

主观化的研究分为共时研究和历时研究两个方面。其中历时研究为共时研究提供解释。历时研究主要聚焦不同时期语料中通过关联词、语序、焦点标记等手段，因果复句是怎样表现主观性的，同时可以为这种主观性的出现提供一些解释。而共时性的研究则聚焦于跨语言研究，通过对比不同语言，发现因果复句主观化共时性的特征，比如在德语和荷兰语中，表示主观原因句和客观原因句都有自己不同的关联词，这就体现了一种思维的共性。同时这也可以从历时性的研究中去发现规律。

近年来的因果复句研究揭示了英语、汉语等语言中因果关系词和因果复句的各种特征，为人们了解、使用和进一步研究因果复句提供了有意义的参考。有关研究对因果关联标记和因果复句的特征进行了深入的分析，通过对语言事实的发掘和分析，揭示了语言现象中存在的规律和机制。既往的研究弥足珍贵，但同时还存在一些明显的局限性：

（1）研究范围有限。重微观研究，轻中观和宏观研究。大多数因果复句研究主要是一种语言特别是汉语因果复句的描写和分析，对英语特别是两种以上因果复句的分析或对比很少，研究难以全面深入。大多为个案研究，而立足于因果复句的整体研究不多，特别是对不同语言因果复句的系统对比更少。

（2）历时演变研究和共时变异研究结合不深入。有些共时变异研究停步于因果复句的分类和特征描写，少从历时演变的视角来解释共时的特征，难以揭示其语法范畴和语法手段的动态性和可变性，难以详尽、客观地揭示其历时的发展规律和发展趋势，难以保证描写解释的可靠性和有效性。

（3）语料统计分析不充分。许多相关研究未能对因果复句作全面详尽的语料统计分析，大多研究基于少数的语料或一些典型的例证，减弱了研究结论的有效性和可靠性。

（4）事实描写分析多于理论解释。以往的研究主要是对英语特别是汉语因果复句的分类、因果逻辑关系、关联标记模式和优先序列进行了描写与分析，有关的理论解释还不够深入全面，特别是从语法化角度对因果复句结构进行历时演变的研究很少。部分语法化的研究主要围绕因果关联词的演变过程进行描写，未曾对英汉因果复句结构的语法化历程进行认知解释。而这些正是本研究的主要任务。

第二章　理论基础

我们将主要运用四种认知语言学理论于本研究，即语法化理论、主观性和主观化理论、识解理论和入场理论。本章将详细介绍这几种理论的概念、特征及其应用。

第一节　语法化理论

语法化理论的发展始于西方国家，但"语法化"，或者中国传统的语言学家称为"实词虚化"的概念最早见于古代中国。11 世纪我国宋代周煇在《清波杂志》卷七中提到，"东波教诸子作文，或辞多而意寡，或虚字多而实字少"。13 世纪周伯琦的《六书正伪》中提到："今之虚字，皆古之实字。"清代袁仁林的著作《虚字说》深入分析了我国古代实词虚化的现象。从袁氏对虚字（词）所下定义看，他认为，"从实物有无动静处辩之"，虚字（词）"分虚实"，又分"虚实之半"；"若其仅属口吻"，"了无意义可说，此乃虚之虚者，故俗以虚字目之"。他从意义的变化出发，把虚化的过程分"实—半虚—虚"。这些认识正好与语法化的观点不谋而合。另外，马建忠在《马氏文通》的正名卷之一"界说一"中写道："凡是有事理可解者，曰实字。无解而惟以助实字之情态者，曰虚字。实字之类五，虚字之类四。"可见对实词虚化的研究古来有之。语法化理论，即关于语法化现象或过程的研究。本部分将结合论文研究主题，从语法化定义、特征、机制、原则、动因等几个方面对其作介绍。

一、语法化的界定

最早将语法化作为专门术语并且加以研究的是法国语言学家梅耶（Meillet），在《语法形式的演变》（1912）一文中，他写道："语法特点归因于以前的自主词。"研究语法化的目的就是研究"自主词向语法成分之间作用的演变"。另外，他提出了三个独到的观点：（1）虚化带来的新语法形式会改变整个语法系统；（2）虽然可分成不同的阶段，语法化经历持续不断的演变过程；（3）虚化程度对应使用的频率。

库列洛维奇（Kurylowicz，1965）在此基础上为语法化下的定义如下：

"语法化就是一个词汇性语素的使用范围逐步增加到较虚的成分和演变成一个较虚的语素。或者从一个不太虚的语素变成一个更虚的语素，如一个派生语素变成一个屈折语素。"

海涅和雷的《非洲诸语言的语法化和重新分析》（Heine & Reh，1984）是第一部从语法化的角度共时研究整个语言领域（非洲）的著作。书中提到，语法化是"语言成分在语义复杂度、语用意义、句法自由度和语音层面虚化或者弱化"。

霍珀和特劳戈特（Hopper & Traugott，2001）在《语法化》一书中提出，"对我们来说，语法化是一个'双向的'语言学分支：（1）它是一种研究框架，用于研究语言的词汇、结构和语法材料之间的关系，在特定的语言和跨语言中进行历时和共时的研究；（2）它是一个涉及语言演变的术语。一旦这些词汇项和结构发生了语法化，它们会继续发展出新的语法功能"。

自 20 世纪末起，频率被视为语法化的一个重要条件 / 因素，重复的频度对应语言项频率的程度。因此，为了突出重复对语法化的重要作用，拜比（Bybee，2001）把语法化重新界定为：一个频繁使用的词汇序列或语素序列自动化成一个单一的加工单位（吴福祥，2004）。

国内的语法化学者也同样界定了语法化。沈家煊（1984）指出，语法化主要指语言中实意词演变为无实意的语法功能成分的过程。刘坚等（1995）认为，语法化现象是指，一个实词句法位置、组合功能的演变导致词义的演变，或者词义的变化导致句法位置、组合功能的改变，最后词汇的最初意义消失，演变成具有语法意义的虚词。马壮寰（2000）认为，语法化的发展方向为单向的，实词演变成虚词、语法形式结构，而非反向；语法形式的语法化程度的演变从低到高，开放类演变到封闭类，具体到抽象。杨成虎（2000）提出，语法化的过程为实词演变成语法标记，实意词演变成无实意的语法功能的成分。

二、语法化的特征

语法化理论研究主要关注语法化的特征。语言形式在语法化的过程中会表现出一些特征，如单向演化特征、范畴退化特征、语义虚化特征、范围扩大特征、形式缩减特征、语音弱化特征及跨语言共现特征等。其中，单向演化特征、范畴退化特征、语义虚化特征、范围扩大特征是语法化的强势特征，只要一个语言形式发生语法化，就一定会表现出这四个特征。

（一）单向性特征

语言形式在语法化过程中总是表现出从实在意义向语法意义单向性演化的倾向。单向演化是语法化的一个重要特征——单向性特征。因为一个语言形式只要经历语法化，它必然表现出单向演化的特点。

（二）语义虚化特征

语法化涉及语言形式从实在意义向语法意义演化，即语义虚化，称之为语义虚化特征。语义虚化是语法化独有特征，因为一个语言形式经历过语法化后，其语义必然会从较实义演化为较虚义，或者从较虚义演化为更加虚义，这也是语法化的单向性使然。语义是否虚化是判断语言形式是否发生语法化的标准。某一语言形式的语义一旦发生虚化，无论是从实在意义到语法意义的虚化，还是从较虚义到更加虚义的虚化，都可以认定该语言形式发生了语法化。

（三）语音弱化特征

语法化还有语音弱化的特征。语法化过程中，随着相关词汇项意义的不断虚化，其语音弱化就成为必然，虽然语音弱化也有滞后的可能。滞后是因为语法化尚未完成，所以，语音弱化通常并不发生在语法化的初级阶段。语义虚化和语义弱化是相生相随的，语义虚化后的语言形式因不承载实义而在交际中不会成为信息焦点，自然就没有被重读的可能，只能被轻读，继而就会发生音变，甚至在语流中消失，这便是语法化的语音弱化的特征。词汇项的语法化是一个连续过程，与之伴随的语音弱化现象也是一个连续的渐变过程，随着语义的虚化，其语音也不断弱化，以至最后消失。

三、语法化的机制

语法化机制一直都是学者们研究的重点。语法化机制，简而言之，是语法化形成的方式。这里要介绍两种机制，也是普遍机制，是任何语法化发生的必要的机制——重新分析和类推。在《语法化》（第二版）（2005）中，霍珀和特劳戈特（Hopper & Traugott）详细地阐述了重新分析和类推。两者相互依赖，共同导致语言变化。

（一）重新分析

兰盖克（Langacker，2009：58）解释其是一个或一类表达的结构变化，这种变化不包括任何直接成分或固有的表层显现的修饰关系。哈里斯和坎佩尔（Harris & Campbell，1995）指出，句法结构的内在改变包括结构成分、结构层次、范畴标注、成分之间的语法关系和粘着性。霍珀和特劳戈特（Hopper & Traugott，2003）表示，一旦重新分析发生了，就可能进一步演变，这其中包括跨语素界限的融合、语音的磨损和语义上的重新分析。重新分析最简单也最常见的是两个成分之间的融合，包括复合词化和边界的改变。总之，重新分析是对语言形式内部结构或深层结构的重新分析，这种分析往往导致语言形式的构成成分、结构层次、成分性质、结构性质以及结构边界等的变化，变化的结果就是新的语言形式或语法形式的产生。

（二）类推

类推是句法组织的范式化，会引起表层搭配的变化，它为语法规则应用范围的扩展开辟了新途径（Harris & Campbell，1995）。霍珀和特劳戈特指明，类推是已经存在的结构对现存形式产生的吸引同化。作为语法化的主要认知机制之一，类推促使语言的重新分析，同时让重新分析后的新语法格式拓展运用于语言，也称规则的泛化。它涉及语言形式的表层结构，即把某一语法规则泛化到另一语言结构中，使其接受这个语法规则的支配。

（三）重新分析

重新分析针对语言内部结构或深层结构，重新分析的结果就是新的语言形式或语法规则产生。类推针对语言表层结构中已有的规则或形式，类推不造成规则的改变，但会促成已有规则的扩散。

四、语法化的原则

语言形式在语法化的过程中还会遵循某些原则，我们称其为语法化原则。根据霍珀（Hopper，1991）和沈家煊（1994）等的研究，语法化过程有几条凸显的原则，适用于英汉因果连词语法化过程的主要有单向性原则、并存原则、歧变原则以及择一原则。

（一）单向性原则

语法化指这种过程：在一定语境下，语言的实意词汇项或结构式逐步转化为无实意的语法功能成分，或语法功能成分逐渐产生新语法功能。其定义清晰地说明语法化的演化过程是从表示实在意义的成分向表示语法意义的成分单向推进的，或者从较少语法意义向较多语法意义单向推进，而不会出现反向逆动的趋势。这种演化的单向性就是语法化的单向性原则。

语法化的单向性原则集中反映在语法化的"斜坡"（cline）上。语法化斜坡是指，语言形式从初始形态或意义开始，经历若干中间形态或意义，演化为另一种形态或意义，从初始形态到终了形态之间经历一系列细微的过渡或演化。比如汉语原因连词"因"，从最先开始表示"车垫、坐垫"的实在意义名词虚化为动词，表"按照""凭借"，然后演化为现代汉语使用频率最高的原因介词、副词等演化路径就是我们所说的"语法化斜坡"。语法化斜坡也暗含了从实在意义到语法意义和从较少语法意义到较多语法意义的演化，集中体现了语法化的单向性原则。吴福祥（2003）、王寅和严辰松（2005）等国内外学者关于语法化斜坡的讨论如下：

1. 语用—语义

具体义 > 较少抽象义 > 更多抽象义（抽象性逐渐增加）

客观性 > 较少主观性 > 更多主观性（主观性逐渐增加）

2. 形态—句法

自由 > 较少黏着 > 更多黏着（黏着性逐渐增加）

可选性 > 较少强制性 > 更多强制性（强制性逐渐增加）

多范畴特征 > 较少范畴特征 > 完全丧失范畴特征（范畴特征逐渐减少）

3. 语音—音系

完整的音系形式 > 弱化的音系形式（音系形式的逐渐减少或弱化）

4. 功能性

概念功能 > 语篇功能 > 人际功能

5. 形式演变

章法成分 > 句法成分 > 词法成分 > 形态音位成分 > 零形式

吴福祥（2003）、王寅和严辰松（2005）等从语言的各个方面概括了语法化的特征，它们都揭示了语法化单向性和本质性特征，而霍珀和特劳戈特（Hopper & Traugott）提出的语法化特征更具概括性：

实义项 > 语法词 > 附着形式 > 屈折形式（词缀）

虽然语言形式语法化过程遵循单向性原则，但并不意味着语言中表实在意义的成分越来越少，表虚化意义的成分越来越多，语言成分无止境的变虚。吉翁（Givón，1979）、沈家煊（1994）等提出语法化的循环性原则，认为语言形式虚化到极致就跟实词融合在一起，自身变成了零形式。

自由的词 > 粘附于词干的词缀 > 与词干融合的词缀（= 自由的词）

如此语言形式语法化的最终结果 × 演化成它的最初形式，又可以开始新的语法化过程，循环往复。

（二）并存原则

语法化并存原则的出发点在语法功能上。某种语法功能可以由多种语言形式来表达，比如英汉因果关系意义就有多种表达形式：

1. 因为

[1] 因为工作需要，他出国了。

2. 由于

[2] 由于有雾，所以我们花了两三天时间才到达那里。

3. 出于

[3] 出于对他的同情，我原谅了他。

4. because

[4] Becky was put out in any case because her mother had not appeared.

5. for

[5] I believed her—for surely she would not lie to me.

6. since

[6] Since it is late I shall go home now.

这些表原因的语法形式都经历了语法化过程。尽管每个语法形式的意义有所侧重，但它们主要用来表达因果关系意义，这就是语法化的并存原则。一种新的语法形式出现后，具有同样功能的旧的语法形式并不立即消失，与新的语法形式形成并存的现象。并存原则使语言表达形式多样化，同一语法意义或语法功能可以用多种语言形式来表达，使语言更加丰富多彩。

（三）择一原则

并存原则表明，在语言的某一共时平面上，某一语法功能可以由多个语言形式来表示。但从发展的观点来看，随着这些形式进一步历时演化，它们必将经历一个被筛选和淘汰的过程，那些最适合、最具有生命力的形式被保存下来。因此某一语法功能可能最初具有多种表达形式，但最终只有一两种表达形式被固定下来，成为这种语法形式的默认表达形式，这就是语法化的择一原则。

汉语和英语的语法化体现了这一原则。比如汉语的因果连接词"因为",最初的表达形式为"因",象形字,意为"坐垫";古汉语时期,演化为动词,意为"凭借""顺着";到了中古时期,出现了其他表达形式"因""为""因为""为因"等,作为介词,表示因果关系;而在现代汉语中,只剩下"因""因为"的表达形式,做因果关系连词,其作为名词与动词的表达形式已经在演化过程中被舍去。这就很明显地体现了语法化的择一原则。

但择一原则与并存原则并不矛盾,它们是相辅相成的关系。并存原则表明同一语法功能可以使用多种语言形式来表示,体现了语言的多样性;择一原则表明从历时发展来看,这些表达同一语法功能的多种语言形式有相互竞争和逐渐淘汰的趋势,最终将只确定一两种语言形式来表达一种语法功能,体现了语言的整齐划一性。并存原则说明我们有多种选择,择一原则说明我们有最佳选择。

五、语法化的动因

语法化动因是促使语言形式发生语法化可能的原因,众多学者都曾从不同方面探讨过语法化动因。总结起来,主要包括语言内部动因、认知动因和语用动因。

(一)语言内部动因

许多语法化现象始于该语言内部。从语言内部因素来看,一个语法结构要发生语法化,就必须具备适宜的句法环境,脱离一定的句法环境,语法结构就失去了重新分析的基础,不能演化出新的语法意义。霍珀和特劳戈特(Hopper & Traugott,2003)在语法化定义中也特别突出了"在一定语境下"的重要性。语言内部动因主要包括以下几部分:

1. 句法环境

句法环境指语言形式发生语法化前所处的局部环境,这个环境可以由单个词构成,也可以由结构、句子还有篇章构成,这些都可以笼统地称为句法环境。适合的句法环境是语言形式发生重新分析并经历语法化的重要原因之一。但并非只要具备一定的句法环境,语言形式就会发生语法化。也就是说,适宜的句法环境是语言形式发生语法化的必要条件,但不是充分条件,语法化的内部动因还应该包括语义因素。

2. 语义相宜性

语言形式发生语法化除却需要一定的句法环境外，其意义也必须适宜。比如可以根据上下文语境、句意决定 because 在句前、句中或省略等固定位置。古英语中"by cause that"中的名词演化为动词以及名词 cause，又演化为接句子的 because，接短语的介词词组 because of，以及口语中的 cuz，并在一些特定的文学体裁中 because 会因为文体风格进行隐现等。因此，语义相宜性也是语言形式发生语法化的一个必要条件。但语义相宜性也不是语言形式发生语法化的充分条件。

石毓智和李讷（2001）、霍珀和特劳戈特（Hopper & Traugott，2003）认为，一定的句法环境和适宜的语义是诱发一个语法结构发生语法化的两个必要条件，语法化必须在这两个条件的基础上进行。但不能说，满足这两个条件的语言形式都一定会发生语法化，也就是说，有些语言形式发生了语法化，它们的语法化程度和方向也会有所差别。

（二）认知动因

人类在运用有限的认知能力去认识无限的外部世界时，隐喻和转喻认知发挥了重要作用。隐转喻过程被中外学者视为语言形式语法化的两个非常重要的认知动因。

1. 隐喻过程

莱柯夫和约翰逊（Lakoff & Johnson，1980）认为，隐喻的实质就是通过另一类事物来理解和体验某一类事物。他们认为，隐喻在日常生活中是无处不在的。我们用来思考和行动的日常概念系统，在本质上也是隐喻性的。由此看来，隐喻是人们重要的认知方式，是新的语言意义产生的根源，是利用一种概念表述另一种概念。隐喻是从一个概念域或认知域向另一个概念域或认知域的映射，即从源域向目标域的映射。

隐喻过程与语法化的类推机制密切相关。类推机制能够促使语法规则从此范围扩展到彼范围，而隐喻过程就是促使类推机制发生作用的原动力，隐喻过程将某一语法规则的使用范围从此范围隐喻性扩展到彼范围。

2. 转喻过程

考威塞斯（Kovecses，2002）清晰地概括了转喻的本质特点："转喻是同一域中一个概念实体（始源）为另一个实体（目标）提供心理通道的认知过程。与隐喻不同的是，转喻涉及同一个域的整体和部分或部分和部分的关系，始源和目标的关系是邻近性的，始源的作用是为目标提供心理可及性。"

转喻过程与语法化的重新分析机制密切相关。重新分析机制将语言结构从一种组合方式分析为另一种组合方式，是导致新语法规则产生的重要机制之一。

（三）语用动因

语法化不仅因为语言内部环境，语言本身因素，而且还缘于语言的外部运用。缘于语言的外部运用的原因就是我们所知的语用动因。

六、语用法的语法化规律

英汉两种语言虽然分属不同语系，但它们在从语用法到语法化的嬗变过程中都有许多相似的动因。两种语言，无论是词汇还是结构过程，语用动因的作用非常明显。语用学中的主观化、礼貌原则、隐转喻和经济原则等都可归为语法化的语用动因。

（一）语法化中的自主性规律

自主性规律支配下言者想要挣脱社会规约或其他外力的限制或支配，按自己的要求表达，而听者总是倾向于按自己的方式去理解，交际双方都希望在交际中有所表现。在英汉语法化过程中，主观化发挥了举足轻重的作用。所谓主观化（subjectivisation），就是言语使用过程中个人充分发挥自己的自主性。英汉因果连词的语法化过程充分体现了说话者自主性规律对其结构、句法等的影响。比如汉语因果连词"因"，最初是其象形意义，意为"坐垫"，在其语法化过程中，人们通过自己的主观化、语用推理，延伸了其抽象意义，意为"凭借"、"顺着"，又根据其使用频率的增加，语义更加虚化，最终成为了因果关系连词。

（二）语法化中的经济规律

经济原则大致可概括为，在言语交际中，说话人总是言简意赅、删繁就简，用最简单的语言形式进行表达。

第二节　主观性和主观化理论

除了描述客观世界，语言也映现我们的主观世界。因此，在了解和研究语言时，人的主观因素不可忽略。语言使用反映的主观意义，就是所谓的语言主观性问题。然而，多年以来，结构语言学家和形式语言学家忽略了语言"主观性"的存在。只有文学研究提到了语言的"主观性",语言学领域没有涉及。即使《语言学国际词典》(Bright,1992)也没列入"主观化"的词汇。

最近 20 年,语言的"主观性"和"主观化"的地位越来越重要,它首先是因为语言学"人文主义"的兴起,另外,功能语言学和认知语言学主张,在描述客观命题思想的同时,语言还需传达言者的主观态度和情感。

雅各布森(Jakobson,1957)在分析意义时表示了对语言"主观性"的重视,本维尼斯特(Benveniste,1971)指出句法与言语主体的差异,兰盖克(Langacker,2006)主张语言"主观性印记"的存在。这些都说明,脱离了主观性,语言无法存在,不考虑使用者的主观性而去研究语言学是错误的(沈家煊,2001)。

一、"主观性"和"主观化"的界定

国内学者普遍接受莱昂斯(Lyons,1977)对"主观性"(subjectivity)的定义,"主观性是指语言的这样一种特性,即在话语中多多少少总是含有说话人'自我'的表现成分。也就是说,说话人在说出一段话的同时表明自己对这段话的立场、态度和感情,从而在话语中留下自我的印记"。而"主观化"(subjectivisation)指的是,为表现这种主观性,语言采用相应的结构形式或经历相应的演变过程。根据此定义,"主观化"为共时的概念:一个时期的言者通过什么结构形式以传达主观性。同时它也是历时的概念:主观性结构形式的演变怎样经过各个阶段,以及哪些结构形式。当前学者对"主观化"的研究分为"共时"和"历时"两个不同的视角。

"主观性"早为语言学家所关注。"主观性"在有些语言中呈显性表达,如日语常常使用明显的形式以表示言者对内容和听者的态度或感情,所以日语的"主观性"现象早为日本语言学家所关注。英语类语言的"主观性"表达形式更为隐性,但用例依然很多。和语言学中笛卡儿主义和新笛卡儿主义不同,莱昂斯(Lyons,1982)认为,言语中言者的自我表现不应简单地归为一组命题。

二、研究的三个方面

语言总是具有自我表现的印记,这个观点确认无疑。费尼根(Finegan,1995)把主观性和主观化的相关研究分为三大类:

（1）说话人的视角（perspective）；

（2）说话人的情感（affect）；

（3）说话人的认识（epistemic modality）。

上述三个方面既相互重叠，又有一定联系，难以明确区分，但为了便于描述和分析还是做出粗略的区分。

1. 说话人的视角（perspective）

视角被界定为观察、认识事物，或描述客观事物的角度。言者在话语中常常从自己的视角，让自己处于交际的中心。这种"视角"的主观性往往体现为话语中的隐晦表达，最经典的例子为动词的"体"（aspect）。例如：

　　　　[7] It is finished.

　　　　[8] He has finished it.

例 [7] 是对过去动作和结果的客观叙述。例 [8] 是现在完成体，仍表达过去动作和结果，但它已有言者的角度：言者从"现在"这个视角，表达它在主观上和"现在"存在联系，意为，他做完事情了，因此不用再做那件事情了。和例 [7] 比较，例 [8] 比例 [7] 更为主观。英语的动作结果构式语法化为动词完成体，体现了它的"主观化"。再如：

　　　　[9] Let us sing. （让我们唱歌吧！）

　　　　[10] Let's sing. （咱们唱歌吧！）

句子主语往往为描述的起点，而祈使句主语常常为听者，无须显性表达。例 [9] 中的隐性主语为 you。例 [10] 相对于祈使，它更像一种劝告，祈使的对象大不相同，两个动词的主语皆为言者和听者。言者也成了祈使对象。它们是两种不同的主语，例 [9] 的为"句子主语"，而例 [10] 的被视为"言者主语"，后面还会谈到它们的区别。相比例 [9]，例 [10] 具有较强的主观性。例 [3] 类的表达只出现在古英语里，例 [10] 类的表达在中古英语里才产生。现代英语还具有如下的用法，let's 进一步被主观化：

　　　　[11] Let's stop crying now, John. （约翰，咱们不哭了。）

　　　　[12] Let's see now, what was I going to say. （看看，我要说什么
　　　　　　　来着。）

例 [11] 大人是劝小孩停止哭闹，其实言者自己并没在哭，例 [12] 的 let's see 并没有很实在的行为意义，其作用是组织话语（Traugott, 1995）。

2. 说话人的情感（affect）

广义上说，情感指感情、态度等。学者们如韩礼德（Halliday，1975）和莱昂斯（Lyons，1977）区分了语言的三种功能，第一、第二种为指称、表述功能，第三种为表情功能。作为"社会指称（social referencing），感情的描述是指面对话语中不确定的信息时，人们往往会从他处的语境（即身边的人及社会环境）得到感情的信息以进行准确理解，同时表现出反应。

语言的语气词、韵律、代词、副词、情态动词、时体标记、重复、词序等表达方式都可传达感情（沈家煊，2001）。一些如日语、汉语、法语等的语言中，被动结构都含有"消极"的负面主观意义。英语中状态动词进行体的个别使用也表达了主观的情感。例如，"They are being friendly. 他们显得很友好。（暂时性，且是表现出来的，未必是真诚的）"言者认为他和平常不同，故意显得友好。还有关于词序，夏威夷语中指代词一般在名词之前，但如果在之后就会含有不如意的意思。

汉语的句尾语气词和重叠形容词都表示言者比较主观的情感。因此，对一段话（utterance）来说，我们难以清晰地区别其命题的客观内容与它主观情感表达，语言表达情感的方式多种多样。

"情感"的研究往往涉及"移情"（empathy）。库诺（Kuno，1987）指出，我们经常不能通过单纯的语法规则来分析第三人称反身代词的用法，它其实涉及言者的"移情"可能性。例如：

[13] Cathy knew little about John's plan. As for herself, she knew best what she should do.

（凯西不了解约翰的计划。至于她自己，她最清楚自己应该做。）

例[13]如果使用一般代词her，言者客观地表明凯西清楚自己应该做；不同的是，这句使用反身代词herself，意为言者从凯西的角度，直接描述强调凯西的内心思想。它等同于意义上的直接引语：

[14] Cathy thought, "As for me/myself, I know best what I should do."

例[13]的言者直接描述了凯西的想法，没使用"Cathy thought"类的表达。

根据库诺，汤廷池（Tang，1986）分析了汉语中言者"移情"焦点的原则和"移情"的程度。例如：

　　[15] 老板把张三开除了。

　　[16] 老板把他的部门经理开除了。

　　[17] 张三的老板把他开除了。

　　[18] 张三被老板开除了。

　　[19] 张三被她的老板开除了。

　　同一个事件（老板开除张三）中，言者移情的对象各有不同，可以是老板，也可是张三。例 [15] 为完全客观的表述，例 [16] 至例 [19] 的移情对象从老板逐步转到张三。"他的老板"的称呼使得同情对象为"老板"；"张三的老板"或"她的老板"的称呼使得同情对象为"张三"。"张三被老板开除了"的被动式结构导致同情对象转移到"张三"。这个现象说明，"移情"影响了怎样选择指称形式和变换句式。

　　3. 说话人的认识（epistemic modality）

　　情态动词和情态副词常常表达"认识"的主观情感。例如：

　　[20] Mr. Tom must pay Mr. John's legal costs.

　　　　（汤姆先生必须支付约翰先生的诉讼费用。）

　　[21] Miss Mary had a weak heart. She must have had a heart attack.

　　　　（玛丽小姐心脏衰弱。她一定得过心脏病。）

　　"必须"义的 must 表行动情态或道义情态，例 [20] 说明客观上汤姆先生必须支付诉讼费用。但意为"一定 / 必定"时，它表示认识情态（epistemic modality）。例 [21] 中，言者基于"玛丽小姐心脏衰弱"的事实，在主观上对命题"得过心脏病"的真实性进行判断或推断。即，例 [20] 的主语为"句子主语"或"语法主语"，但关于例 [21]，在语法主语之外，它还有一个隐性的"言者主语"，言者认定"她得过心脏病"。显而易见，例 [21] 比例 [20] 更为主观。从历史的角度来看，情态动词的认识义都演变自行动义。有学者提出，它的演变经历了"隐喻"，概念上它从具体的行为域映射到更为抽象的认识域，如斯威策（Sweetser，1990）和沈家煊（1997）。

　　不仅情态动词，一些关联标记，如因果复句的关联标记，也存在客观叙述和主观认知差别。例如：

　　[22] 她眼里饱含着泪水，是因为爱孩子爱得深沉。

　　[23] 她爱孩子爱得深沉，因为她眼里饱含着泪水。

　　例句 [22] 说明"爱孩子爱得深沉"导致了"她眼里饱含着泪水"，

这显然是事实上客观的因果关系。例句［23］"她眼里饱含着泪水"并不是"她爱孩子爱得深沉"的原因，其因果逻辑关系恰好相反，因果关系如例句［22］，"她爱孩子爱得深沉"是原因，"她眼里饱含着泪水"为结果。之所以这样说，是因为言者根据自己的知识，做出一种主观的推断，即，"我推断她爱孩子爱得深沉，因为我看到她眼里饱含着泪水"。所以，例句［23］的主观性强于例句［22］，后面这种用法也演变自例句［22］类的句子。

下面例（24）具有歧义：

　　［24］小李回来了，因为他的车钥匙在桌上。

例［24］表示，"小李的车钥匙还在桌上是他回来取的原因"，也能解释成"我看到小李的车钥匙还在桌上是我推断他已经回来的原因"。这个现象说明，在少数情况下，有的句子既可表示客观意义，也可表达主观意义，要根据具体语境来解读。

三、主观化和语法化

不同于兰盖克和特劳戈特对主观性的研究视角为历时性的，她把主观性与语法化的研究结合在一起。英语动词 go 就是典型的语法化过程，它从表物理运动演变为表未来行为的语法标记。语法化的过程是单向性（unidirectionality），即，词语的意义倾向于从命题的传达发展到情感的传达，结果是，其表意功能衰退，表情功能加强。这种情感的传达都来自言者，因此具有主观性。语义历时变化的最后一个阶段产生主观意义。

特劳戈特的研究基于实证，她的早期研究成果有助于对一词多义现象的分析。她认为，在研究一词多义现象时，形式语义学（formal semantics）忽略了意义的历时变化，所以不能全面地解释这类现象。特劳戈特（Traugott，1988）区别了意义演变的两种过程，一种是泛化（generalization），即，语法限制在语境中逐渐宽松，表现之一为比喻，另一种是推理（inferencing），如转喻。

特劳戈特（Traugott，1995）主张，语言的意义具有主观化（subjectificatlon）的倾向，语义的变化过程中，言者越来越多地参与话语意义（如推理依赖于言者），而客观的意义一般没有言者的影响。在表达惯常的事物时，人们总是通过新的方式来提高表现力。表现力具有两个功用：第一，它给听者提供丰富的语言信息量，第二，它使言者表达主观的情感。特劳戈特认为，语义变化的典型过程为：会话含义→规约含义→语义意义，随之就出现了新的主观意义。显而易见，引起语言学家们重视的是语义主观化的过程而非主观性本身。主观化涉及的转移有两个方面：言语焦点从句法主语转移到"言语主语"；言语意义从"所言"转移到言者对"所言"的主观信念、态度和评价，它其实是语义到语用的转移。特劳戈特的主观性和语用学有紧密的联系。

总之，特劳戈特结合语法化理论，从历时的视角研究主观化，提出，主观化的过程是语义－语用变化的过程，"在演变过程中，意义愈来愈取决于言者对命题内容的主观信念和态度"。"语法化中的主观化"涉及非语法成分的变化如何导致语言中主观性语法成分的逐步产生（Traugott，1995）。

特劳戈特认为，类似于主观化，作为逐步发展的过程，语法化关注局部语境所发挥的功能，以及言者的语用推理过程。言者应用少量的词汇以表达足够多的信息，它涉及言者的主观情感和态度。语用推理的高频率运用以至最终固定就导致主观性成分的出现。例如：

  ［25］John listened to music while Tom read.

   （约翰看书的时候，汤姆在听音乐。）

  ［26］I like potatoes while Wang Ling dislikes them.

   （我喜欢吃土豆，而王玲不喜欢吃。）

英语的 while 最开始意为"同时"，后来转化成"让步转折"的意思，它经历了语法化／主观化的过程，"让步转折"比"同时"更具主观性。它的认知机制为语用推理：while 连接事件 A 和事件 B，事件 A 与事件 B 同时发生。因为对 A 和 B 事件同时出现，言者还在主观上感到意外（两个事件同时出现的概率很低），故产生了转折的意思。虽然 while 具有表转折的意义，英语里这种语义的主观化并没有完全地语法化，它仍可表示同时的意义。

因此，我们会思考，语法化是不是都经历了主观化的过程？特劳戈特认为，主观化确实存在于语言系统的方方面面。为了有效地交流信息，言者总是需要通过实意或客观的表达，同时在主观上对客观场景进行"识解"，以把话语的目的或动机传达给听者（Langacker，1991）。

四、共时的"主观化"

认知语言学对于主观化的定义是，实体（Tr）与实体（Lm）间的关系从客观轴转换到主观轴，同时，主观化研究的出发点是话语场景是否参与

"射体－界标"的关系。概念化主体和被概念化实体关系的变化会导致语言形式的变化。话语场景往往影响名词性短语或限定小句,名词性短语对冠词、指示词、量化词和修饰限定结构做出选择,限定小句对时、体、情态等做出选择。认知语言学从如何识解客观场景来发掘话语的主观化现象。

总体来说,认知语言学往往基于共时变异的视角探讨主观化现象。不同于语法学家特劳戈特的历时视角,兰盖克考察主观化的视角主要为共时。他从认知的角度考察语言的应用,即,因为话语的需要,言者怎样基于某种角度识解客观场景。然而,语法化脱离不了主观化,语法化、主观化常常由语用推理引发,并非隐喻(沈家煊,2001),在这两点上特劳戈特与兰盖克等学者看法相同。以动词 go 的演变为例:

[27] She is going to close the door.

(她正走过去关门。)

[28] Your obstinacy is going to ruin your career.

(你的固执已见会葬送你未来的事业。)

斯威策(Sweetser,1990)等学者对这个语法化过程的解释是"隐喻"(metaphor)或空间域投射到时间域,但是解释不限于此,例[27]表示空间的位移,主语在具体路径的位移,位移后才是不定式的行为即"关门";例[28]可理解为"你的固执已见"在抽象的时间路径上的位移,但并非移位之后才发生"被葬送"。其实,这个句子意为"固执已见"和"葬送"事件的时间是同一的。同时,隐喻难以阐释空间域 to 可加名词性成分,时间域 to 仅加动词性成分的原因。

根据兰盖克(Langacker,1990),go 的语法化与主观化密切相关,时间意义源自空间意义,表将来的事件。例[27]中主语有两种角色——路径上的位移者和行为"关门"的施事,例[28]中"固执已见"仅为行为"葬送"的施事,而非路径上的位移者。也就是说,此句中是言者主语经历了一个心理路径,而非主语"固执已见"经过一个路径。因而,主观性现象常常涉及言者对事件的"心理扫描"(mental scanning)(Langacker,1990)。例如:

[29] He ran down the hill.

(他跑到山脚下。)

[30] The path ran through the pinetree woods.

(那条小路穿过松树林。)

　　[29]是客观地描述"他"在空间里的移动，[30]不是小路在空间里做实际的移动，而是言者想象小路在空间里移动，因此句[30]的动词 run 具有主观性。

　　"主观化"的一个重要概念是"话语场景"（ground），即"言语事件"（speech event），指言语参与者和言语环境。不导致"话语场景"的实体间的关系位于客观轴上，而导致"话语场景"的关系位于主观轴。如例[27]和例[28]，概念上，"她关门"和"固执己见将葬送你未来的事业"皆为两个实体的关系——"她"和"门"，"固执己见"和"事业"的关系，根据认知语言学，它们各自被看成"射体"（trajector）与"界标"（landmark）。通过"主观化"，两者的关系由客观轴转换至主观轴。例[27]客观地叙述两个实体的关系，无关乎"言语场景"，"射体"与"界标"位于客观轴。例[28]包含了话语场景，部分关系被置于主观轴上。

　　基于共时视角，例[31]a 至 c 句的主观性程度渐次变高（Langacker，1990）：

[31] a. Tom is standing across the platform from John.
（汤姆对着约翰站在台子那边。）

b. Tom is standing across the platform from me.
（汤姆对着我站在台子那边。）

c. Tom is standing across the platform.
（汤姆站在台子对面。）

　　例（a）中，作为参照点，John 给 Tom 设定了位置，但没包含言者本人，为单纯的客观描述，没有包含"话语场景"；例（b）中，言者本人作参照点给 Tom 设定了位置，言者本人还位于舞台上，它仍为客观的叙述；例（c）中，言者本人仍为参照点，却不存在显性的表达，参照点已被置于舞台下，客观轴已转成主观轴。因此，例（a）中 Tom 和 John，例（b）中 Tom 和"我"的关系皆位于客观轴，例（c）中 Tom 和言者的关系已被置于主观轴上。

　　关于主观化研究，兰盖克和特劳戈特的视角具有差异，但仍存在许多共性。他们都主张，语言的词汇和语法方面都带有主观因素，主观的意义都是抽象的。但是它们之间的差异也显而易见。在讨论主观性时，兰盖克侧重语言形式和语法特征，它们并不能完全通过说话人的选择来进行预测。特劳戈特则认为，兰盖克的主观化例子脱离了语境并忽视了语体和话语类型，过分地强调语言形式的选择，忽略了话语的内容以及语义的历时变化。共时、历时研究可以相辅相成，使我们的研究更加全面，更加系统。

第三节　识解理论

认知语法创始人兰盖克最早提出"识解"理论。在《认知语法基础》中，兰盖克最初使用"意象"（image）这个心理学概念，被界定为在感受外界事物的过程中，人们头脑中形成的抽象表征，并能长时间储存于大脑。但是，根据认知语言学，"意象"被定义为人们的认知能力，即，为达到思维和表达目的，人们从不同的角度看待场景或阐释内容，它是概念和语义结构的具体构成方式（Langacker，1987）。为了被正确理解，兰盖克（Langacker，1987/1991/2007）把"意象"修改成"识解"，即人们如何通过不同的方式观察、感受、叙述同一事件。

在观察某一场景时，我们实际上看到的往往在于我们观察的详细程度，选择什么为观察的对象，注意力集中在什么成分上，以及选择什么作为观察的视点。对这些宏观的识解现象，兰盖克选用的相应术语分别为详略度、聚焦、突显性和视角。它们适用于任何认知域的概念。

一、详略度

作为识解的一个维度，详略度指对情景描述的精细及具体程度。一个详略程度高的表达式，阐释关系用实线箭头标记，从左到右可排列成阐释等级，如下面的例子，前面一个表达式图示性高于后一个表达式。

person → girl → young girl → beautiful young girl → beautiful young girl with a long hair

21th century → 2010s → 2018 → March, 2018 → March 15th, 2018 → 9:00 a.m., March 15th, 2018

词汇的此种关系构成分类层级。

一个详略度程度高的表达式对某情景做详细描述时，它就具有很高的解析度；详略度低的表达式对某情景做粗略描述时，其低解析度只反映其粗略的特征和总体的组织。

与"详略度"相对立的术语是图示度（schematicity），因此，family比 sister 和 son 更具有图示性，parent 比 father 或 mother 更具有图示性，

animal 比 tiger,monkey 更具有图示性。以不同的方式，在不同的程度对 person 进行阐释的表达有：girl, young girl, beautiful young girl,beautiful young girl with a long brown hair。

在许多情况下，表达式会由图示性描述和具体描述混合构成。例如：

[32] I think I saw the girl he is talking to in a certain place some day in the past.

图示与阐释关系在语言结构的各个方面都有根本性的地位。认知语法认为，所有语言的概括都来自更为具体的结构的图示化。

作为常规模式的表征，图示是判断语言表达式可接受度的根据。当表达式和其范畴化的图示之间具有某种阐释而非引申关系时，它就被看成是可接受的。

二、聚焦

通过语言表达式，人们可通达概念世界的特定区域。"聚焦"这个识解维度，涉及语言表达时，中央选取概念内容，且按照广义上描述的前景与背景进行排列。

词项提供了直接通达围绕中心度（被激活的程度）进行排列的一系列认知域及矩阵的途径。域的清单包括可供选取的概念内容。同时，相对于更加边缘的域，中心域获得前景化，即可及性更强。在矩阵的所有域中，在特定场合中，只有少数的域可以在不同程度上得到激活，高度的激活就构成前景化。

（一）前景和背景

语言的很多不对称性都来自隐喻式描述的前景 – 背景的区别。在感知中，此不对称性的表现之一被看成图形 – 背景现象，表现之一是范畴化。范畴化结构处于背景地位，被看成事先确定的用来评估的基础。它本身不是关注的对象，目标 / 图形处于意识的前景位置，是被观察和评估的结构。在任何情形下，一个概念的出现先于另一个概念，且在某种意义上促动后者时，我们就可以理所当然地讨论前景和背景。表达式往往引发背景知识作为其识解的基础。

在我们的会话中，言者想要凸显的重要内容与从属性评论往往被区分为前景和背景。例如：

[33] 我正在专心看书时，突然听到门外一声巨响。

最初图形－背景论是探讨人们如何感知二维和三维的意象，后来人们也运用它分析一维时间轴的事件，如例［33］中，相对大的时间范围事件"我正在专心看书时"，作为可涵盖的事件被看成背景，往往置于从句中；相对小的时间范围事件"突然听到门外一声巨响"，作为被涵盖的事件被看成图形，往往置于主句中。

图形－背景理论还被用于分析句法结构，解释句法多样性等句法研究中。例如：

　　　　［34］a. The lake is near the house.

　　　　　　　b. The house is near the lake.

利用图形－背景理论，我们可以得出例［34］a 和 b 句法多样化的原因在于不同说话者对同一事件的感知差异：虽然使用的词汇形式没有差异，言者观察描写事件场景的视角不同，a 和 b 句的图形和背景也各异，句 a 的图形是"the lake"，背景是"the house"，而句 b 的图形是"the house"，背景是"the lake"。同时，言者要凸显的对象也各有不同。

（二）组合

在象征结构上，大部分表达式都是复杂的，它们来自较小的象征成分。如 lipstick maker。

lip, stick —— lipstick

make, –er —— maker

背景 —— 前景

相对于所有低层结构，最高层的复合结构 lipstick maker 为前景化结构。

（三）辖域

除了前景化，聚焦还涉及初步选取概念内容以用于语言表达。它一方面涉及表达式通达一系列认知域的方式，另一方面涉及表达式在通达域中的"覆盖面"，即它在实际上激活并调用这些域的哪些部分。在其矩阵内的所有域中，表达式都有一个辖域（scope），关涉到它在该域的覆盖面。

人们可以在同一个框架下进行组合选择和前景化／聚焦，是因为辖域本身可以按照前景和背景的方式进行排列。有时候，在表达式某个域里，需区分出最大辖域，即其最大的覆盖面和有限的直接辖域，即与特定的目的直接相关的部分。所以，相对最大辖域，直接辖域为前景化的成分。例如：

[35] 山居秋暝

    王维

    空山新雨后，天气晚来秋。

    明月松间照，清泉石上流。

    竹喧归浣女，莲动下渔舟。

    随意春芳歇，王孙自可留。

文学语言中的辖域通常是一个语篇，在这首古诗中，整首古诗作为一个整体意象是一个最大的辖域，而这个语篇中相对处于"动态"的描写则是被前景化的部分。

三、突显性

语言结构经常出现不对称性，都可以看成突显问题。同一事物可以在许多不同的方面呈现显著性。我们主要关注两种特殊的突显性——侧显和射体－界标联结。

（一）侧显

一个表达式选取一定范围概念内容为其意义基础，被称为"概念基体"。宽泛上说，一个表达式的概念基体是其矩阵的所有域的最大辖域。狭义上讲，概念基体是一个表达式中活跃域的直接辖域（陈晓燕，2019），即置于"台上"作为宏观的观察注意场进行前景化的部分。在台上区域内部，观察者的注意力投向特定的次结构，被称为"显面"。因而，在直接辖域里，表达式的显面成为具体的注意焦点被凸显出来。

一个表达式可以侧显事体，也可以侧显关系。尽管侧显关系的表达式具有同样的概念基体，但因其侧显基体的不同方面，它们呈现出不同的语义。语法方面的例子有动词与相应的进行体的对立，如 examine 与 be examining。动词 examine 指向一个完整的有界事件，但其进行体只从此事件抽取一内在部分作为其呈现对象。

意义的区别可以源自同一概念中选取的不同显面。内容大致对等，而语义对立实际上涉及识解问题。这时，对关系表达式意义的区分就涉及突显性的另一种形式——射体－界标联结。

（二）射体－界标联结

某个关系被勾画时，参与者就具有一定的侧显度，人们把最显著的参与者看成"射体"，是识解为被定位／评价／描述的实体。射体被描述成勾画关系中的主要焦点，次要焦点即次要参与者是"界标"。

不同表达式可能有相同的内容，且侧显相同的关系，但因射体与界标选取的不同而显现出语义上的区别。如介词 above 与 below。突显的对象不仅仅限于事件，关系也可以作为射体或界标被聚焦。如 before 和 after。

突显性是一种概念现象，它存在于人们对世界的认知中，而不存在于世界本身中。一个实体具有多大程度的突显性，即充当显面、射体，还是界标，或者两者都不算，皆取决于人们的识解方式。

总的来说，象征集合中的各个结构，都具有自身的焦点，因此，在某个结构中位于焦点位置的实体，在另一个结构里却不具备同样的显著性。

四、视角

概念化关涉到对某个场景的观察，而视察构成观察格局（viewing arrangement），其最显著的方面在于所持的观点。动态性（dynamicity）也属视角的范围，指的是概念化如何沿着加工的时间进行。

（一）观察格局

观察格局指观察者与观察对象两者之间的关系。观察者指的是对语言表达式意义进行把控的概念化主体，即言者 / 听者。

在日常会话中，人们往往预设了一个近乎有默认地位的特殊观察格局。在此格局里，交际双方均在某个固定场所，观察、描述其周围实际发生的事情。例如：The book is on the desk，它隐性地唤起此种默认格局。默认格局是概念基底的组构部分，概念基底既支撑表达式的意义，也塑造其形式。

观察格局的成分之一是预设的视点（vantage point）。在默认格局里，视点指言者 / 听者实际所处的位置。人们可以从多个不同的视点对同一客观场景进行观察和描述，于是就产生了各不相同的识解方式，同时也可能引起形式上的差异。很多表达式自然就使得某一视点成为其意义的一部分。例如 "in front of, behind" 这对词，我们说 "The building is in front of the school"，还是 "The school is behind the building"，对其语言编码的方式取决于哪种视点的采用。

在进行语言描述时，视点不一定是言者的实际位置，我们还可以采取某一虚拟视点，想象如此观察时场景会呈现出什么面貌。

"视点"虽然包含空间和视觉概念，但在其他域的描述中也同样运用，特别是时间域。例如：

　　［36］Tomorrow will be a rainy day.

　　［37］John believed that the next day would be a rainy day.

　　例［37］中，the next day 唤起了一个相当于主句发生时间的时间视点，相关"日子"是紧跟 John 相信的"日子"之后（不是句子说出的"日子"）。和视点密切相关的是一个重要的识解维度，即认知语法所谓的"主观性"和"客观性"。

　　主观识解是观察者角色的典型特征，即观察者自身并未被感知到的台下的感知经验场。而客观识解说的是台上注意的焦点，自身并不参与观察。作客观识解的某个实体作为注意的对象而存在，它比主观识解时更为凸显。

　　（二）时间维度

　　本质上，概念化是动态的。概念化来自心智加工，因此它随时间推移而发生。当时间的概念为这种概念化媒介（medium），每个概念化的发生都需要一定的加工时间。作为识解的一个方面，动态性关涉到概念化如何沿着加工的时间发生和展开。

　　加工时间有别于表征时间（conceived time），即概念客体时间。当一段时间得到侧显时，其识解最为客观。当时间作为所侧显关系的认知域时，它不是注意场，但其识解同样是客观的。

　　总之，识解理论有助于我们了解认识客观事物的各种规律，也可用于分析语言中的各种句法、语用、语义方面的难题。

第四节　入场理论

　　入场（grounding）及其相关术语是认知语法体系中的核心概念。兰盖克（Langacker，2002）基于对入场概念（1987）的研究，进一步对入场理论进行了系统的研究，指出，名词短语、定式小句都存在入场的情形。国外的语言学家如奥斯特曼和米里亚姆（Östman & Mirjam，2005），布里萨尔（Brisard，2002）和莫特尔曼斯（Mortelmans，2006）等也深入研究了入场理论。国内的语言学家如牛保义、完权等应用它研究了汉语的入场现象。上述研究都大大促进了入场理论的运用和完善。

一、名词短语和定式小句的入场

　　英语名词短语和定式小句的前期相关研究进一步完善了入场理论。

ground 这个术语，在认知语法中有两个义项。一个是我们所熟知的"背景"〔与图形（Figure）相对〕，另一个是入场理论中的"认知场景"。图形 - 背景的术语"ground"，被用来指"认知场景"（Langacker，1987/2002）。认知场景意指整个言语事件，包括言者和听者及其互动，言谈的即时物理语境。入场成分把名词 / 动词变为名词短语或定式小句，事物、动作的类型中的实例被提取，以描述所指的事物或言语事件，构成名词短语或定式小句的认知场景。

作为入场成分，指示代词、冠词、量化词等可把名词变成有完整形式和意义的名词短语，提取类概念中的例概念，作为指称，侧显所指对象。已入场的名词短语把听话人的注意力导向侧显的对象，通过当时的话语场景和共有的语言知识，听话人区分出说话人指向的事物。例如：

[38] a pencil, the pencil, this/that pencil, these pencils, those pencils, some pencils, all the pencils

[39] a novel, the novel, any novel, every novel, some novels, all the novels

[40] the water, some water, no water

[41] the smile, a smile, the fear, some fear, no fear

例 [38] 和 [39] 句中，入场成分——冠词、指示代词和量化词的使用使得具体名词入场名词短语结构，且名词为可数名词，例 [40] 的名词为不可数物质名词。例 [41] 中入场成分使得不可数的抽象名词入场名词短语结构。很显然，入场成分可以使各种类型的名词入场名词结构。当然，在各自入场成分和名词的搭配上还是存在一定的限制，它依赖我们的语言知识。

简言之，名词短语认知场景指的是整个话语场景，包括名词短语指向的所有言语，说话人和听话人和其之间的互动，名词短语包含的时间以及当时的物理环境等。

定式小句的认知场景意为，入场成分，如时态和情态动词，将动词变为定式小句（finite clause），从动词的过程类提取一个具体过程实例。入场的定式小句把听话人的注意力导向侧显的现实或潜在的话语场景，通过当时的话语场景和共有的语言知识，听话人理解说话人指向的事件。例如：

[42] I had nothing to say and so sat silent.

（我无话可说，所以默默坐了下来。）

[43] They think a man leaves only because he wants others.

（他们认为，一个人离开是因为他需要别人。）

[44] I could not decide whether she desired the return of her husband.

（我说不准她是否期待丈夫回来。）

[45] You may get a bowl of thin, salt soup.

（你可以喝一小碗盐汤。）

例[42]和[43]通过使用过去时和现在时时态，言者使小句入场为定式小句。例[44]和[45]通过使用情态动词"could"或"may"，言者使小句入场为定式小句。英语中的定式小句都需要入场成分。

简言之，定式小句认知场景指的是言语事件中任何言语、说话人、听话人和其之间的互动，话语事件包含的时间和当时的物理环境等整个言语情境。

二、复句入场理论

入场理论的发展是基于名词短语和定式小句入场的研究，它揭示了人们感知和表达客观世界的普遍规律。复句和语篇入场的问题也得到了研究者的关注。根据人们感知世界的共同性，跨语言的入场成分与策略也被深入挖掘，如汉语、法语、日语、西班牙语、波兰语和荷兰语等。这些研究进一步完善了入场理论。本部分拟基于入场理论，系统研究英语和汉语为主特别是英语复句入场的一些重要问题，介绍复句入场的认知机制。

本部分从三个方面讨论复句入场的理论问题：（1）复句的认知场景；（2）复句的入场成分；（3）因果复句入场的认知场景。

（一）复句的认知场景

根据名词短语和定式小句的认知场景，人们进一步发掘了复句的认知场景。言者表征所感知和体验的客观世界时，并不总是使用名词短语和定式小句的形式，他们常常使用更复杂的语言形式，如并列句和复句。并列句和复句用来体验和表达复杂的话语事件，并列连词，如 and/or/but 等，使两个或两个以上有事理关系的定式小句并列连接，它们属于并置相等的关系。而从属连词把定式小句变为从属分句，并映现到另一个定式小句，做这个主要分句的一个成分。从句和主句之间存在不相等的层级关系。

复句入场是关于，如何通过从属连词的入场成分，定式小句转化成一个从属分句，与另一个定式小句组合，表征言语参与者所感知和体验的复杂言语事件。类同于名词短语和定式小句入场的识解方式，复句也应通过认知场景进行识解。

　　复句的认知场景被界定为，在说话人的意识全部范围里，应用从属连词的入场成分，说话人将定式小句转化为名词性分句、关系分句或状语分句等，联结另一定式小句，描述各种复杂关系的话语事件，如嵌入和修饰关系，说话人把复杂的话语事件通过各类分句复句的形式表达出来。运用从属连词这个入场成分，通过自己的认识能力、语言知识以及共有的话语场景，听话人和说话人产生互动，将注意力导至入场的各种关系的复句，区分出说话人表达的复杂的话语事件，最终在已有的概念系统中进行整合。话语的整体场景，即各种类型复句描述的复杂话语事件、话语参与者及其间的互动、话语的时间和当时的物理场景，被看成复句的认知场景。例如：

［46］Some of them were dressed fashionably, and they said they couldn't for the life of them see why you should be dowdy just because you had written a novel.

［47］I have given incidents that came to my knowledge, but they remain obscure because I do not know the reasons that led to them.

［48］It seemed to me that he would not show his pictures because he was really not interested in them.

［49］I imagined that my arrival had taken them by surprise.

［50］He was a player who despised the opponent he vanquished.

［51］When the door opened, and, to her very great surprise, Mr. Darcy, and Mr. Darcy only, entered the room.

［52］She arranged his bed so that it was possible to change the sheet without disturbing him.

［53］I have read this work with a good deal of amusement, and upon this I congratulate myself, since it is colourless and dull.

　　例［46］和［47］通过使用并列连词"and"和"but"把两个句法语义地位相等的并列小句连接在一起，描述两个同时存在或发生的复杂事件。而例［48］至例［53］通过使用从属连词，把一个定式小句变为从属分句，并映现到主句，从属分句在复句中可担任各种句法成分。从属分句和主要分句之间为不相等的层级关系，主从复句被用来描述比并列复句更为复杂的概念内容和关系。

（二）复句的入场成分

基于名词短语和定式小句的入场，兰盖克（Langacker，1987/1991/2002）建构了入场理论，并把语法化程度高的成分视为入场成分。同时，入场成分也可以是词汇、语气以及其他语法成分。因此，类同于名词短语和定式小句的入场成分，复句入场的成分就是从属连词。

我们将从三个方面描述从属连词的入场问题：（1）从属连词入场成分的本质；（2）从属连词入场的语法属性；（3）从属连词入场的形义特征。

1. 从属连词入场成分的本质

从属连词入场成分的本质特征是认知性。从属连词的使用把两个或以上有语义关联的定式小句联结起来，使定式小句变成从属分句，映现至主要分句，成为它的一个成分：主语、定语、宾语、状语等，叙述复杂的话语事件。因此，从属连词把入场复句描述的复杂话语事件和认知情境结合起来，然后说话人在概念系统里进行整合，并识解复杂的话语事件。根据从属连词，听者基于自身的认知能力、语言知识和具体话语场景，和说话人进行互动，把注意力导至复句构造的复杂话语事件，认识说话人意指的话语事件。

总之，从属连词的认知特征，可以使人们准确地表达和识解复句意指的具有逻辑语义关系的复杂话语事件，实施言语参与者在认知域内的现实概念构建。

2. 从属连词入场成分的语法属性

作为入场成分，复句从属连词来自语法化程度较高的一些词汇，在新的话语情境里，通过重新分析，它们获得了一些新的语法功能和特征。

首先，从属连词的主要功能是导致复句的入场。从属连词可以使各类分句入场复句，一个定式小句被映现至另一个定式小句的结构成分，描述有相关事理的复杂言语事件的发生。从属连词的缺失经常会带来复句形式的混乱和语义的模糊，从而使说话人和听话人加工认识复句的正确性大打折扣，如"You can't come to our party is a regret."（你不能来参加我们的晚会真是遗憾。）句中因为省略了从属连词 that，主从句难以区分，句子意义比较费解。在一些特定的话语场景里，从属连词才可不出现，如 We believe you are honest（我们相信你很诚实），先行的部分呈现为零形式，。

另外，充当各类分句成分。在名词性分句、关系分句/形容词性分句里，部分从属连词（除了 that、whether/if 和状语分句从属连词）有其自身的语法功能和属性，可以作主语、宾语、定语、状语、主补或介补等。例如：

[54] It is possible that Strickland hated the normal release of sex.
（有可能思翠克兰德不喜欢性的正常释放。）

[55] They believe that no one will know their vagaries.
（他们相信没有人会知道他们的奇思妙想。）

[56] He cooked breakfast for three, which he and the other man ate together.
（他做了三个人的早餐，而他和另外一个人两个人一起吃掉了。）

[57] I didn't know whether or not Gatsby went to Coney Island.
（我不知道盖茨比是否去过科尼岛。）

[58] I wondered if the fact that he was not drinking helped to set him off from his guests.
（我在想他不喝酒这个事是否导致他和客人有距离感。）

[59] When I arrived, a little late, because in my fear of being too early I had walked three times round the cathedral, I found the party already complete.
（我到她家的时候稍微晚了一些，派对已经结束了，因为我害怕去得过早，围着大教堂先兜了三个圈子。）

[60] When he smiled his teeth would flash white.
（他笑起来时，牙齿总是闪白发亮。）

例［54］使用从属连词 that 引入主语从句，例［55］使用从属连词 that 引入宾语从句，例［56］使用从属连词 which 引入定语从句，例［57］使用从属连词 whether 引入宾语从句，例［58］使用从属连词 if、that 引入宾语从句、同位语从句，例［59］使用从属连词 when、because 引入时间状语从句、原因状语从句，例［60］使用从属连词 when 引入原因状语从句，使得各种形式结构和语义类型的定式小句作为从属分句入场复句，描述各种复杂语义和场景的复句事件。

3. 从属连词入场成分的形式和语义特征

根据形式特征，兰盖克（Langacker，2002）对入场成分进行了分类：

外显入场成分、隐含入场成分和间接入场成分。外显入场成分主要包括冠词、指示代词、入场量化词、情态动词、动词过去时和动词现在时第三人称单数；隐含入场成分主要为不可数名词、人称代词、专有名词和动词现在时非第三人称单数，或称零形入场成分和内在入场成分；间接入场成分为名词所有格（吴吉东，2017）。

简言之，作为入场成分的从属连词在本质上具有认知性，功能上具有语法性，形义上具有外显 / 隐含 / 间接性特征。

三、因果复句入场的认知场景

在因果复句的入场过程中，一个定式小句话语事件的发生会直接导致另一个定式小句话语事件的发生，或说明另一个定式小句的话语事件发生的动机或理由。射体（TR），即主句（MS），是被致使发生或被说明发生的动机 / 理由的定式小句，是话语的焦点信息。界标（LM），即原因状语分句，是导致射体事件发生或说明其发生的动机 / 理由的定式小句，是话语的次焦点信息。复句入场成分包括从属连词、复杂从属连词和边际从属连词，把射体话语事件与界标话语事件联结在一起，通过从属连词的原因连词入场成分，射体对界标实施较弱越控（weakly overridden）（吴吉东，2017）。例如：

　　　［61］Since these confidences were thrust on me, I saw no harm in asking a few questions.

　　　　　（既然他主动把这家人的秘密都告诉我，我觉得我不妨继续提出几个问题来。）

　　　［62］My father made me go into business because he said there was no money in art.

　　　　　（我父亲要我从商，因为他说搞艺术赚不到钱。）

　　　［63］As she was no horsewoman, walking was her only alternative.

　　　　　（她因为不会骑马，唯一的选择就只有步行。）

例［61］至例［63］通过分别使用从属连词"since、because、as"使得定式小句入场主从复句，把射体言语事件与界标言语事件组织在一起，勾画另一个定式话语事件的动机或理由。

从注意台上看，通过从属连词入场成分，说话人联结两个话语事件，射体话语事件由界标话语事件导致产生，界标事件是射体事件的动机、理由和环境条件。在话语行为域里，根据自己的认知能力和语言知识，经过意义的互动和协商，话语参与者辨识出界标的触发作用，描述因果复句的认知场景：整个言语事件中的所有话段、话语参与者和话语参与者互动、话语的物理语境（吴吉东，2017）。

复句入场理论发掘了各种复杂话语事件的认知特征。根据复句入场理论，具有逻辑语义关系的复杂话语事件与认知场景结合起来被叙述和认知，其研究成果可以给复句的教学以及复句的研究提供启发，使复句的习得和研究更具体验性和理据性，也可使英汉语的学习者领悟英汉复句中所包含的认知规律。

第五节　小结

认知语言学的理论解释主要体现为两点：（1）基于认知语言学理论及其研究成果，分析阐释语言如何产生、演变及其认知规律；（2）在描述语言现象普遍规律的基础上，发掘人们认知能力及其发展的共性和规律。我们既要基于语言实践总结语言理论，也要把科学的语言理论应用于实际语言研究，在实践中对理论进行再思考和深入分析，以发展和完善语言学理论。

第三章　英汉原因连词的语法化过程

本章拟于已有研究成果之上，以语法化理论为基础，从语用语法化新视角出发，探究英汉原因连词的语法化过程和特征。基于语法化理论，本章分析最典型的原因连词"因为"和"because"在历史各阶段的语法化过程以及每个阶段的句法特征、语义特征以及语用特征；最后，对比分析英汉原因连词语法化的各个层面的共性和差异以及语法化动因。

本章的主要研究问题是：（1）汉语原因连词语法化过程是什么？（2）英语原因连词语法化过程是什么？（3）英汉原因连词语法化的各个层面的共性和差异以及语法化动因是什么？

第一节　前期的研究

我们查阅国内外相关理论书籍，并通过中国知网检索篇名和主题"英汉因果连词"查询到相关文献，发现以往研究主要集中在以下这三个方面：英汉因果连词的句法特征、英汉因果连词的语义特征和英汉因果连词的语用特征。

一、英汉原因连词"因为"和"because"句法特征的研究

因果类关联词语主要包括：表因果关系的连词、表因果关系的副词、表因果关系的介词、表因果关系的短语和超词形式。储泽祥、陶伏平（2008）应用"联系项居中原则"分析了汉语因果复句关联词的语序和模式。沈思莹（2003）提到汉语原因连接词（包括"因为"）的句法使用，包括单用、配对使用、连用、套用，并分析了在单句以及复句中其位置、形式以及意念关系。高再兰（2013）分析了前、后置"因为"在句中的作用及其隐现功能，分析其差异。而关于汉语原因连接词"因为"的结构构成的语料相对丰富。毛志刚（2009）研究上古汉语因果关联词发现，介

词"因"最早出现在先秦时期，可引介条件、时机、方式和原因等，引介原因的介词"因"由凭借事理义而来。然后从引介原因的介词"因"进一步虚化为原因连词"因"。郑丽（2009）在研究古汉语主从连词时发现连词"因"既可表因又可表果。在先秦时表因的连词"因"，进入中古，它的连词用法渐次成熟并固定下来。谢洪欣（2008）在研究元明时期汉语关联词时指出"因为"是由因果连词"因"和"为"同义复合而成，上古时期"因"和"为"就有作为原因连词的例证。周刚（2002）认为，降至唐五代，由于同义复合，这两个词作为语素组合成一个词。李为政（2013）在研究近代汉语因果句时认为"因为"常用作表"原因"义的名词或语素，多表达说明因果，由于是双音词，顺应汉语双音节化的趋势，有着较强的口语性，最终被保留下来，成了用得最多的表因连词。英语因果连词"because"构成比汉语简单。徐盛桓、李淑静（2005）指出，《韦氏新大学词典》和《牛津词典》说明，"because"的最初形式是法语 par cause，后来，英语中 bi（by / be）和 cause 联结成一个词作连词，其词义为"by cause that"。郭春芳、邓云华（2016）认为，"because"最初由实词与虚词两个词构成，后来合成一个词，引入原因或理由，意义和词性虚化，语法功能演化成连词。且通过语料分析得出，从古到今，"because"往往单独使用，不和结果关联词同时出现，它引入原因分句，近代时期它可和介词"of"一起作为介词短语，后接原因名词短语。

二、英汉原因连词"因为"和"because"语义特征的研究

马贝加（1996）概括了古汉语"因"作为方式介词的三类意义：（1）出现在"依仗……人而办成某事"的语义结构中，意思是"通过、依靠"；（2）出现在"凭借……物力、时势而做某事"的语义结构中，意思是"借助、利用"；（3）出现在"依照……标准办某事"的语义结构中，意思是"依据、按照"。这三个语义结构的介词"因"的宾语必须出现。倪重阳（2008）对比了多组汉语因果关系近义词，从多方面微观分析汉语原因连词，发现，"因为"相较于其他近义词，语义最为概括，适用范围更广泛、口语化，重在强调因果关系。张辉（2004）认为，当代英语已演化出专表达行为和移动因果顺序的 NP. V. NP. PP 语法结构，具有不同的语义类型，但汉语只能由简单词或句来表示，因此英语表达结构的语法化程度较高。黄蓓（2009）通过比较英语原因连词"because"的不同的句法功能以及其

位置，得出，单个因果连词的意义不再单单限于其两个构成语素所传达的意义，连接词所引导的从句可表达多种语义关系。邓云华、储泽祥（2004）认为，如一种言语结构常常表达一种隐含义，它便逐步"固化"，最终意义固定下来，固化的意义还可以替换最初的意义。一些表原因的英语词语经过历时的演变，其隐含义逐步稳固，替换了最初的意义。

三、英汉原因连词"因为"和"because"语用特征的研究

对英汉原因连词"因为"和"because"的语用特征研究涉及因果类关联词的分类：说明因果类和推论因果类。前者多重在对小句间因果联系的述说，客观性较强，多用于因果判断中；后者重在对小句间因果联系的推断，主观性较强，多用于因果推理中。毛志刚（2009）研究上古汉语因果连词发现，"因"作为因果连词的用法出现较晚，最早见于《韩非子》《吕氏春秋》《公羊传》等典籍，使用频率并不高；到了汉代，数量才渐渐增加。徐盛桓、李淑静（2005）通过"原因句嬗变理论框架"对英语原因句的嬗变进行了深入研究，指出，原因句发生语用嬗变是语言运用常见的现象。向明友、穆志刚（2010）指出，英语语法标记（包括连词）经语法化而来，我国学者主要从人类认知心理和语用等方面研究语法化进程。邓云华（2005）从认知语言学的角度探讨了英汉跨分句结构（含因果复句）的语法化的特点、认知基础和语法化理据。牛保义（2006）从认知的角度对英汉因果复句和关系词进行了深入的共性比较分析。

综合各家的研究，我们发现，关于英汉因果连词的研究包含各个层面，其中句法特征的对比已经研究得较透彻。但是，以往的研究仍不尽完善，甚至有未曾涉及之处。比如，还未有研究从语用法的语法化角度来研究英汉因果连词的历时演变并进行对比；缺少研究系统详细语料分析对比英汉原因连词的历时演变；对比英汉原因连词语法化机制的异同并进行阐释，分析其共性与差异的语法化动因的更是少见。本研究是在已有研究的基础上，运用语法化理论，从语用法的语法化新视角对英汉原因连词"因为"和"because"从句法特征、语义特征和语用特征三个方面进行分析和对比，力求从微观出发，丰富英汉因果连词以及英汉因果复句的研究，希望对对外汉语教学也有借鉴作用。

第二节　英语原因连词 "because" 的语法化过程

一、"because" 的定义及来源

关于 "because" 的解释，《韦氏新大学词典》《牛津词典》等词典以及众多词源网都显示，"because" 最初出现在公元 1300 年，来源于法语中的 par cause，后演变为英语中的 bi（by / be）同 cause 联结成一个词作连词，其词义为 "by cause that"。最初在句子中后跟介词 of 或由 that（或 why）引导的从句，如 "The Holy Ghost was not yet given；because that Jesus was not yet glorified."（《圣约翰福音》）；到 14 世纪末 that（或 why）已开始被忽略，"because" 作为一个功能词单独存在。15 世纪中期，它的缩略词 "cause" 出现在书写当中。

关于英语原因连词 "because" 的语法化过程和每个阶段演变的特征，我们主要分为两个时期：古英语时期（主要为中古英语）（8 世纪至 15 世纪）、现代英语时期（15 世纪至今）。语料统计主要来源于：古英语时期的《贝奥武夫》，中古英语时期的《坎特伯雷故事集》，早期现代英语的莎士比亚十四行诗全集及四部戏剧作品《哈姆雷特》《罗密欧与朱丽叶》《李尔王》《驯悍记》，现代英语名著《老人与海》《茶花女》（英译本）、《爱玛》，英国国家语料库（BNC），美国当代英语语料库（COCA），词源网等。

二、古英语时期 "by cause" 的语法化过程

本小节的语料来源于现阶段可找到的作品，古英语时期的《贝奥武夫》，中古英语时期的《坎特伯雷故事集》以及乔叟同时期的其他作品。因为《贝奥武夫》最古文版的文字较难确认，只能通过现代英语的翻译来提取其中的因果标记。在古文版中找到三处原因连词。例如：

(because) forþon þe hé ne úþe，þæt aénig óðer man
　　　　　because he did not grant，any other man
　　　　　aéfre maérða þon má，middangeardes
　　　　　ever glorious deeds the more，on middle-earth
　　　　　gehédde under heofenum，þonne hé sylfa—：

heeded under the heavens，than he himself—:

(because) forþan hé tó lange，léode míne

    because he for too long，my people

    wanode ond wyrde，hé æt wíge gecrang

    diminished and destroyed，he fell in the fight,

(because) forðám mé wítan ne ðearf，Waldend fíra

    because he will not need to reproach me，the Ruler of men,

    morðorbealo mága，þonne mín sceaceð

    for dire murder of kin，when departs my

可以看出，古文版中"because"一般放在句首引导句子。但本研究主要以分析可供直接阅读、理解的英语为主，所以我们在接下来的古英语原因连词的句法特征、语义特征和语用特征分析中，还是基于中古英语时期的语料:《坎特伯雷故事集》以及乔叟同时期的其他作品。

（一）古英语时期"by cause"的句法特征

众多可查阅权威资料已证明，"because"最开始出现在 13 世纪，来源于法语中的 par cause，后演变为英语中的 bi（by / be）同 cause 联结成一个合成词，表示后接原因或理由，意义和词性虚化，词性为连词，其词义为"by cause that"。例如:

> ［1］There is full many a child unborn of his mother, that shall sterve ［die］ young by cause of that war, or else live in sorrow and die in wretchedness.（《坎特伯雷故事集》）

这个时期同样也出现 because 的用法，其意义、用法较单一，主要用来引导原因及原因从句。例如:

> ［2］But, Sirs, because I am a borel* man，*rude, unlearned Have me excused of my rude speech.（《坎特伯雷故事集》）

此句"because"作为原因连词引入的原因分句，为主要分句的原因，后面主句"Have me excused of my rude speech"是原因分句的结果。"because"连接两个事件的因果关系，使它们联结在一起成为复句。

在中古英语时期，与古汉语原因连词一样，"because"常常单独使用，这是因为人们说话或写文章时，信息焦点一般比较单一，有的重在承前，有的意在启后。跟汉语一样，也分为前因后果和前过后因的两个句式: Because A, B 以及 A, because B。例如:

　　[3] Because, alas! that he is blind and old,
　　　　　His owen man shall make him cuckold.
　　[4] Sloth, or "Accidie," which comes after the sin of Anger, because
　　　　　Envy blinds the eyes of a man, and Anger troubleth a man, and
　　　　　Sloth maketh him heavy, thoughtful, and peevish.（《坎特伯雷故
　　　　　事集》）
　　这个时期，同样在已知的可翻阅的文献中发现了 because that 和
because of 的用法，用来连接原因或原因从句。例如：
　　[5] Repente you, for thilke God above, Ere ye me slay *because* that I
　　　　　you love.（《坎特伯雷故事集》）
　　[6] Himself who chose us from all his army to aid him now, urged
　　　　　us to glory, and gave these treasures, because he counted us keen
　　　　　with the spear and hardy 'neath helm（Beowulf）
　　由此可知，相比汉语"因为"来说，"because"在古英语时期的句法
演变更加简单，一步到位。它经由 bi（by / be）同 cause 而合成，同时也出
现了"because of"和"because that"的用法，用来引导原因名词短语和原
因从句。

（二）古英语时期"because"的语义特征

　　古英语时期，"because"在语法化过程中很明显主要受重新分析影响。
　　古英语时期语义简洁固定。这一阶段，其形式的演变虽然较多样，但
语义方面与汉语原因连词"因为"相比更简洁单一，在句中主要引导原因
名词、短语或原因小句。例如：
　　[7] Be cause that drink hath domination
　　　　　Upon this man, by my salvation
　　　　　I trow he lewedly* will tell his tale. *stupidly
　　[8] But, Sirs, because I am a borel* man, *rude, unlearned
　　　　　Have me excused of my rude speech.
　　[9] And take your aventure of the repair* *resort
　　　　　That shall be to your house because of me,
　　　　　Or in some other place, it may well be.
　　[10] Because that it was old and some deal strait
　　　　　This ilke* monk let olde thinges pace, *same

And held after the newe world the trace.

而与同时期的其他英语原因连词（如"as""since""for"等）的多语义、用法相比，"because"的语义更显稳定，一般陈述客观事实，意为"因为"。例如：

[11] And since you do profess to be a suitor, You must, as（如……一样）we do, gratify this gentleman, To whom we all rest generally beholding.

[12] His name! as if I knew not his name: I have brought him up ever since（自从）he was three years old, and his name is Tranio.

[13] And therefore it were better for（对于……）you to lose much good of your own, than for（为了……，表目的)to take of their good in this manner.

由此可见，相比其他英语原因连词，"because"古英语时期只表示"因为"的语义更显固定单一。值得一提的是，各原因连词的语义表达在近代英语时期也已逐渐趋于稳定。

（三）古英语时期"because"的语用特征

通过对古英语时期不同阶段的代表作品进行语料搜集统计，发现各原因连词的使用频率频次均有差异，很好地反映了各自的语法化程度。

古英语时期"because"使用频率不高，增幅稳定。各表因连词在历时演变中频率频次分布如下，见表3-1和图3-1。

表3-1　古英语时期表因连词频率频次的统计

历史时期 / 频率 / 频次	原因连词	频次	总频次	频率
上古	because	2	68	2.94%
	since	16		23.53%
	as	19		27.94%
	for	31		45.59%
中古	because	20	845	2.37%
	since	137		16.21%
	as	41		4.85%
	for	647		76.57%

续表

历史时期/频率/频次	原因连词	频次	总频次	频率
近代/早期现代	because	26	427	6.09%
	since	75		17.56%
	as	19		4.45%
	for	307		71.89%

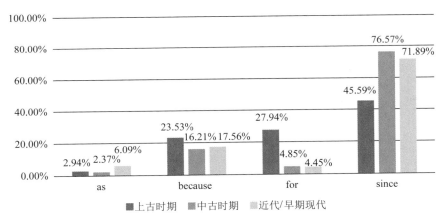

图3-1 古英语时期各表因连词的统计

图3-1数据显示，"because"在上古时期与其他主要原因连词相比出现的频率频次并不高，但自中古时期起其使用频率逐渐提高，且增幅较稳定。而"as""since""for"等原因连词使用频率却在语法化过程中总体呈递减趋势，"for"作为原因连词在古英语时期使用最频繁。

三、现代英语"because"的语法化过程

"because"从古英语时期演变到现代英语，其词性、形式、语序、语义等也有了相应变化，其使用范围大大增加。鉴于虚词的词义不容易解释，较难掌握，英语"because"也按照"定位框架"概念，从句法、语义以及语用三个方面指出其在某些特定语言条件下所表达的意义和实现的功能。本节的语料来源主要有：早期现代英语的《莎士比亚十四行诗》全集及其四部戏剧作品《哈姆雷特》《罗密欧与朱丽叶》《李尔王》《驯悍记》，现

代英语名著《老人与海》《茶花女》（英译本）、《爱玛》，英国国家语料库（BNC）与美国当代英语语料库（COCA）中随机选取语料 500 条。

（一）现代英语"because"的句法特征

"because"最开始出现在公元 1300 年，来源于法语中的 par cause，后演变为英语中的 by 同 cause 联结成的一个连词，其词义为"by cause that"。最初在句子中后跟介词 of 或由 that（或 why）引导的从句，但到 14 世纪末，that（或 why）已开始被忽略，"because"作为一个功能词存在。15 世纪中期它的缩略词"cause"出现在书写当中。16 世纪，它的简写形式"'cause"第一次在印刷体中出现。现代英语中，"because"主要属于连词，但有时候也做副词使用，如 because of。在可翻阅的文献中，特别是现代英语早期莎士比亚时代发现了少数几例"by cause"用法。后来"because"逐渐形成几种稳定的表达形式，且使用频率在同义词中最高。下面介绍总结出的几种"because"句法特征：

1. 多"果－因"结构

通过对现代英语语料的统计，我们不难发现，在"because"引导的因果复句当中原因小句大都位置靠后，即"A, because B"前果后因句式在所有例句中占优势地位。这一特点与"because"在古英语时期所引导的原因小句的位置分布情况保持一致。而在现代英语时期其他原因连词如"as""since""for"等也是如此，如"because"引导的因果复句"因－果"句式 89 例，"果－因"句式 449 例；"as"引导的"因－果"句式 49 例，"果－因"句式 78 例；"since"引导的"因－果"句式 28 例，"果－因"句式 24 例；"for"引导的"因－果"句式 101 例，"果－因"句式 421 例。例如：

　　〔14〕He appears rough to you, <u>because</u> you are so very gentle yourself.（Emma）

因此可知，同古英语时期一样，现代英语里原因连词引导的复句整体趋势仍更倾向于前果后因式；且还可以清楚看到"because"作为引导原因的连词之一，其使用频率大幅上升，逐渐成为英语中典型的原因连词。

2. 由从属结构到并列结构

现代英语中，随着使用范围的扩大，because 的用法也更多样化。施莱普格雷尔（Schleppegrell，1991）认为，because 的语法功能不仅仅限于从属连词，它也有引入并列分句的功用。Because 并列的作用是实现宏观的语篇衔接。因此，because 既有引入从属分句的功能同时也具有引入并列的作用。根据传统语法，从属结构具有层级性，并列结构的特征是独立性和平等性（Halliday，1994）。because 连接并列分句时，两个分句地位平等，各自独立，分别形成单独的话语行为。两个分句呈主从关系时，其中一个分句表征话语行为，引发言者和听者之间的互动，而另一分句并不形成话语行为，它只是互动的背景。

韦斯特拉特（Verstraete，2005）提出，because 引入的从属分句传达言外之力，而其引入的并列结构不存在言外之力。Because 分句的并列特征类似 for 的并列结构特征，它们皆对非陈述类型的分句进行修辞性描述。例〔15〕的 because 被用于表示 she will have to teach 这一修辞性意义。

〔15〕Besides, if she does play so very well, you know, it is no more than she is obliged to do, because she will have to teach.（《爱玛》）

在对一些英语语料的搜集调查中，我们发现，口语语料中，because 从属分句大多不前置于主要分句，而在书面或其他体裁里，少数情况下，because 可以前置于主要分句，位于句首。韦斯特拉特（2005）提出，because 前置于主要分句源自其传达非话语行为的功能。所以说，"because" 既可以传达话语行为，也可以传达非话语行为。基于句法的标准，是否可以前置于主要分句是区别并列结构和从属结构的主要标准（Quirk et al.，1985）。所以，because 可引入并列分句，也可引入从属分句。第一种对应后分句的非陈述类从句，第二种对应前分句的陈述类分句。如果它的用法和位置不对应，句子的合格性会被质疑。例如：

〔16〕a. "I remember," the old man said. "I know you did not leave me because you doubted."（《老人与海》）

b. * "I remember," the old man said. "Because you doubted, I know you did not leave me."

例〔16〕a 句子可被接受，而例〔16〕b 句子不被接受。

由上可知，在现代英语中，"because" 经过语法化，其在句中的位置发生了变化，所具备的功能也有了改变，导致句意有时也受到相应影响。现代英语中，虽然 "because" 大多数情况仍在句中担任从属连词，有时也会在句中产生并列功能，连接话语中宏观语篇。

（二）现代英语 "because" 的语义特征

查阅词典，"because" 意义有以下几点："It is usually used to introduce a

word or phrase that stands for a clause expressing an explanation or reason. For example, 'They moves here because of the baby.'。"because" 通常可以接词、短语以及从句来进行解释、说明。"because" 的完整定义为：（1）"for the reason that"（原因是）。（2）"the fact that"（事实上）。"because" 的同义词有 "as" "since" "for" "as long as" 等（Oxford Dictionary）。正如汉语 "因为" 一样，"because" 在现代英语中同样是使用频率最多、范围最广的原因连词。关于 "because" 的语义特征，我们也主要从已然性、理据性、方向性三个方面来进行阐述。

1. 已然性

"because" 在其引导的因果关系从句时，一般因句是对果句事实产生的解释或原因的追溯，所陈述的信息可能是客观事实，也可能是主观判断，其已然性是不确定。若果句所表达的事情已经发生或已成事实，则具有已然性。例如：

[17] Most people are heartless about turtles because a turtle's heart will beat for hours after he has been cut up and butchered.

[18] I came to see you, because you have always been charming to me.

例 [17] 中的果句 "Most people are heartless about turtles" 和因句 "a turtle's heart will beat for hours after he has been cut up and butchered" 是客观事实，具有已然性；而例 [18] 中的因句 "you have always been charming to me" 是对果句 "I came to see you" 的一种主观解释，因句并不是客观事实，带有很强的主观因素，不具有已然性。

2. 理据性

有学者指出，"because" 句在引导因果关系复句中指的是自然的、真正的原因，主句和从句是必然的因果关系，逻辑性强。在原因连接词中，"because" 语气最强势，用 why 开头的问句往往限于用 because 原因分句来回答，表达较强的理据性。例如：

[19] It is spring now because winter is over.

[20] —And why this proposition?"

—Because I am in love with you, of course. (《茶花女》)

例 [19] 中的因句 "winter is over" 是必然事件，是导致果句 "It is spring now" 的自然、真正的原因，"冬去春来" 是必然的因果关系。同样，例［20］中的因句"I am in love with you, of course"，是对果句" this proposition"这一当前状况的解释和说明；because 的逻辑性强，引导的从句在对话中可以单独成句。

3. 方向性

"because"引导的因果复句中，果句具有已然性，即为客观事实。而语义发展的方向都是从旧信息到新信息，以旧带新。以客观事实为基点，在"because"引导的复句中，客观事实为果句，它的方向性向前，解释说明客观事实的原因。例如：

> ［21］Today there was only the faint edge of the odour because the wind had backed into the north and then dropped off.

例［21］中"the wind had backed into the north and then dropped off"是基于客观的果句事件，往前指向和说明结果产生的原因，后置"because"因句的语义指向向前。

根据上述分析，原因连词"because"的语义特征可以概括为："because"多用于指自然的、真正的原因，重在对事件或当前状况的解释和说明，其引导的主句和从句是必然的因果关系，逻辑性强、语气强。"because"引导的因果复句中，果句具有已然性，方向性向前。

同时，由上文可知，"because"句法特征有时也会造成语义的多样性；除了句法差异，形态和音位方面的差异也可以造成句子语义的差异。语音和形式结构都可能弱化，其形式弱化成'cause，要轻读，因此它也不能作为焦点标记呈现。同时，从句更倾向于带有独立的语调变化，并表现出句末降调（Verstraete，2007）。按照相似性原则，弱化的形式对应于弱化的意义。

（三）现代英语"because"的语用特征

根据词典，"because"的用法有以下几种：

1. 当"because"后接的是否定的结构，句子的意思一般容易产生歧义。在句子"he did not go because he was ill"当中，我们并不清楚它的意思到底是"the reason he did not go was that he was ill"还是"being ill wasn't the reason for him going; there was another reason"。英语当中有一些用法为第一种情况的时候，在"because"前加一个逗号，如"He did not go, because he was ill."。第二种情况时"because"前不加。

2. 和"but"和"and"结构一样，很多人认为"because"不能用在句子开头，但是，在英语的书面语和口语中，这种用法曾经长时间存在，特别是在修辞手法当中。

3. 在"the reason ... is because"结构中，与"The reason I didn't phone is because my mother has been ill."类似的句子是不被英语本族人认可的，因为"because"和"the reason"二者意思相重复。最好能用一个词代替，如："the reason I didn't phone is that ..."，或者进行句子的改述"I didn't phone because ..."。

通过对现代英语时期不同阶段的代表作品进行语料搜集统计，可以发现此阶段不同的原因连词使用频率发生了较大的改变，"because"已成为英语中使用频率最高、范围最广的典型原因连词。各表因连词使用频率分布见表 3-2、图 3-2。

表 3-2　现代英语时期表因连词的频率频次

时期 / 频率 / 频次	原因连词	频次	总频次	频率
近代	because	26	427	6.09%
	since	75		17.56%
	as	19		4.45%
	for	307		71.89%
现代	because	326	918	35.51%
	since	33		3.6%
	as	127		13.83%
	for	432		47.71%
当代	because	212	348	60.91%
	since	18		5.17%
	as	28		8.04%
	for	90		25.86%

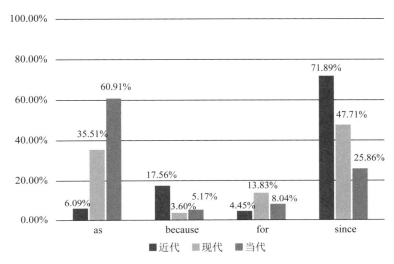

图 3-2　现代英语时期各表因连词的统计

表 3-2 和图 3-2 数据显示，"because"从近代到现代过渡时期使用频率大幅增加，而到了当代英语，已成为出现频率最高，范围最广的典型原因连词，引导原因词、词组或原因小句。"as""since""for"等其他原因连词的使用频率却在语法化过程中总体呈递减趋势。

对比现代英语的原因连词，"because"使用的频率最高、范围最广，语气最强烈。关于"because"的语用特征，同汉语一样，我们主要从情感倾向以及衔接功能两个方面来进行阐述。语体分析方面已经有较多论文通过数据表明，"because"及其缩略口语形式"cuz"在口头语体中的使用频率高于书面语体，在此不再过多赘述。

1. 情感倾向

在分析 because 语义特征时，我们提到，"because"是根据已知的客观结果来探寻或阐释原因。通常的情况是，"because"描述的因果关系的情感倾向不明确。结果为已发生的已知信息，言者基于结果去探寻或阐释其出现的原因。例如：

[22] It encouraged him to talk because his back had stiffened in the night and it hurt truly now.

例［22］是客观地阐述一种因果关系，"It encouraged him to talk"的原因是"his back had stiffened in the night and it hurt truly now"，并没传达个

人的情感倾向。"because"引导的因句有时可传达情感倾向，但它的产生是句子的整体内容造成的，不是"because"本身。例如：

> [23] You are the first whom I have ever asked to share the joy of this desire of mine because I feel that you love me for myself and not for yourself.

例[23]中的因句"I feel that you love me for myself and not for yourself"虽然带有个人的情感倾向，但这只是在针对"You are the first whom I have ever asked to share the joy of this desire of mine"这一事实进行解释，其情感倾向是由整个句子的内容引起的，不是"because"本身，所以说"because"所表达的因果关系情感倾向不明显。

2. 衔接功能

因果连接词在语篇中具有衔接能力，它包括原因与效果两个部分，即先因后果，也可由果及因，英语原因连词"because"也是如此，但在英语当中，先因后果的形式比较常见。本小节将从衔接指向和连接成分两个方面来分析原因连词"because"的衔接功能。

（1）衔接指向

衔接指向为连词在语篇连贯中语义方向的指向。同古英语"by cause"一样，"because"在现代英语中通常用来引导原因状语从句，可置于句首，用来启后；也可置于句尾，用来承前。例如：

> [24] Because he is ill, he doesn't go to work.

> [25] Because of his illness, he doesn't go to work.

> [26] I know you cannot have heard from Jane lately, because it is not her time for writing.

例[24]的"because"和例[25]的"because of"衔接指向是承前的，追溯"he doesn't go to work"的原因；例[26]的"because"是启后的，解释"I know you cannot have heard from Jane lately"的原因。通过搜集数据及分析，我们不难发现，在英语中，"because"承前的衔接指向用法少于衔接指向是启后的用法。

另外，"because"也可用于强调句中，强调所引导的原因状语从句或原因名词短语。例如：

> [27] It was because Jack was caught in traffic jam that he missed the first lesson yesterday.

（2）连接成分

一般关系词的衔接指向也影响着连接成分的范围。因此，和汉语"因为"一样，"because"出现于句内时，它连接2个分句，做因果复句的关联成分；出现于句外时，它连接句子或段落，起衔接语篇的功能。例如：

[28] He could not talk to the fish anymore because the fish had been ruined too badly.

[29] I could not unlove him, because I felt sure he would soon marry this very lady—because I read daily in her a proud security in his intentions respecting her—because I witnessed hourly in him a style of courtship which, if careless and choosing rather to be sought than to seek, was yet, in its very carelessness, captivating, and in its very pride, irresistible.

[30] Emma was sorry;—to have to pay civilities to a person she did not like through three long months!　—to be always doing more than she wished, and less than she ought! Why she did not like Jane Fairfax might be a difficult question to answer; Mr. Knightley had once told her it was because she saw in her the really accomplished young woman, which she wanted to be thought herself; and though the accusation had been eagerly refuted at the time, there were moments of self-examination in which her conscience could not quite acquit her. But "she could never get acquainted with her: she did not know how it was, but there was such coldness and reserve—such apparent indifference whether she pleased or not—and then, her aunt was such an eternal talker! —and she was made such a fuss with by every body!—and it had been always imagined that they were to be so intimate—because their ages were the same, every body had supposed they must be so fond of each other." These were her reasons—she had no better.

例[28]中的"because"连接两个分句，是复句关联成分；例[29]有三个"because"原因分句，一个结果分句，表现出一果多因的情形；例[30]中，前面先出现的"because"连接几个分句，衔接语篇，用于衔接语篇时,"because"与果句的语序搭配方式往往是前果后因。

基于上述对英语历史各时期语料的数据统计,"because"语法化过程产生的不同方面特征概括为表 3-3。

表 3-3　英语原因连词"because"的语法化过程

语法化特征	古英语时期（上古、中古、近代）	现代英语时期（现代、当代）
句法特征	句法形式演变呈单向性 引导原因小句一般位于主句后,位于句首情况较少（不明显）	句法形式稳定 引导的因果复句可为从属结构,也可为并列结构 多"果－因"结构（明显）
语义特征	语义简洁固定 陈述客观事实	引导的因句不具有已然性 语义方向性向前 口语中语义虚化程度高
语用特征	上古到近代使用频率不高,但增幅稳定	从近代开始使用频率大幅上升,到当代已成典型原因连词 表达的因果关系情感倾向不明显 衔接功能多为启后

本节的研究发现,"because"在古英语时期句法形式的演变具有单向性,即"by/be/bi cause → by the cause that → because → because that/of",且多引导"果－因"句式;同样的句法特征一直延续到现代英语时期,且随着语法化程度的加深,"because"作为从属连词在句中有时也起并列作用;其区别在于,"because"作从属连词时复句不具有言外之意,主句表达言语行为,而起并列作用时整句话可能会产生歧义。主句与从句有各自的言语行为;语义方面,古英语时期的"because"词汇承载意义相对单一,更简洁固定;现代英语时期的主要原因连词语义方向性和已然性都发生了改变,"because"引导的因句已然性不确定,主要都是从客观事实的果句出发追溯原因,所以方向性向前,且"because"句法特征有时也会造成语义的多样性。语用方面,古英语时期"because"使用频率并不高,但总体呈上升趋势,并一直延续到近代、早期现代英语时期。而"because"从近代到现代过渡时期使用频率大幅增加,到了当代英语,已成为出现频率最高、范围最广的典型原因连词,其引导的因果复句情感倾向不明显,语用情感受整个句子内容的影响,其衔接指向既可承前也可启后,启后的衔接指向功能更加常见。

第三节 汉语原因连词"因为"的语法化过程

一、"因为"的定义及来源

关于"因",《说文解字》的解释为,"因,就也,从口大。"它最初的意义是"依靠、凭借",引申为"因袭""原因",都做实词,现代汉语还有此用法。后来,"因"逐渐拓展出虚词的语法功能,先秦时期出现了此用法,即介词、连词的功能。一直以来,"因"都有介词的功能;单个的连词"因"因为汉语词汇逐步双音化的缘故,基本已被"因为""因此""因而"等双音词替代,现代汉语里用例已很少。

结合《中国通史》(1989)的划分,关于汉语原因连词"因为"的语法化过程和演变的分析,我们主要分为三个时期:上古汉语时期(殷商西周到秦汉)、中古汉语时期(魏晋南北朝—1840年以前)、现代汉语(1840年至今)。

从上中古汉语时期开始,汉语原因连词"因为"的语法化过程和演变路径呈现如下:

因_{名义} > 因_{动词} > 因、为、为因_{介词、连词} > 因为_{介词、连词}

二、上古汉语时期"因"的语法化过程

《说文》载有:"茵,车重席。""因"字见于甲骨文,字形象茵席之形。"因"的本义当为车上铺垫用的茵席。"茵"是"因"用作动词、介词、连词以后的分化字。茵席铺于车中,与车舆相连,引申为"顺着""连着";"连着"义抽象化,用于后代延续前代的政治、礼节、文化等制度,引申为"因袭";因袭即"依顺"或"因应",由此引申为"顺应"。另一方面,茵席与车舆重叠,引申为"垒压""趋就",凭借事理则引申为"凭借"。

先秦的介词"因"可引介条件、时机、方式和原因等,引介原因的介词"因"由凭借事理义而来。例如:

[31] 晋伐鲜虞,因肥之役也。(《左传·昭公十二年》)

[32] 名实未亏而喜怒为用,亦因是也。(《庄子·齐物论》)

[33] 因是行也,我二年六月朝于楚,晋是以有戏之役。(《左传·襄公二十二年》)

从引介原因的介词"因"进一步虚化为原因连词"因"。例如：

[34] 信近于义，言可复也；恭近于礼，远耻辱也．因不失其礼，亦可宗也。(《论语·学而》)

[35] 君臣守职，百官有常，因能而使之，是谓习常。(《韩非子·主道》)

[36] 因其自穷，故朝夕赋敛而毫毛不挫，而况有大涂者乎！(《庄子·山木》)

（一）上古汉语时期"因"的句法特征

上古汉语原因连词往往单个出现，现代汉语中原因连词仍有此用法。由于人们在言语表达时，信息焦点往往较为单一，有些主要解释原因，有些主要描写结果（方有国，2002）。

例[34][35]为"释因"句，"因"用以由果溯因。例[36]为纪效句，"因"与表果连词搭配使用，更说明"因"为表因连词。对比例[31][32][33]与[34][35][36]，我们不难看出，介词"因"虚化为表因连词"因"的句法条件有两个：

1. S1，因 S2。原因连词引入后置分句时，被看成是由果溯因。后置的原因小句，主要是补充说明"原因 / 理由"。吕叔湘（1956）提出，后置的因句是用来说明"推论的理由"。

2. 因 S1，S2。如"君因信妾余之诈，为弃正妻"（《韩非子·奸劫弑臣》）。原因连词前置时，是前因后果句。前置原因分句一般描述提到的事实的原因 / 理由。

例[31][32][33]中的"因"后跟名词或代词性宾语，只能为介词。当名词性成分由谓词性成分或谓词性小句充当时，就容易对"因"进行重新分析。如例[34][35][36]中"因"连接的前后部分均为谓词性小句，"因"就只能重新分析为连词。例[34][35]的句法环境为"S1，因 S2"，例[36]的句法环境为"因 S1，S2"。

（二）上古汉语时期"因"的语义特征

上文中提到，"因"字见于甲骨文，字形象茵席之形。"因"的本义当为车上铺垫用的茵席。"茵"是"因"用作动词、介词、连词以后的分化字。例如：

[37] 文茵畅毂。（虎皮坐垫长车轴。）(《诗经·秦风·小戎》)

茵席铺于车中，与车舆相连，坐垫被人们用来依靠、凭靠，由此拓展出"凭借、依靠"的意义。

[38]因人之力而敝之，不仁。(《左传·僖公三十年》)

基于"凭借"的意义，又衍生出"随着、因袭"的意义。

[39]相如因持璧却立，倚柱，怒发上冲冠。(《史记·廉颇蔺相如列传》)

"因"做"凭借"等意义时，充当动词的功能，但其动作性不强，当句中同时还出现其他动词，它就虚化成介词，意为"按照""通过""因为"。例如：

[40]臧荼之国，因逐韩广之辽东，广弗听，荼击杀广无终，并王其地。(《史记·项羽本纪》)

[41]三人行浴，见玄鸟堕其卵，简狄取吞之，因孕生契。(《史记·殷本纪》)

"因"字通过隐转喻，在语法化过程中发生了重新分析和类推，语义内容和使用范围拓展了。现代汉语还保留了它的实词用法，意为"凭借""沿袭""原因"。但"因"虚词功能，即介词和连词，引申自它的实词用法。语料搜集显示，"因"在古汉语时期，虽有介词情况出现，但多为实词。

（三）上古汉语时期"因"的语用特征

表 3-4　上古汉语时期"因"的语用频率

典籍 出现频率 连词	表因连词				
	以	用	因	为	由
殷商金文	0	10	0	0	0
《诗经》	3	0	0	0	0
《左传》	40	10	12	4	3
《韩非子》	0	0	2	11	1
《楚辞》	10	2	1	0	0
《吕氏春秋》	0	0	1	3	0
《新书》	0	0	0	5	2
《淮南子》	18	0	0	9	0
总用例	71	22	17	32	6

"因"做连词表示原因的意义晚于其他的意义——按照、凭借、沿袭，

表原因义的例子最初出现于《左传》《吕氏春秋》和《韩非子》等，且用例很少。到汉代时，使用频率才开始增高。

表3-4说明，古汉语的原因连词的演变具有以下特征：

1. 殷商时期，连词功能的原因词的频率不高，它说明，初期的上古汉语类似于其他连词，原因连词尚发展得不成熟，仍为发展的早期阶段。

2. 春秋、战国时期原因连词在发展数量和使用频次上较殷商、西周时期有所发展，突出表现在表果连词使用频次的空前膨胀。这一方面是由于文献内容的丰富，另一方面也由于社会生活的发展要求词汇、语法做出相应的适应。就表因连词来说，最原始的一些原因连词使用频率有所下降，"因""由"等新出现的连词的使用频次还很低，处于不太成熟的阶段。另外，在春秋战国时期，"因"在典籍中也呈现出几例不同的用法，在"为……，因……"结构中，"因"引入结果分句。古汉语的"为……，因……"等同于现代汉语的"因为……，所以……"结构，作为原因连词，"为"在先秦时期已比较发达。例如：

　　　[42]夫沐者有弃发，除者伤血肉，为人见其难，因释其业，是
　　　　　无术之事也。(《韩非子·八说》)

3. 秦汉时期原因连词发展的过程中有一些突出特点，表现在：(1)兼职者分担——精密化；(2)同义者竞争——单一化；(3)异形者更换——通俗化；(4)同形者自汰——纯形化。(李英哲，1997)

通过演变，连词在使用频率上从低到高再到低，演变的方向呈现出通俗和单一的特征。上古汉语原因连词的形成和发展历程充分反映了连词发展的一般规律。

三、中古汉语时期"因""因为"的语法化过程

中古汉语是上古汉语和现代汉语的过渡中间阶段，在此过渡阶段，汉语类同于口语的成分开始出现，语用频率演变的倾向是从低到高，同时新的和旧的语法结构使用更替，各种语法形式的出现和演变，至近代时期变得稳固和成熟，为现代汉语铺垫了坚实的基础。关于中古汉语因果连词的描写和分析，主要从历时的角度，着重于"稳定性"和"发展性"两个方面。

稳定性的表现主要有：(1)上古汉语因果连词的沿袭使用；(2)中古汉语的部分连词在近现代汉语里继续使用，有些仍常见于现代汉语；(3)上

古汉语因果连词的多义性特征继续保留。

因果连词特征演变的表现主要有：（1）开始演变出一些新用法的因果连词；（2）连词呈双音化的倾向；（3）因果连词的种类更加齐全，中古汉语里出现了上古汉语里不存在的连词种类（郑丽，2009）。

（一）中古汉语时期"因""因为"的句法特征

1. 单用的介词或连词

（1）因1

作为连词，"因"既可引入原因分句也可引入结果分句，引入原因分句的"因"此处归为"因1"，引入结果分句的"因"归为"因2"。先秦时期已经使用引入原因分句的连词"因1"。例如：

[43] 与公盟者众矣，曷为独褒乎此？因其可褒而褒之。此其为可褒奈何？渐进也。（《春秋公羊传·隐公十一年》）

到中古时期，"因"做连词的功能已逐步完善和稳固。例如：

[44] 因求铜盘贮水，以竹竿饵钓于盘中，须臾，引一鲈鱼出。（《搜神记》）

[45] 周灵王时，苌弘见杀，蜀人因藏其血，三年，乃化而为碧。（《搜神记》）

[46] 向因受《洪范五行》之文，恐辞说繁广忘之，乃裂裳及绅，以记其言。（《拾遗记》）

[47] 植于宫中，因穿池广百步，名曰望舒荷池。（《拾遗记》）

"因"引入的原因分句，按照正常的事件顺序可前置于结果分句，也可出于语言表达的需要，后置于结果分句，说明结果事件发生的原因。

（2）因2

"因"引入结果，其完整的形式为"因是，因此"，代词"是、此"有时会隐去，"因"就也可以表示结果，战国时期此用法已出现。

[48] 既还，知母憾之不已，因跪前请死。（《世说新语》）

中古时期，"因"引入结果分句的频率较高，由于"因2"的初始形式为"因此""因是"，因此，"因2"引入的结果分句不可出现于原因分句的前面。

[49] 谢景重在坐，答曰："意谓乃不如微云点缀。"太傅因戏谢曰："卿居心不净，乃复强欲滓秽太清邪？（《世说新语》）

[50] 王夷甫尝属族人事，经时未行，遇于一处饮燕，因语之曰：

“近属尊事，那得不行？”(《世说新语》)

［51］有一人乘马看戏，将三四人，至岑村饮酒，小醉，暮还时，炎热，<u>因</u>下马，入水中枕石眠。(《搜神记》)

［52］见一妇来，年可十六七，云：“女郎再拜，日既向暮，此间大可畏，君作何计？”<u>因</u>问：“女郎何姓？那得忽相闻？”(《搜神记》)

［53］时日已西倾，凉风激水，女伶歌声甚道，<u>因</u>赋《落叶哀蝉》之曲曰：“罗袂兮无声，玉墀兮尘生。虚房冷而寂寞，落叶依于重扃。望彼美之女兮安得，感余心之未宁！”(《拾遗记》)

（3）为

上古时期，“为”就有因果连词的用法。例如：

［54］天不<u>为</u>人之恶寒也辍冬，地不<u>为</u>人之恶辽远也辍广，君子不<u>为</u>小人匈匈也辍行。(《庄子·天地》)

［55］君闻而贤之曰，孝哉，<u>为</u>母之故，忘其犯刖罪。(《韩非子·说难》)

进入中古，“为”的连词用法渐次成熟并固定。表原因，常用于因果复句的前一小句中，后一小句引出结果。

［56］<u>为</u>畜生有非常之情，故厚加刍养。(《搜神记》)

［57］谓充曰：“尊府君不以仆门鄙陋，近得书，<u>为</u>君索小女婚，故相迎耳。”(《搜神记》)

［58］醉道人几番<u>为</u>坤元削了脸面，最是痛恨五台。

［59］斡离不见他吓得面容失色，益觉藐视，就说道：“宋主都城，破在旦夕，所以按兵暂缓进攻，只<u>为</u>少帝故，欲存赵氏宗社，我恩不小咧！”(《宋代十八朝艳史演义·第六十二回》)

［60］臣尝借端譬喻，<u>为</u>家长出门，盗贼忽来，任家事的子弟，不得不从权措置，便宜行事。(《宋代十八朝艳史演义·第六十五回》)

连词“为”是由表原因的介词虚化而来。

2. 合用的介词或连词

（1）因为

从唐宋时期起，“因”“为”可分别单独使用，也可以合在一起作一个词用。上古时期"因""为"已经出现做介词或连词，引入因果关系。周刚（2002）提出，唐朝、五代时，因为同义复合的缘故，"因"和"为"已合在一起作一个词用。它作为因果关系复句的前置分句，引入原因分句。例如：

[61] 秀秀道："我因为你，吃君王打死了。"（《崔待诏生死冤家》）

[62] 福生含笑答道："无事不登三宝殿，因为小馆子里来了一位东京贵客，特地把他介绍来，挥金买笑酌。"（《宋代十八朝艳史演义·第六十三回》）

[63] 因为久慕你们丽娟姑娘的美名，不惮跋涉，到此寻访。现在和同伴守在门口，叫我进来先容，望勿以闭门羹相饷！（《宋代十八朝艳史演义·第六十三回》）

[64] 女儿因为夫主自缢身亡，天上号做贞姬。（《明·团花凤·第四折》）

（2）为因

到了晚唐、五代，也出现了"为因"的用法。语义和句法功能都同于"因为"，也是由因果连词"因"和"为"同义复合而成。合并使用的"因为"或"为因"用作介词或连词的功能，后接原因，更加突出原因的意义，也揭示了汉语词汇双音化的趋势。例如：

[65] 妾是赵氏官保，为因守志自尽，东岳爷爷差速报司申过天庭，踢我仙号，名是贞姬，我夫主钱锁儿，为因患难中不肯负义别妻，也踢他仙号，名是义仙。（《明·团花凤·第四折》）

[66] 为因里役，一时间无处寻屋，央此间邻家范老来说，暂住两三日便去。（《古今小说卷·新桥市韩五卖春》）

明代"因为、为因"功能有所扩展，发展成其后可带动词短语，功能为连词。例如：

[67] 为因到旧处寻访不见，正在烦恼。幸喜相遇。（《二刻拍案惊奇·卷29》）

谢洪欣（2008）通过几部代表性著作，对这段时期的因果连词语例进行了统计和分析，我们又从中筛选出"因"引导的表因句式，发现以下几点：

（1）明代时期，因果连词既可单用，也可作合成词使用，存在三类句子结构，这里 Y 指原因连词，J 指结果连词，0 指没有连词，这 3 类句子结构可以概括为：

A. Y... 0...；

B. Y... J...；

C. Y... Y... 0...。

我们来举例说明：

[68] 这两个已自八分胆怯，因吃逼不过，只得挺起手中枪，向前出阵。（《水浒传》）

[69] 忽一日，有一老僧在门首化缘，自称是东京报恩寺僧，因为堂中缺少一尊镀金铜罗汉，故云游在此，访善纪录。（《金瓶梅》）

[70] 因在大门里首站立，见一个乡里卜龟儿卦儿的老婆子，穿着水合袄、蓝布裙子，勒黑包头，背着褡裢，正从街上走来。（《金瓶梅》）

[71] 来保认得是杨提督府里亲随杨干办，待要叫住问他一声事情如何，因家主不曾吩咐，以此不言语，放过他去了。（《金瓶梅》）

[72] 吴大妗子同二妗子、郑三姐都还要送月娘众人，因见天气落雪，月娘阻回去了。（《金瓶梅》）

这些有连词的因果复句中，连词形式大多为单独出现的"A... 0..."结构，共 400 多例。连词搭配使用的"A... B..."句式不多见，共十余例。因果连词搭配使用的主要结构为："因为……因此上……""为……因此（以此）……""因……所以（故、因此）……"和"为缘……所以（故）……"。原因连词接连出现的结构"A... A... 0..."在《元刊》只有两个，皆为"因……为……"的搭配用法。

（2）有连词联结的因果复句一律为因－果复句，不存在为凸显结果的果－因复句。同时，《元刊》里有一例衔接上文而隐去原因的因果复句，仅出现结果分句，不出现原因分句，而隐去的内容部分可通过语境来理解。

（二）中古汉语时期"因""因为"的语义特征

通过上文对"因、为、因为、为因"演变过程及其句法特征的梳理，我们发现，到中古时期，由"因"虚化而来的因果连词的形式及语义逐渐多样化，到中古时期末其语序及语义逐渐固定了下来，并一直延续到现代汉语。

在中古汉语时期，单用"因"或单用"为"表示原因，大多数为介词，后使用范围扩大，可接动词或动词词组，演变为连词。"因""为"单独使用的情况一直延续到唐代，因为汉语词汇逐步双音化的倾向，它们逐步分化为双音词"因为""因此""因而"等，但现代汉语仍有"因"单个出现的情况，引入原因。自唐宋时期以来，"因""为"不仅能单独出现，还可作为复合词使用，复合词"因为"或"为因"具有介词或连词的功能，引入原因，更加凸显原因的意义，体现了汉语双音化的趋势。到了元明清时期，"因""为"的各自语义功能已经很明确，"因"表示原因，"为"表示目的，而"因为""为因"仍然合现，主要用在前一分句句首表示原因。例如：

　　[73] 为因新任一个高太尉，原被先父打翻，今做殿帅府太尉，怀挟旧仇，要奈何王进，小人不合属他所管，和他争不得，只得母子二人逃上延安府去投托老种经略相公勾当。(《水浒传》)

　　[74] 老孙因为闹天官，偷了仙丹，盗了蟠桃，窃了御酒，被小圣二郎擒住，押在斗牛官前，众天神把老孙斧剁锤敲，刀砍剑刺，火烧雷打，也不曾损动分毫。(《西游记》)

通过语料搜集分析得知，在中古汉语时期，"因、为、因为、为因"因果连词的语义分工很明确。因为现代汉语"双音化"的趋势，作介词或连词功能引入原因的"因 / 因为"也基本倾向于使用复合词形式"因为"。古汉语里的"为"既表达原因又可表达目的或动机，意思是"为了 / 为着"，然而，把原因、目的、动机准确地区分开来有一定难度。晚唐五代复合词"因为"和"为因"的用法开始流行，但从清朝开始，"为因"渐渐被废弃不用。

（三）中古汉语时期"因""因为"的语用特征

中古时期，一些新的原因连词开始使用，只是它们的语用频率较低，传统沿袭下来的连词依然占主体，像"因""为"等。"因"和"为"作为复合连词的词序很灵活，前后顺序可随意变换，"因为"与"为因"的用法共存。原因连词语用频率的序列为：因 > 为 > 因是 > 因着 > 因为 / 为因 / 为是 > 为缘。单词"因"的使用频率最高，占绝对优势，次之为"为"，其他的用例更少。

　　至明代中后期，"因为"的使用频率逐步提高，"为因"的使用频率开始降低，连词的位置基本稳定，现代汉语也沿袭使用。在语用频率方面，原因连词的优先序列为：单词 > 双词，单个连词依然占多数，"因"作为原因连词使用频率最高，"为"的使用频率次之，但到明代，"为"的语用频率减幅很大。明代以后，双音连词的使用频率渐渐变高，到现代，汉语里它已成为使用频率最高的因句连词。不同的是，引入结果的连词大多为复合的双音词，最常用的包括"所以 / 因此 / 因此上"等。

　　简言之，近代汉语时期，因果连词的形式语义都已比较成熟，现代汉语里也一直保留使用，如"因为、既然、所以、因此"依然还被使用，且频率较高。经过历时的演变，现代汉语的因果连词系统已比较成熟稳固。

四、现代汉语"因为"的语法化过程

　　"因为"从古汉语时期演变到现代汉语，其词性已最大限度被虚化，用法、语序等也已经固定下来。本部分主要从句法、语义以及语用三个方面揭示因果连词"因为"的各阶段发展特征。

（一）现代汉语"因为"的句法特征

　　"因为"在现代汉语中的发展已经趋于成熟，它引导的句式、在篇章当中的功能也已经大致稳定下来。关于"因为"的句法特征，我们主要从搭配种类、搭配对象、句类环境以及隐现功能四个方面来进行阐述。

1. 搭配种类

　　根据其在复句里的位置，因果连词搭配的形式被分成两类：a. 因 – 果复句，b. 果 – 因复句。本节将从原式和变式两个结构方面描述原因连词"因为"的搭配种类。

　　（1）原式结构

　　原因连词"因为"（原式）的搭配结构如下：

　　a. 因 – 果复句

　　因为……，……

　　b. 果 – 因复句

　　……，因为…… ；……，因为，……

　　在因 – 果复句里，原式"因为"的搭配结构只有一种："因为……，……"；在果 – 因复句里，它的搭配结构有两种："……，因为……"和"……，因为，……"。

果－因复句里的"因为"与主语之间偶尔用逗号隔开，表示停顿。例如：

> ［75］流苏因为他们在围城中自顾自搬到安全地带去，不管她的死活，心中有三分不快，然而也只得笑脸相迎。(《倾城之恋》)

> ［76］阿Q历来本只在肚子里骂，没有出过声，这回因为正气忿，因为要报仇，便不由的轻轻的说出来了。(《阿Q正传》)

> ［77］这样看来，毫无疑问，孩子是她的，因为，他们的DNA完全吻合。

通过例［75］［76］［77］显示，"因为"具有两类搭配结构："因为X，Y"和"X，因为Y"，同时，在果－因复句里，"因为"之后有时加逗号——"X，因为，Y"。"因为"后使用逗号的作用是说明停顿，以强调原因，例［77］的"他们的DNA完全吻合"是强调事件"孩子是她的"的原因。因此，原式"因为"的搭配结构的使用频率较高，它也对"因为"的使用范围造成了影响。

原式"因为"有两类搭配结构——因－果结构和果－因结构，问题是，关于原式"因为"的两个位置——居前或居中，哪个出现频率更加高呢？

根据我们的考察，"因为"居中位置的使用频率远远超过居前位置。这个结论进一步证明了储泽祥、陶伏平（2008）提出的"联系项居中原则"。这个统计数据正好符合这个结论。

所以说，原式"因为"的搭配结构分为两类：因－果结构和果－因结构，果－因结构的频率超过了因－果结构，同时，果－因的搭配结构里，"因为"后可使用逗号，说明停顿，强调原因。

（2）变式结构

有时出于表达的需要，"因为"还可以使用变式结构，这些变式结构包括：①因－果结构：是／就／正／就是／正是因为……，……；②果－因结构：……，是／就／正／就是／正是因为……。

类似于原式"因为"，变式"因为"也有因－果和果－因两类搭配结构。例如：

> ［78］他告诉老几，正因为他听说保卫科的河北保卫干事要报复老几，他才想办法把老几调到自己的分场来的。

[79] 我与小狮子之所以选择回乡定居，是因为我们在北京的护
　　　国寺大街上，遭遇过一件类似的事情。

例 [78] 和例 [79] 表明，"是/正/就是/正是"的增添使用，是为
了突出原因。对比其原式结构，它描述的原因的特点是排他、明确。例
[78] 里，"他听说保卫科的河北保卫干事要报复老儿"是"他才想办法把
老儿调到自己的分场来的"仅有和明确的原因。例 [79] 里，"我与小狮子
之所以选择回乡定居"的原因也正是"我们在北京的护国寺大街上，遭遇
过一件类似的事情"这个事件。

总之，和原式"因为"相似，"因为"的变式结构也有两种：因－果结
构和果－因结构，对比原式结构，变式结构主要凸显原因，它的语用特点
是排他性和明确性。

2. 搭配对象

引入原因分句的连词"因为"可独立出现，也能和其他关联词（连词/
副词）作为复合词出现。根据各个大辞典的语料，"因为"常见的搭配结
构为：

（1）因－果结构：因为……，……；因为……，就/才/所以……；
是因为/正因为/就因为/正是因为/就是因为……，所以/才/就……。

（2）果－因结构：……，因为……；……，是因为/就因为/正因为/
就是因为/正是因为……；（之）所以……，是因为/正因为/就因为/正是
因为/就是因为 ……（汪蓓蓓，2015）。

根据以上的分析，我们得出以下结论：

（1）在前因后果句中，原式"因为"可独立出现，也能和"就/才/所
以"结合出现。而"因为"的变式常常不独自出现，一般和"就/才/所以"
结合在一起。例如：

[80] 因为你的贪婪、自私，惹来了大的灾祸。

[81] 正因为它太平常了，一般人不去想它究竟是怎么回事情。

[82] 就因为人有大脑，才能为人的心理发展提供物质和生理的
　　　前提条件。

[83] 正因为关心自己的生命，所以首先有德性的观念出现。

例 [80]—[83] 都是合格的句子，而例 [82] 和例 [83] 里的"才"
和"所以"都不可删除，删除的话句子不能被接受。

（2）因－果结构复句里，"因为"常常不和"因而/因此"结合出现。

例如:

  [84] 因为应急演练成本较高,因此从应急演练投入的经济性看,
    应重点加强综合演练。

  [85] 因为飞机运行速度快,因而在航空上用的接收机要求能适
    应高速运动。

  例[84]和例[85]里,"因为"的使用不太确切,原因是:

  ①"因为""因此""因而"有表达上的重叠现象。

  ②"因而""因此"意为"因为这样,所以……",它们在意义上也和
"因为"相似。因此,此处"因为"可以改为"由于"。

  ③果-因结构复句里,原式"因为"和变式"因为"皆能独自出现,
然而结合出现时,只可以为变式。例如:

  [86] 那个女孩那么伤心,是因为她丢了钱包。

  [87] 学生们喜欢邓老师,因为她和蔼可亲、平易近人。

  [88] 科学史之所以引起重视,是因为近代科学在人类社会生活
    中取得了支配性的地位。

  [89] *科学史之所以引起重视,因为近代科学在人类社会生活中
    取得了支配性的地位。

  [86][87][88]句都是合格的句子,而如果把[88]句的变式"是
因为"改为原式"因为",即[89]句,句子意思就难以理解,句子不
合格。

  ④对比单个的用法,变式"(之)所以,是因为"类的结合形式的语
气更强,因句和果句同时强调,因果之间紧密连接,但单个出现时因果之
间的联系不被凸显。[88]句可以改为[90]句的形式:

  [90] 科学史引起重视,是因为近代科学在人类社会生活中取得
    了支配性的地位。

  由上,我们不难发现,例[90]只是表明"引起重视"的原因是"近
代科学在人类社会生活中取得了支配性的地位",而例[88]则有强调说
明的语气,指出导致"引起重视"结果的原因所在就是"近代科学在人类
社会生活中取得了支配性的地位",因句和果句同时使用连词时,它以前
后搭配的框式的形式形成了因句和果句间的紧密连接,无论是形式上,还
是意义上。

  我们根据自建的语料,概括了原因连词"因为"单个的结构和搭配结

构即框式结构频率的优先序列：

单词结构＞框式结构

（1）单词结构

在因果复句中，"因为"单独出现，果句没有关联词时，它的使用频率呈现为以下的优先序列：

……，因为……＞因为……，……＞是因为／正因为／就因为／就是因为／正是因为／只因为，……＞……，是因为／正因为／就是因为／正是因为

"因为"引入后置原因分句的频率高于"因为"引入前置原因分句的频率。

显而易见，在"因为"连接的因果复句里，"因为"单词出现的频率远远超过框式结构的频率。同时，"因为"更多地引入前置的原因分句，而不是后置的原因分句。

（2）框式结构

因为……，所以／才／就……＞（之）所以……，是因为／正因为／就因为／正是因＞是因为／正因为／就因为／正是因为／就是因为……，所以／才／就……

框式结构中，因句连词一般为"因为"，果句连词一般为"所以"，也有"才"和"就"。且大多数是因句前置，果句后置的语序。

基于以上对原因连词"因为"使用特征的描写，"因为"与果词的搭配使用具有以下特征：

（1）"因为"引入后置原因分句的频率高于"因为"引入前置原因分句的频率。

（2）因－果复句里，原式"因为"可独立出现，也可和"所以／就／才"合为框式连词，而其变式常常要和"所以／就／才"合为框式连词。

（3）果－因复句里，"因为"往往不和"因此／因而"合为框式连词。

（4）果－因复句里，原式"因为"和变式"因为"皆可独立出现，而合为框式连词后，只可有变式。

（5）变式"（之）所以，是因为"类的框式连词一般同时出现，语气较强，倾向于形成因句和果句的紧密联系。

（6）"因为"单个出现的频率远远超过其框式结构的频率。

3. 句类环境

句类通常指语气不同的句子类型，一般分为陈述句、疑问句、感叹句、

祈使句四类。本节主要对因果复句中后一分句的语气进行考察。根据我们的语料调查发现：

在四大句类中，"因为"分布频率的序列为：陈述句＞疑问句＞感叹句＞祈使句。

"因为"大多出现于陈述句，疑问句中有少数用例，感叹句和祈使句里一般不使用。

4. 隐现功能

上面三个方面都是阐述"因为"在句中出现时，它的位置、功能和搭配。但其实汉语属意合语言，在一定的语境下，"因为"在文中可省略，同样也体现因果关系。

（1）前置"因为"的隐现

如果因句和果句事件时间的先后很清晰，前面因句中"因为"有时可隐而不现。例如：

　　　［91］我（因为）想看日出才这么早起床，否则一定睡到中午。

例［91］里"因为"隐去了，因果关系却依然存在，听者很容易理解其语义关系。此类复句里，结果分句往往使用"才"这个连接词，"才"可以表明事件的顺序关系。

在语篇里，"因为"常常用于有时间先后关系的前置原因分句里。例如：

　　　［92］（正是因为）他饱读诗书，满腹才华，取得了这次比赛的
　　　　　　胜利。

因句事件为前，果句事件为后的关系很清晰时，"因为"可以隐去，听者依然很容易准确处理信息，而"因为"的使用，大多有其语用的原因。言语语篇主要是为了话语的联结和信息的传达。关于联结方面，关联词标记的联结可以使话语之间关系更紧密。关于信息传达方面，标记的使用能清晰分句间的分界，信息结构更为清晰，也可突出其逻辑语义关系。例［91］里的"才"表明了分句事件的逻辑先后关系，而如果在因句里还使用原因连词的"因为"以突出原因，"因为"前如果还使用"是、正／就／正是／就是"等，原因就更为凸显。关于篇章方面，通过重新组织话语里分句的信息结构，分句不再单独出现，而是有联结关系的复杂形式出现。

（2）后置"因为"的省略

有时候，后置因句中的原因连词"因为"也可以隐而不现。例如：

　　　［93］这段时间我吃不下，睡不好，（因为）一直在思考论文的结

构问题。

> ［94］我已经不再憎恨那段痛苦的岁月，（因为）它对我来说是经
> 历，是磨炼。

上面的后置"因为"句中的"因为"都可以省略。我们认为这并没有违反"从属结构后置时从属标记不能省略"原则，因为例［95］和例［96］不属于后置的原因分句，它们的作用是补充说明。说明句和前面的表态分句一起形成语义结构为"表态－说明"的复句。表态句为言者对事件的判断、评价等，传达了言者的主观情感，说明句也为言者做出主观解释（汪蓓蓓，2015）。

总之，原因连词"因为"具有以下的句法特点：

（1）"因为"（原式／变式）可以出现于因－果和果－因因果复句中。

（2）一定的语境下"因为"可以隐去，且不会影响句子意思。

（3）因－果复句里，原式"因为"能独立出现，也可和果句连词构成框式，果句连词一般为"所以／才／就"，不可为"因此／因而"，变式"因为"往往不独立出现，常常和"所以／才／就"构成框式连词。

（4）果－因复句里，原式和变式"因为"皆可分别独立出现，出现于框式时，其形式只为变式；变式"（之）所以，是因为"类的框式连词一般同时出现，语气较强，倾向于形成因句和果句的紧密联系。

（5）因果复句里，"因为"独立出现的频率大大超过框式结构的频率，后置小句往往是陈述句。

（二）现代汉语"因为"的语义特征

较之前几个时期来说，"因为"在现代汉语中的发展已经比较成熟，是被公认使用次数最多、范围最广的因果连词。关于"因为"的语义特征，我们主要从已然性、理据性、方向性三个方面来进行阐述。

1. 已然性

"因为"引导的因果复句中，因句一般用来说明果句事件的发生或探寻原因事件，描述的内容可以为客观情况，也可表达主观态度或情感，它的已然性并不确切。而果句所表达的事情则已经发生或已成事实，即具有已然性。我们看下面的例子：

> ［95］我们不约而同地抽鼻子，因为我们嗅到了一种奇异的香味。
> （《蛙》）

> ［96］秀贞说，惠安馆的门，前半夜都不拴上，因为有的学生回

来得很晚，一扇门用杠子顶住，那一半就虚关着。(《城南旧事》)

[97] 我也不知为什么会想到宋妈的脚，大概是<u>因为</u>她的脚裹得太严紧了。妈妈说过，那里面是臭的。(《城南旧事》)

[98] 可是你们，合伙欺负我一个残疾人，你们欺负我也就罢了，<u>因为</u>我从根本上说不是一个好人，你们欺负我是代表老天报应我！(《蛙》)

例[95]里的结果事件"我们不约而同地抽鼻子"和例[96]里的结果事件"惠安馆的门，前半夜都不拴上"皆为客观的状况，所以为已然性。例[95]里的原因事件"我们嗅到了一种奇异的香味"和例[96]里原因事件"有的学生回来得很晚，一扇门用杠子顶住，那一半就虚关着"也为客观的情况，也为已然性。但例[97]里的原因事件"她的脚裹得太严紧了"是言者在主观上解释结果事件"我也不知为什么会想到宋妈的脚"，例[98]里的原因事件"我从根本上说不是一个好人，你们欺负我是代表老天报应我"也是对结果事件"你们，合伙欺负我一个残疾人，你们欺负我也就罢了"言者表达的个人想法或态度，例[97]和例[98]的原因事件不是客观情况，它传递了言者较强的主观情感，没有已然性。

2. 理据性

理据，事情的理由和根据，为一般原因的强化形式，强调客观和必然（汪蓓蓓，2015）。邢福义（2002）提出，"因为"句重在说明原因，讲述事实，理据性不强。"因为"常常用来说明一般的、偶然的原因，主要是说明事件或当前的状况，理据性不强。例如：

[99] 显然，<u>因为</u>等她，他也没有睡觉。(《青春之歌》)

[100] 我们背后叫他"寒暑表"，<u>因为</u>他脸色忽升忽降，表示出他跟女学生距离的远近，真好玩儿！(《围城》)

例[99]里的原因分句他"等她"为偶然事件，为引出结果分句"他也没有睡觉"的一般原因。同样，例[100]里的因句"他脸色忽升忽降，表示出他跟女学生距离的远近"，说明果句"我们背后叫他'寒暑表'"这个状况的原因／理由。

3. 方向性

已然性表明，"因为"类因果复句里，作为客观情况，结果分句是已然事件。句子和语篇的信息结构往往是旧的信息先于新的信息，即信息的分布一般为从已知到未知。基于客观事件，"因为"类因果复句里，客观情况的描述大多使用结果分句，"因为"的语义指向是前置分句，以寻究或说明客观事件的原因。例如：

　　　［101］我本来的确因为怕闹，所以不打牌。现在偏要打。

　　　［102］照例第一种人应该乐观，因为他每吃一颗都是吃剩的葡萄里最好的；第二种应该悲观，因为他每吃一颗都是吃剩的葡萄里最坏的。

　　例［101］"我本来的确因为怕闹"和例［102］"他每吃一颗都是吃剩的葡萄里最好的，他每吃一颗都是吃剩的葡萄里最坏的"里，言者基于结果分句的客观情况向前寻究和说明结果发生的原因，其语义指向为前置分句。

　　基于以上的描述，原因分句的连词"因为"具有下列语义特点：

　　（1）"因为"类原因分句大多是探寻一般的或偶然的原因，主要是说明或解释事件的原因，理据性不强。

　　（2）"因为"类因果复句里，结果分句的事件为已然事件，而原因分句的已然特征不确定，其语义指向前一分句。

（三）现代汉语"因为"的语用特点

　　语用学主要是研究语言如何被理解和运用，语境中的话语含义，具体语境中语言如何被理解和运用。语言使用时，言者并非单纯地表达话语的字面意思，听者在理解说话人的真实目的前，常常要经过推断的过程。对比现代汉语的因果连词，"因为"使用的频率最高、范围最广。而关于"因为"的语用特点，本部分主要描述因果复句的情感特征和衔接特征。

1.情感特征

　　情感倾向是言者通过话语传递他个人的态度或情感。情感可以分为两类：褒义和贬义，即积极和消极。为了表达更明确，我们把情感倾向分成两类，正面和负面，零的起点，向两边展开。

　　在语义上，"因为"是基于已知的客观事件寻究或描述原因。所以，"因为"传递的因果关系情感意义并不明确。结果是已知事件，基于结果，言者寻究或说明结果事件发生的原因。例如：

　　　［103］我们认同他的观点，因为前不久观点已经被专家证明，具有科学依据。

　　例［103］是客观地阐述一种因果关系，即"我们认同他的观点"的原因是"观点已经被专家证明，具有科学依据"，没有传递言者的主观情感。"因为"类的因句有时会传递言者的主观情感，但其情感的表达来自整句的内容，不是"因为"本身。例如：

[104] 男孩偷面包时被当场抓获，但没人责怪他，因为他想把食物带回去孝敬重病的奶奶！

例[104]里的因句"因为他想把食物带回去孝敬重病的奶奶"虽然带有个人的情感倾向，但它只是对客观的结果事件"男孩偷面包时被当场抓获，但没人责怪他"进行说明，它的情感意义来自例[104]整句的内容。

2. 衔接特征

衔接为系统功能语言学的一个重要术语，根据韩礼德和哈桑（Halliday & Hasan，1976）的研究，衔接使语篇的各部分之间发生意义联系，语篇来自小句间的衔接。韩礼德和哈桑（1976）把衔接手段分成两类：语法衔接和词汇衔接。语法衔接涉及照应、省略、替代和连接，词汇衔接涉及词汇重述、同义、下义和搭配等。根据胡壮麟（1994）的研究，因果连词可以导致语篇的衔接，它分为两个部分——原因和效果。从逻辑上来说，语序应该为先原因后结果，但实际语篇里也有先结果后原因的情况。

通过描述衔接指向和连接成分，本节将分析原因分句连词"因为"的衔接特征。

（1）衔接指向

衔接指向，指连词在语篇衔接中指向前一分句，还是指向后一分句。根据李晋霞（2011）的研究，在无标记状态下，"因为"既可指向前一分句，也可指向后一分句。描述"因为"的句法特点时，我们考察了"因为"的搭配结构，它有原式和变式两种。无论原式，或者变式，"因为"可用在因－果复句，也可用在果－因复句。搭配结构与衔接的指向相关，无论结构为原式或者变式，"因为"的衔接可以指向前一分句，也可指向后一分句。例如：

[105] 因为他们知道实情，他们才更要生气。

[106] 人们走出商场时无法找回自己的雨伞，因为它们被堆在一起无法辨认。

[107] 科学史之所以引起重视，是因为近代科学在人类社会生活中取得了支配性的地位。

[108] 正因为它太平常了，所以一般人不去想它究竟是怎么回

事情。

　　例［105］的"因为"衔接指向为前一分句，探寻"他们才更要生气"的原因；例［106］的"因为"衔接指向是后一分句，说明"人们走出商场时无法找回自己的雨伞"的原因；例［107］的"是因为"是启后的，解释"科学史之所以引起重视"的原因；例［108］的"正因为"是承前的，给出"一般人不去想它究竟是怎么回事情"的原因。上述的分析表明，在因－果复句里，"因为"的衔接指向为前一分句，在果－因复句里，"因为"的衔接指向为后一分句。

　　（2）连接成分

　　一般关系词的衔接指向也关系到连接词的范围。用于连接复句时，"因为"可出现在句内，连接小句；用于连接语篇时，也可出现在句外，连接句子或段落。例如：

　　　　［109］可是徐凤英并不注意这些，她注意的是这女孩子的相貌的变化，和如何使她具有一定的学历，因为这是那个时代的时髦妇女要嫁一个有钱有势的丈夫所必备的条件。（《青春之歌》）

　　　　［110］她因为不敢放声，嘤嘤的小声哭，真是可怜。（《城南旧事》）

　　　　［111］有时他会怕，怕自己爱恋念痕，纯粹是因为念痕不是恩娘推到他面前的女人，纯粹处于他对那种婚姻的反叛。（《陆犯焉识》）

　　　　［112］虽然迟到了，但是老师并没有罚我站，这是因为下雨天可以原谅的缘故。（《城南旧事》）

　　例［109］中的"因为"和例［110］里的"因为"连接两个分句，起连接复句的作用。例［111］里的"纯粹是因为"和例［112］里的"这是因为"连接结果两个句子，起衔接语篇的作用。"因为"用来连接语篇时，语序往往是果句事件前置，因句事件后置。

　　基于上述的描述，原因连词"因为"具有以下语用特征：

　　"因为"本身不表达显著的情感或态度，因为句子语境和内容的原因，言者可能传达自己的主观情感；"因为"（原式／变式）的事件连接的指向可以是前分句，也可为后分句。出现在句内时，它连接小句，起连接复句的作用；出现在句外时，它连接句子甚至段落，起衔接语篇的作用。

本部分详细阐述了汉语因果连词"因为"的语法化过程和它各个时期的句法特征、语义特征以及语用特征。从中可以清楚得到"因为"的语法化路径：因$_{名义}$ > 因$_{动词}$ > 因、为、为因$_{介词、连词}$ > 因为$_{介词、连词}$。在语法化过程中，隐转喻、句法环境境、主观性等语法化动因促进类推、重新分析等的发生。经过一系列分析可知，在各方面的作用下，"因为"词性已最大限度虚化，句法功能多样化，用法、语序等序逐渐固定，并且在因果连词中使用频率最高、范围最广。

五、英汉因果连词语法化的对比

基于上文对英汉因果连词语法化的分别阐述，我们对汉语的"因为"以及英语的 because 的不同阶段各方面的语法化过程有了详细的叙述。本部分从语法化各个层面对两种语言的因果连词"因为"与 because 进行对比分析，总结二者语法化过程中各方面的共性，并主要探讨其差异，在最后一节中讨论其差异的语法化动因。

（一）英汉因果连词句法语法化的对比

1. 汉语"因为"句法的语法化

通过对汉语因果连词"因为"几个方面语法化过程较为详细的阐述，我们可以简单概括出"因为"句法化特征：上古汉语因果连词常常单独使用，这与现代汉语因果连词的用法基本相同；因为人们说话或写文章时，信息焦点一般比较单一，有的重在释因，有的重在言效。而中古汉语前承上古后启近现代，继承了上古汉语因果连词多义性的特点，且出现了一批新兴因果连词，如单用的介词与连词、合用的介词与连词等；双音化趋势显著，产生了上古汉语不曾有的连词类别。现代汉语中，"因为"的搭配种类、搭配对象、句类环境更加多样化，并且还有隐现功能，更加抽象了句子和段落的因果关系。

2. 英语 because 句法的语法化

"because"最开始出现在 13 世纪，来源于法语中的 par cause，后演变为英语中的 bi（by /be）同 cause 联结成一个合成词，表示后接原因或理由，意义和词性虚化，词性为连词。其词义为"by cause that"。古英语时期同样也出现 because 的用法，其意义、用法较单一，主要用来引导原因及原因从句。这个时期，"because"常常单独使用，并且在已知的可翻阅的文献中发现了 because that 和 because of 的用法，用来连接原因或原因从句。

到了现代英语时期，because 句法使用方面逐渐稳定，范围也扩大。在句子以及篇章中根据其位置的变化产生不同的句法功能，连接从属结构、并列结构等。

3. 英汉因果连词句法语法化的共性与差异

通过对上文英汉因果连词"因为"和"because"语法化的演变过程的梳理，我们发现，两者都来自两个或两个以上实词或较实的词的合成，经过重新分析和类推等语法化机制，分别虚化为现代汉语和英语中的连词、介词，引导因果从句；在句中的搭配种类、搭配对象及其句类环境更加的多样化。它们的虚化过程都很好地体现了英汉因果连词语法化过程的单向性特征，满足 Hopper 和 Traugott 提出的"语法化斜坡"或说"演变序列"：实义项 > 语法词，且它们在句中的范畴特征逐渐减少，语音的形势也逐渐减少并弱化。

尽管如此，英汉语法化过程中也呈现了许多差异。据可翻阅的资料统计，英语 because 源于古法语 par cause，借用到古英语当中，扩充本土词汇，体现了语法化的借用原则；而"因为"源于甲骨文，字形像茵席之形，后经隐转喻虚化，形成固定结构。另外，英汉因果连词在引导因果复句时框式连词的使用也不同，"因为"一般与"所以"连用，形成固定搭配；而英语的因果复句一般不使用框式连词，例如 because、since、for 等不和表结果的 so 连用，原因与结果的关系词不同时在句中出现。除此之外，汉语因果连词"因为"从古汉语的"因"到现代汉语"因为"，有多种表达形式与意义，例如，"因"既可引导原因从句，又可引导结果从句，可做名词也可做动词；相较于汉语"因为"，because 的演变似乎更简单，一步到位。

（二）英汉因果连词语义演变的对比

1. 汉语"因为"语义特征的演变

上文提到，"因"字见于甲骨文，字形像茵席之形，其本义为车上铺垫用的茵席。"因"在古汉语时期，虽有介词情况出现，但多为实词。而在中古汉语时期，"因、为、因为、为因"因果连词的语义分工还是挺明确的。"因、因为"表示原因，无论做介词或者连词，皆呈现双音化的倾向，它主要源自汉语双音化的传统。古汉语里"为"可以表示原因、目的或动机，意思是"为了/为着"。根据它的功能，中古汉语开始使用双音原因词"因为"或"为因"，晚唐五代时就开始出现。在现代汉语中，"因为"的发展已经比较成熟，是被公认使用次数最多、范围最广的因果连词。"因为"常常用来寻究一般的或偶然的原因，主要说明事件发生的原因，理据性不强。

"因为"类因果复句里，结果分句表达已知事件，具已然性特征，原因分句事件可能是已然，也可能未然，其语义表达不明确，语义指向为前一分句。

2. 英语"because"语义特征的演变

"because"在古英语时期虽然形式通过演变，比较多样，但语义比较单一，意为"因为"，主要引导原因。现代英语中对 because 的定义如下："It is usually used to introduce a word or phrase that stands for a clause expressing an explanation or reason. For example, 'They moves here because of the baby.'。""because"通常可以接词、短语以及从句来进行解释、说明。"because"在现代英语中同样是使用频率最高、范围最广的因果连词，常常指真正的、自然的原因，主要说明结果事件发生的原因或理由，其引导的主句和从句是必然的因果关系，逻辑性强，语气强。

3. 英汉因果连词语义演变的共性与差异

邓云华、储泽详（2004）在《英汉连接词语法化的对比研究》中指出，连接词、词组或分句，经过语法化后，其原实词的部分特征随之消失，不再做句子的主要成分，只能做结构间的衔接手段。历经语法化的关系词已比原实词义更为抽象，退化掉了一些原具体词汇意义。很明显，英汉因果连词"因为"和"because"在语义层面都表现为从最初相关的实词义逐渐抽象并泛化，语义概念内涵减少，外延扩大，反映出语法化的单向性特征和语义虚化特征。

但二者在演变过程中也存在较多差异。"因为"源于实词，意为坐垫，后扩展成"依靠""凭借""因袭""原因"等实词，现代汉语还保留此用法。"因"的虚词功能源自其实词意义的延伸，可作为介词、连词，在句中既可表原因，也可连接结果，语义多样化。到了现代汉语，其使用方法才渐渐固定下来，遵循了语法化的择一性原则。而相较于汉语"因为"曲折的语义演变，"because"的语义演变似乎更简单。从可翻阅的资料中发现，从中古英语时期，"because"就表连词，引导因果复句，表原因，虽然到现代英语其用法有所增加，但语义已经比较固定。"因为"常常用来寻究一般的或偶然的原因，主要说明结果事件发生的原因，理据性不强。"because"一般指自然的、真正的原因，逻辑性强，语气强。

（三）英汉因果连词语用语法化的对比

1. 汉语"因为"的语用语法化

根据上面的数据，"因为"语法化过程中有以下语用特征："因"最先开始是作为名词动词等实义词出现的。而在上古时期，"因"作为表因连词出现的频次还很低，处于不太成熟的阶段；但"为"字在先秦已是较成熟的因果连词了。到了中古时期，出现了很多新兴连词，但其语用频率较低，常用的连词还是类似于上古时期沿袭下来的连词，像"因""为"等。另外，"因"和"为"结合成双音连词的语序较灵活，可以出现于前置分句，也可以出现于后置分句，即"因为"和"为因"两种形式。关于语用频率，此时期的原因分句连词大多仍为单词形式，"因"为频率最高的原因连词，"为"的频率次之，到了后来，"因"用例逐渐增多，以至最终成为现代汉语中最常用的原因连词。到了现代汉语，通过对大量数据材料的统计，可得知"因为"是现代汉语中使用频率最高、范围最广的因果连词。但其本身的情感倾向不明显，受整个句子内容的影响，且"因为"的口语语体比书面语体使用频率高。它的衔接指向既可以承前，也可以启后；可出现在句内，连接分句，做复句的连接词；也可做语篇的连接词，出现在句外，连接句子或段落。

2. 英语"because"的语用语法化

古英语时期，通过可查阅的文献，发现由两个或多个词组合而成的因果连词在古英语中出现的相对较少，并且变化形式不统一，如 by cause；简单形式因果连词出现较多，如 because，其承载意义也多。总体来说，因果连词语法化在这个时期就已经逐渐趋向稳定。现代英语中，"because"使用的频率最高、范围最广、语气最强烈。通过对大量语料数据的统计，可知"because"的口语语体多样化，且比书面语体使用频率高；"because"本身的情感倾向不明显，语义情感受整个句子内容的影响；"because"的衔接指向既可以承前，也可以启后，但是在所搜集的语料中发现，前果后因句（即启后的衔接指向功能）更加常见。

3. 英汉因果连词语用语法化的共性与差异

通过对比可知，从最初使用频率较低到后来分别是汉、英语当中使用的频率最高、范围最广的因果连词，汉语"因为"与英语"because"的语言形式变化很多时候都与人们的日常言语交际紧密相关，这也充分表明了语法化的频率原则。语言形式使用频率的高低往往对应其虚化程度的高低，频率越高，其虚化程度越高，虚化之后又促使其使用频率的提高。而且我们可以发现，在现代英汉语中，"因为"和"because"的口语语体都比书面语体使用频率高。它们的衔接可指向前一分句，又可指向后一分句；做复句的连接词时，可出现在句内，连接分句；做语篇的连接词时，出现在句外，连接句子或段落。

但在语法化的过程中，二者语用特征的差异也较为明显。相较于语法化过程较复杂的汉语"因为"来说，"because"的语法化过程更显得一步到位。从古时期开始，"因为"在使用时出现的形式就远多于"because"，如"因""为""因为""为因"等；且它们的使用范围与功能也更多样化，既适用于前因后果句，也适用于前果后因句；衔接指向既可以承前，也可以启后。而英语"because"从中古时期开始，其使用范围与形式就比较固定，虽然也在句中起承前启后的作用，但不难发现其引导的前果后因句更加常见。

（四）英汉因果连词的语法化动因

英汉因果连词在历史演变中缘何有上文所描述的语法化方面的共性和差异，这就要用语法化的动因去解释。已有许多学者对语言内部动因进行阐述，并且在上文英汉因果连词各方面的语法化的过程中也有所体现，就不再赘述。具体来说，我们认为二者的共性与差异和语法化认知动因（包括隐、转喻）和语用动因有很大关系，并且我们还发现，近年来出现的新概念说法"语用法的语法化规律"对此现象也可做出相应的解释。接下来，本节将逐一阐释。

1. 认知动因

隐喻和转喻在人类认识外部世界时发挥了重要作用，而它们在促进语言形式语法化过程当中也扮演了重要角色。许多中外学者都认为，隐喻过程和转喻过程是语言形式语法化的两个重要认知原因。同样，隐、转喻对英汉因果连词语法化也产生了重要影响。

（1）英汉因果连词与隐喻

人的认知能力范围存在局限性，因此，人们往往在熟悉的、认知具体的事物与认识抽象的事物或概念之间寻找关联，将熟悉的事物映现至陌生的或抽象的概念或事物，以更容易、更经济地识解新的概念或事物。因此，语言的句法形式和语义结构就发生了改变。因为新事物新概念的存在，或出于语言创新表达的需要，我们往往通过一个概念的意象图式来映现另一个认知域，被称为隐喻的投射或映现。映现时，源域的图式与目标域的内部结构相对应，源域的形式映现至目标域的形式，完成映现后，意象图式从源域跨到目标域，目标域就出现了和源域对应的意象图式（石永珍、陈曦，2008）。

人们头脑中的隐喻概念是从简单而具体的范畴单向演化到抽象而复杂的范畴，这与英汉因果连词"较少语法化"到"较多语法化"的语言发展过程相一致。比如，"因为"与"because"都是从最初的实义词抽象、语法化为现在的虚词，引导句中从句，起承上启下作用。另外，英汉语因果连词都出现过语义省略现象，即指词汇或词素原有的意义和句法功能随着语言演变的深入不断消退。语法化程度较高的词项往往要比语法化程度较低的词项失去更多的原有意义和功能，比如"因"最初的名词义"坐垫"、动词义"顺着"等现在已经不存在。而根据某一类词性框架的意义，扩展其用法、结构，引申、抽象到另一类词性框架，仍然对现在的词法、句法造成影响的情况，也可称为隐喻。由此看来，隐喻过程与语法化的类推机制密切相关。类推机制能够促使语法规则从此范围扩展到彼范围，而隐喻过程就是促使类推机制发生作用的原动力，隐喻过程将某一语法规则的使用范围从此范围隐喻性扩展到彼范围。

（2）英汉因果连词与转喻

概念出现于语法结构时，它的原型语义域与语言域仅有一部分直接参与到语法关系中，成为该概念在这一关系中的活动区域。如果原型语义和语言域与语法结构的预期出现差异，通过源词概念语义及句子结构的参照，它隐含的意义侧面获得通达，潜势语言域被激活，句子变得符合语法，逻辑语义达到完整。语言中存在显性的转喻标记策略，主要包括一些语言形式上的提示语，比如一些功能词或语法词，语法词缀和一些语法结构。作为语法转喻的引发语，转喻标记策略常常被用来提示听者要进行意义完整的识解。也就是说，在认知领域，通过转喻来凸显参与者对整个事件的认知操作过程。

语法转喻导致因果连词，甚至关系分句结构语法属性的变化，但我们认为这种转变限于同一词类间的转变。比如"因"的实义词之间的转变，"因为"连词和介词的虚词间的抽象转变，"because"由连词到后来与"of"连用，构成"because of"复合介词，引导词组和名词。转喻过程与语法化的重新分析机制密切相关。重新分析机制将语言结构从一种组合方式分析为另一种组合方式，是导致新语法规则产生的重要机制之一，而转喻过程成了重新分析这个认知机制应用的原动力，通过更外显的组合结构，转喻过程取代了最初的组合结构，激发了重新分析的应用。

通常的情况是，使用类推后，有隐喻机制的新的语法结构出现在更多场景，从而已有语法规则能出现的语境更宽广；在促使语言结构的重新分析后，转喻机制引发新的语法结构，新语法规则因此而出现。隐转喻过程语法化过程中推动类推机制和重新分析机制交替起作用，二者相互联系，相互促进。

2. 语用动因

语用学中在"会话原则""礼貌原则"等影响下出现的固定表询问、建议的句式就是语用动因导致的语言形式语法化的典型例子。而汉语的意合性，英语的形合性，导致了英汉因果标记词在不同语言的语篇以及表达中有约定俗成的位置及表达形式，这也是语用动因导致不同语言的语言形式语法化过程不同的有力例证（邓凯方、邓云华，2019）。

3. 语用法的语法化规律

语法化过程是历时的，它存在对相关语言成分的选择和淘汰，语用学里共时的言语交际过程同样在具体语境里存在对语言的选择和配置。那语言的历时演变和语言的共时选择到底有没有共通之处呢？霍珀和特劳戈特（Hopper & Traugott，2003）主张语法化背后的重要原因就是语用推理（语法化是以语用环境的语用推理扩展为前提的）。希梅尔曼（Himmelmann，2004）也认为，以语义—语用特征扩展为最根本的环境扩展是语法化的本质特征。我们在前人研究的基础上，结合自己收集的相关数据等资料，得出语法化过程的两条基本语用规律：语法化中的自主性规律和经济规律。

（1）语法化中的自主性规律

自主性规律在言语交际中一般体现为，交际者总是自觉或不自觉要面子、盼尊重、求自主独立和自我表现。言者想要挣脱社会规约或其他外力的限制或支配，按自己的要求表达，而听者总是倾向于按自己的方式去理解，交际双方都希望在交际中有所表现。在英汉语语用法语法化过程中，主观化发挥了举足轻重的作用。所谓主观化（subjectivisation），就是言语使用过程中个人充分发挥自己的自主性。英汉因果连词的语法化过程充分体现了说话者自主性规律对其结构、句法等的影响。

（2）语法化中的经济规律

一般提到语法化动因，经济原则（或省力原则）必不可少。经济原则大致可概括为在言语交际中，说话人总是言简意赅、删繁就简，用最简单的语言形式进行表达。但也有学者认为单以省力原则为核心的观点过于狭隘，从动态的角度看，经济原则应涵盖效用最大化和边际效用递减两部分。

①效用最大化规律

在介绍语法化动因里的认知动因时我们提到了隐、转喻。隐喻和转喻分别以两个概念的相似性或相近性为纽带运用基本的、具体的或更形象、更显著的事物来理解抽象的、难以理解的或欠形象、欠显著的事物，这是人类的理性使然，人类运用经济学的科学术语表达就是追求效用最大化。通过分析一系列前人关于语法化认知研究的成果，可以发现，语用行为中效用最大化规律同样适用于语用法的语法化过程。

人们根据语用交际的效用最大化规律，通过隐、转喻将新的语法意义赋予既有的言语形式。从认知角度来讲，就是通过不同语法意义之间的概念转换，具体概念域投射到另一抽象概念域，最后语法意义变得更为抽象。隐喻和转喻导致的语法化过程可看成是效用最大化规律的结果，因此，由经济或省力因素导致的语法化过程更是效用最大化规律的体现。

②边际效用递减规律

对效用最大化规律形成反制作用的就是边际递减规律，两者结合更好地阐释了经济观。语用学中的边际递减规律是指，言语会话中，言者对言语的越来越多的投入越来越满足了听者对言语的需要；听者满足程度增加，言者投入的语言边际效用就相应减低；再投入的语言边际效用为零时，言者投入的语言量与听者对语言的心理需求达到了一致，言语总效用也实现了最大化；若投入更多的言语量，负面作用就会出现，它不能满足听者需求，却会使听者反感，去除言语的总效用（白明友，2004）。语法化过程中的边际效用递减规律的表现形式与言语交际中的边际效用递减规律的表现形式有些差别，它主要体现在相关词汇或结构的功能或形式不断求新、求异上。首先，经历语法化的词汇或结构，开始都有一段被高频使用的过程，随着使用频率的增加，该词项或结构的部分表意功能的边际效用就会递减，词义开始虚化，读音开始轻化，形式开始简化，从一类词转为另一类词，从一种形式转为另一种形式，甚至失去独立性，或干脆消失。霍珀和特劳戈特（Hopper & Traugott，2003）提出的语法化斜坡理论就是边际效用递减规律在语法化过程中最好的诠释：

实义项 > 语法词 > 附着形式 > 屈折形式（词缀）

语言实体从语法词到附着形式的演化，或从附着形式到屈折词缀的演化，或功能词类中由一类功能词到另一类功能词的演化，均受到边际效用递减规律的制约。

第四节　小结

　　本章对英汉原因连词语法化演变过程中句法、语义、语用三方面的共性和差异进行了充分的对比，并阐释了其语法化的认知动因和语用动因。

　　本研究发现：（1）英汉因果连词句法语法化的共性在于，英汉因果连词"因为"和"because"两者都来自两个或两个以上实词或较实的词的合成，经过重新分析和类推等语法化机制，分别虚化为现代汉语、英语当中的连词、介词，引导因果从句；在句中的搭配种类、搭配对象及句类环境更加的多样化。它们的虚化过程都很好地体现了英汉因果连词语法化过程的单向性特征。英汉因果连词句法语法化的差异在于，英语 because 源于古法语 par cause，体现了语法化的借用原则，而"因为"源于甲骨文，字形像茵席之形，后经隐转喻虚化。英汉因果连词在引导因果复句时框式连词的使用也不同，"因为"一般与"所以"连用，形成固定搭配，而英语的因果复句一般不使用框式连词。此外，汉语因果连词"因为"从古汉语的"因"到现代汉语"因为"，有多种表达形式与意义，例如，"因"既可引导原因从句，又可引导结果从句，可做名词也可做动词；相较于汉语"因为"，because 的演变似乎更简单，一步到位。

　　（2）英汉因果连词语义演变的共性在于，英汉因果连词"因为"和"because"很明显在语义层面都表现为从最初相关的实词义逐渐抽象并泛化，语义概念内涵减少，外延扩大，反映出语法化的单向性特征和语义虚化特征。英汉因果连词语义演变的差异在于，"因"的虚词用法是从实词义引申而来，可作为介词、连词，在复句中既可引入原因，也可引入结果，语义多样化。到了现代汉语，其使用方法才渐渐固定下来，遵循了语法化的择一性原则。而"because"的语义演变似乎更简单，从中古英语时期，"because"就做原因连词，语义已经比较固定。"因为"往往是寻究一般的或偶然的原因，主要描述和说明结果事件，理据性不强。"because"一般指自然的、真正的原因，逻辑性强，语气较强。

　　（3）英汉因果连词语用语法化的共性在于，从最初使用频率较低到后来分别是汉、英语当中使用的频率最高、范围最广的因果连词，汉语"因为"与英语"because"的语言形式变化很多时候都与人们的日常言语交际紧密相关，这也充分表明了语法化的频率原则。语言结构的使用频率对应其虚化的程度，频率越高，虚化的程度相应也越高，而高度虚化的形式又可导致其频率的增高。而且在现代英汉语中，"因为"和"because"的口语语体都比书面语体使用频率高。它们的语义既能指向前一分句，又能指向后一分句；作为复句的连接词，它们可出现在句中，联结小句，又可作语篇的连接词，出现在句外，衔接句子或段落。英汉因果连词语用语法化的差异在于，相较于语法化过程较复杂的汉语"因为"，"because"的语法化过程更显得一步到位。从古时期开始，"因为"在被使用时出现的形式就远多于"because"，如"因""为""因为""为因"等；且它们的使用范围与功能也更多样化，既适用于前因后果句，也适用于前果后因句；衔接指向既可以承前，也可以启后。而英语"because"从中古时期开始，其使用范围与形式就比较固定，虽然也在句中起承前启后的作用，但不难发现其引导的前果后因句更加常见。

（4）英汉原因连词"because"和"因为"的认知动因是隐喻和转喻，隐喻和转喻对英汉原因连词语法化产生了重要影响。它们的语用动因主要是语用法的语法化规律，英汉语都有语法化中的自主性规律的作用。在语法化中的经济规律中，汉语主要是效用最大化规律，英语主要是边际效用递减规律。

第四章 英汉因果语法标记和焦点标记的演变

第三章对比研究了英汉因果复句中最典型的原因连词"because"和"因为"语法化的历时演变情况，分析了英汉原因连词"because"和"因为"历史各阶段的语法化过程，各阶段的句法特征、语义特征以及语用特征，并对比分析了英汉因果连词语法化的各个层面的共性和差异及其语法化动因。基于第三章的研究，本章将对比分析英汉原因和结果语法标记特征和焦点标记的演变情况，以期让人们详细地了解英汉因果复句因果连词/语法标记和焦点标记各方面历时演变的特征。

第一节 原因和结果标记的历时演变

语言的因果标记的句法功能一般都是具体明确的，对于一个既定的标记，要么只能标记原因部分，要么只能标记结果部分，而不能兼有标记这两个部分的双重功能，英语的情况就是如此。然而在古代时期，汉语的有关语法标记不少都是既可以标记原因部分，又能标记结果部分，即使到了现代汉语，这种现象仍然作为复合连词的语素而普遍存在着。这从一个侧面揭示了汉语语法的特点以及汉民族关于因果关系的认知视角。

因果关系是现实世界中最常见的一种现象，自然也是高频率的语言表达内容。每一种语言都具有各种各样表达这种逻辑关系的手段，这些手段包括连词、介词、副词等以及由其构成的短语结构。从认知语言学的角度来看，很多语言的因果连词多来自表达时间概念的词语，比如英语的 since（自从）和 then（然后）、法语的 puisque（自从）、芬兰语的 kun（自从）等（Traugott & konig, 1991），这说明因果关系蕴含着时间先后特性。也有学者从语篇组织来探讨这一问题，用统计的办法来确定原因部分和结果部分出现的相对顺序，从而揭示哪一种顺序是无标记顺序（陶红印、宋作艳，2010）。在语法化研究的框架里，主要探讨因果语法标记的词汇来源和它们的演化过程，比如海涅和库特瓦（Heine & Kuteva，2002）对世界600 余种语言进行了调查统计，把因果标记的词汇来源概括为以下 9 种：

（a）back（时间）　　　（b）here（这里）　　　（c）locative（地点）
（d）matter（事情）　　（e）place（地方）　　　（f）purpose（目的）
（g）say（述说）　　　　（h）since（自从）　　　（i）temporal（时间）

根据目前我们看到的文献，有关的研究对原因标记和结果标记都是不加区分而等而视之的，本研究则注重探讨一个语法标记到底是标记原因部分还是标记结果部分，从这一角度出发来考察英汉因果语法标记的语法化特点，并进而探讨英汉语法标记的使用特性。

一、英语原因标记和结果标记的历时演变

英语标记因果关系的语法手段包括连词、副词、介词以及介词短语等，它们又可以根据是标记原因还是标记结果分为两大类，见表 4-1。

表 4-1　英语因果标记一览表

	原因标记	结果标记
连词	because, since	therefore
副词		consequently, hence, so, then, accordingly
介词和介词短语	from, out of, because of, by reason of, on account of	as a result, with the result that

英语中的因果标记虽然很多，但是它们的功能都是具有明确的分工的，要么标记原因，要么标记结果，而没有一个标记是具有双重功能的，即可以兼标记原因部分和结果部分。比如，because 永远是引进原因小句的，therefore 则永远是引进结果小句的，它们在任何情况下都不能混用。

英语的原因连词 because 是个复合词，它是由判断词 be 和名词 cause（原因）[①]组成的。

值得注意的是，同样概念的名词在汉语中也发展成了因果标记，最典型的就是古代汉语的"故"和"缘"这两个词。然而"故"的标记对象与英语的 because 正好相反，它只能标记结果小句，而英语的 because 则只能

标记原因小句。倒是"缘"的用法与英语的 because 相同，都是标记原因小句的②。这一点就可以反映出汉语与其他语言的差异之处，来自概念义相同的一对词，一个发展成了原因标记，另一个则发展成了结果标记。

从语义上看，本来表示"原因"的词汇发展成指示原因的小句最为自然，所以英语的 because 和古汉语的"缘"的语法化是顺理成章的，而"故"标记结果则显得有些特别，是汉语独有的现象，其中的原因值得进一步探讨。

二、汉语的原因标记和结果标记的历时演变

（一）兼表原因和结果的"因"

根据邢福义先生（2001）的调查，在近代汉语中，"因"可以在因果复句中同时标记原因小句和结果小句，这是一个非常值得注意的有趣现象。下面是近代白话小说中的用例③。

[1] 公孙居丧三载，因看见两个表叔半世豪举，落得一场扫兴，因把这做名的心也看淡了，诗画也不刷印送人了。(《儒林外史·第十三回》)

[2] 贾母因见月至中天，比先越发精彩可爱，因说："如今好月，不可不闻笛。"(《红楼梦·第七十六回》)

[3] 因见尤氏进来，不似方才和蔼，只呆呆的坐着，李铁因问道："你来过了，可吃些东西？只怕饿了？"(《红楼梦·第七十五回》)

[4]（小人）因看了看做官的尚且这等有冤没处诉，何况我们百姓？想了想，还是当强盗的好，因投奔山上落草。(《儿女英雄传·第十一回》)

除了上述这种同一复句中两个"因"连用的现象外，在整部《红楼梦》里，"因"单独使用时，它既可以引进原因小句，也可以引进结果小句，这两种用法的使用频率大致相当。根据邢福义先生（2001）的统计，标记原因的"因"为 563 次，标记结果的"因"是 648 次。

根据我们的观察，"因"原来是个多义词，它的有些义项发展成了原因标记，而有些义项则发展成了结果标记。"因"的本义为"依靠""依托"，发展为引进来源的介词，相当于"由""从"，比如"西倾因桓是来"(《尚书·禹贡》)，引进来源的用法自然可以发展成引进原因的标记，因为动作

行为的"原因"和"来源"在意义上往往是相通的。"因"起码在汉代就已经发展成了原因标记。例如：

　　　[5] 因前使绝国功，封骞博望侯。(《史记·卫将军骠骑列传》)

　　　[6] 因不忍见也，故于是复请至于陈而葬原仲也。(《公羊传·庄公二十七年》)

　　　[7] 因失其地利，以致如此。(《水浒传·第六十七回》)

　　　[8] 因宝玉病未大愈，故不曾去得。(《红楼梦·第五十八回》)

　　此外，"因"原来可以连接分句，表示顺承关系，前后两件事在时间或者事理上前后相继，可译为"于是""就""因而"。这一用法是它发展成结果标记的语义基础，英语中也存在着平行的现象，诸如 so、hence、then、consequently 等结果标记都是来自它们表达时间前后相承的用法。下面是古汉语中"因"引入结果小句的例子。

　　　[9] 臣恐陛下淫非之辩而听其盗心，因不详察事情。(《韩非子·存韩》)

　　　[10] 及至颓当城，生子，因名曰颓当。(《史记·韩信卢绾列传》)

　　　[11] 郗受假还东，帝曰："致意尊公，家国之事，遂至于此。由是身不能以道匡卫，思患预防。愧叹之深，言何能喻？"因泣下流襟。(《世说新语·言语》)

　　即使到了现代汉语里，由"因"构成的复合连词既可以标记原因，又可以标记结果："因为""只因"等是引入原因小句的，"因此""因而"等则是引入结果小句的。值得注意的是，这些复合连词的功能都是明确的，没有所谓的双重功能。这种双音节的复合连词不仅是汉语词汇双音节化的一个反映，也是使其功能明确的一种手段。

（二）其他兼表原因和结果的标记

　　在汉语中，同一语法标记兼可标记原因和结果，这不是个别用例，而是成系统的普遍的现象。本小节讨论古汉语"以"和"由"的有关用法。

　　介词"以"在古汉语中使用频率高，用法也多种多样，它既可以引入原因，也可以引入结果。下面一组例子引入为原因成分的"以"用例。

　　　[12] 晋侯以我丧故，未之见也。(《左传·襄公三十一年》)

　　　[13] 以其不争，故天下莫能与之争。(《道德经·第六十六章》)

　　　[14] 而吾以捕蛇独存。(《捕蛇者说》)

　　［15］以不能取容当世，故终身不仕。(《史记·张释之列传》)

同时，"以"也可以引入结果成分，下面是有关的古汉语用例。

　　［16］昔秦穆公不从百里奚、蹇叔之言以败其师。(《汉书·息夫躬传》)

　　［17］尔以谗慝贪惏事君而多杀无辜，余必使尔罢于奔命以死。(《左传·成公七年》)

　　［18］发愤忘食，乐以忘忧。(《论语·述而》)

　　虽然单独用时"以"常作为引入原因的标记，然而在现代汉语里，"以"作为语素构成的复合连词"所以""以此""以故""以是""以致（以至）"等则只能引入结果部分。

　　"以"具有发展成因果标记的语义基础。在古汉语里，"以"可以用作名词，表示"原因"，比如"宋人执而问其以"(《列子·周穆王》)，"古人思秉烛夜游，良有以也"（曹丕《与吴质书》)。由此可见，"以"向因果关系标记语法化的语义基础与古汉语的"故"和英语的 cause（because）相同，然而不同的是所标记的成分有别：英语的 because 只能标记原因，古汉语的"故"单独用时则只能标记结果，"以"则既可以表示原因又可以表示结果。在来自相同概念义的词汇来源中，语法化后的功能会有这样的差别，这是语法化研究中很值得注意的现象。

　　"以"向因果标记语法化的语义基础还有另外一种可能。"以"可以用作动词"使用"，比如"贤俊失在岩穴，大臣怨于不以"(《汉书·传·杜周传》)。"以"作介词可以跟"用"一样，引入工具、方法等，比如"以直报怨，以德报德"(《论语·宪问》)。这一观点有一个很好的佐证，与其用法相似的"用"也发展出了引入原因介词的用法。例如：

　　［19］王不敢后，用顾畏于民碞。(《尚书·召诰》)

　　在上古汉语里，介词"由"可以引进动作行为发出的场所或动作行为经由的路线，相当于"自""从"，比如"右招我由房"(《诗经·君子阳阳》)，"由"还可以引进动作的施事，比如"由我失霸，不如死"(《左传·宣公十二年》)。这两种用法都与引入原因有密切关系，比如"由我失霸"也可以理解为"因我失霸"。英语中对应的介词"from""out of"等也可以用于引进原因（Quirk et al., 1985）。例如：

　　［20］a. There were several deaths from malnutrition.

　　　　　b. She performed a recital out of charity.

如此就不难理解，在古汉语中"由"也发展出引入原因的用法。例如：

[21] 我不杀周侯，周侯<u>由</u>我而死。幽冥中负此人！（《世说新语·尤悔》）

[22] 良<u>由</u>世积乱离，风衰俗怨，并志深而笔长，故梗概而多气也。（《文心雕龙·时序》）

[23] 主庸臣佞，政虐祚短，皆<u>由</u>佛教致灾也。（《旧唐书·傅奕传》）

"由"作为语素构成的复合连词"由于"专用于引进原因部分，如"由于临行匆忙，所以来不及通知你了"。但在古代汉语里，用"由"构成的复合连词"由是"是引进结果小句的，相当于"因此"。例如：

[24] 于是已破秦军，项羽召见诸侯将，入辕门，无不膝行而前，莫敢仰视。项羽<u>由是</u>始为诸侯上将军，诸侯皆属焉。（《史记·项羽本纪》）

[25] 先帝不以臣卑鄙，猥自枉屈，三顾臣于草庐之中，咨臣以当世之事，<u>由是</u>感激，遂许先帝以驱驰。（诸葛亮《前出师表》）

[26] 愬每得降卒，必亲引问委曲，<u>由是</u>贼中险易远近虚实尽知之。（《资治通鉴·唐纪》）

三、英汉因果复句标记模式的差别

假定 A 为原因部分，x 为原因标记；B 为结果部分，y 为结果标记。那么从逻辑上讲，因果关系有以下四种标记模式：

（a）A，B.　　　　　　　　（b）（x＋A），B.

（c）A，（y＋B）.　　　　　（d）（x＋A），（y＋B）.

上述（a）式是零标记，虽然最经济，但是表达效果不好，会导致表达模糊不清，因而会影响交际的有效性。（b）式只标记原因，（c）式是只标记结果，两者都是最优表达式，因为只要标记原因或者结果的任何一方，就可使得两个部分的逻辑关系具体明确。（d）式是原因和结果都标记，虽然也具体明确，但是不够经济，其中一个标记是赘余。

英语的因果标记方式只有上述（b）式和（c）式[④]，所以英语的这类标记符合经济原则，是最优化表达因果关系的手段。然而汉语中则是四类标记方式都有，虽然形式多种多样，可是不符合经济原则，也不够严谨明确。

从古到今，汉语中都存在着无标记这种因果表达方式，比如"昨天下雨了，我们没有上体育课"等是很常见的表达，下面是古代汉语的无标记因果关系的例子。

［27］肉食者鄙，未能远谋。（《左传·庄公十年》）

［28］梁婴父嬖于知文子，文子欲以为卿。（《左传·定公十三年》）

［29］巫妪、弟子是女子也，不能白事。烦三老为入白之。（《史记·滑稽列传》）

现代汉语中，标记（d）式的连词配对常见的有"因为……所以""由于……因此"等。在这一点上，古今汉语是一致的，下面是历史上的用例。

［30］以其不争，故天下莫能与之争。（《道德经·第六十六章》）

［31］因不忍见也，故于是复请至于陈而葬原仲也。（《公羊传·庄公二十七年》）

［32］因曾历过一番梦幻之后，故将真事隐去。（《红楼梦·第一回》）

四、兼表处置和被动的语法标记

原因和结果是同一种逻辑关系中的一对相反的范畴，然而汉语却允许用同一个语法标记来标识。类似的现象也存在于处置式和被动式的标记上，"把"标记的是受事，"被"标记的是施事，这两个标记的分工是明确的。然而在北京话口语和很多方言中，处置式的受事和被动式的施事则用同一个语法标记来指示。朱德熙（1982）指出，北京话的"给"有既表示被动又表处置的两种功能。例如：

被动式	处置式
大堤给洪水冲垮了。	我给电脑弄坏了。
他说的话全给你听见了。	我给电脑修好了。

（一）鄂东方言（陈淑梅，2001）

表"给予"义时，鄂东方言使用"把"而不用"给"，"把"可为处置标记，也可为被动标记，同时，它是鄂东方言句式中两种最主要的语法标记形式。

1. 处置结构。例如：

［33］把嗓子哇破了（将嗓子喊哑了）。

2. 被动结构。例如：

　　［34］锅里的饭把人吃光了（锅里的饭被人吃光了）。

　　另外，湖北英山、黄冈、浠水、黄梅、武汉、大冶、阳新；湖南长沙、益阳、湘潭、祁阳；江西萍乡；安徽太湖、宿松等。主要分布在南方官话区、湘方言区、赣方言区等地方言也存在相似的用法。

（二）涟源方言（吴宝安、邓葵，2006）

　　涟源方言里，表示"给予"意义的动词为"拿"，它兼有表示被动和处置两种功用。例如：

　　1. 处置结构。例如：

　　　　［35］拿得棵树砍得。

　　2. 被动结构。例如：

　　　　［36］我拿他骂爪一餐（我被他骂了一通）。

（三）宿松方言（黄晓雪、贺学贵，2006）

　　宿松方言属于赣语的怀岳片，它有一个词的语音为［ma^{42}］，它可做"给予"义动词，也可标记被动结构和处置结构。例如：

　　1. 处置结构。例如：

　　　　［37］渠把羊赶到羊栏里在。

　　2. 被动结构。例如：

　　　　［38］老张把在小李扯破衣裳在。

　　上述现象说明在汉语中存在兼表原因和结果的语法标记不是偶然现象，这从一个侧面反映了汉语的一个语法特点。

　　在标记因果逻辑关系上，英语遵循着严格的语法规则，主要表现在两个方面：首先，有关语法标记要么只能标记原因部分，要么只能标记结果部分，但是不允许混同标记；其次，因果标记的语法化过程和语法功能都是具体明确的，表现在表原因的词汇 cause（because）只发展出了标记原因部分的功能，而且有关的语法标记都不能兼标记表原因和结果。

　　相比之下，汉语在因果标记上尚没有形成严格的规则，这主要表现在以下三个方面：第一，与英语等其他语言不同，概念义为"原因"的"故"发展成了指示结果部分的语法标记，而相同概念的"缘"则发展成了原因标记；第二，不少语法标记具有双重功能，既可以标识原因成分，又可以标识结果成分；第三，标记因果复句的方式灵活多变，既可以是无标记，也可以是只标记原因或者结果的任何一方，还可以同时标记原因和结果这两个部分。

值得注意的是，从古至今汉语标记因果关系的连词具有复合词化的倾向，这些复合连词虽多为双音节，但这不仅是汉语词汇双音节化的反映，也是连词语法功能明确化的一种方式。这些复合连词都分工明确，要么只能标记原因，要么只能标记结果，不再具有兼表原因和结果的双重功能。

汉语属于分析语言，主要利用语序这种语法手段，而语法标记则显得没那么重要，这突出表现为语法标记的使用一般没有形成严格的规则，大都有相当大的弹性和自由度。结果，既定的语法意义并不必须用某一语法标记，而且一个语法标记可以表达两个相反的语法范畴。所以说，本研究所讨论的兼表原因和结果的语法标记是汉语整体语法特征的一个反映。

第二节　因果标记演变的不对称性及其认知理据

原因和结果既是逻辑概念，也是语法范畴，每种语言都有各式的语法手段来标记它们。然而原因和结果的标记形式之间存在着不对称，各种语言或者同一语言的不同历史时期都是以原因作为标记的焦点，而结果则成了标记的背景，这反映在因果标记语法化的词汇来源、标记结果连词的代词回指等方面。这种不对称来自人类认知因果关系的特点，即在"由果溯因"的意识活动中，人们总是以结果为起点，以探寻其发生的原因为意向，原因是因果认知过程中的焦点。本研究以心智哲学和识解理论为视角，通过英汉例证来说明认知对语言标记系统的影响，以期探求语言运用中因果标记不对称性的深层认知机理。

一、前期的研究

人类语言的语法系统建立总是遵循着一定的原则，其中之一就是经济原则。对于两个相对的范畴，一种语言一般只设立一个语法形式来标记一方，另一方则用零形式表示，一般不会双方各设立一个标记来表示，因为那样就不够经济。对于两个相对的范畴，到底哪一方会用语法形式标记，哪一方则采用零标记，这是有原则可循的，可以用语言应用的例子来说明。一些语言如英语的名词有单数与复数的形式差别，单数是大多数的现象，复数是少数现象。例如，许多语言如英语、汉语、法语等有主动句和被动句的形式区别，主动句为常见的结构，被动句为少有的结构，选择标记时人们会标记少数现象如复数和被动句，这一点也印证了语言表达的经济示差律，语言表达时示差与经济是对立统一的关系，人们往往通过最经济的形式以达到最有效的示差（徐盛桓，2001）。

学界关于因果标记的认知研究不多，张滟（2012）分析了因果关联词的句法-语义-话语界面框架，并指出，因果关联项的主观性意义标记程度是逐步演变的，据此深入阐释了因果复句句法行为。曾冬梅、邓云华、石毓智（2017）通过对比英汉因果标记的特征指出，汉语的语法标记具有它的独特性，即汉语的一些语法标记既可标记原因，又可标记结果。荣丽华（2017）通过定量研究，对汉语常用的因果标记进行了分类。朱献珑（2017）以汉语和英语为主要例证，对因果标记词汇的最初意义进行了对比分析。本部分基于以往关于因果标记的认知研究，遵循"基于心智是语言最基本的性质"（徐盛桓，2011）的原则性论断，以心智哲学中的"意识"和"意向性"维度以及识解理论中"视角"维度为理论观照，以探求语言运用中因果标记不对称性的深层认知机理。

二、因果关系在认知上的不对称性

根据人们的认知心理，原因往往先于结果，条件往往先于行动（郭春芳、邓云华，2016）。然而在结果没有发生之前，原因也就无所谓原因了，它们甚至不会进入人们的认知视野，也不会出现于话语交际。因果事件关系的认知方式大多为"由果溯因"，基于已知的结果发掘结果事件的原因（朱献珑，2017）。也就是说，认知过程与现实过程正好相反，人们先认知结果，然后再尝试获知原因，原因是这个认知过程的焦点。由果溯因的意识活动体现了认知主体自我意识与对象意识的统一。例如：

[39] 古代有一个渔翁，一天，在井里网捞了两条大鲤鱼；第二天，在井里捞到了三条鲫鱼；第三天，仅仅捞到了几只米虾；第四天，第五天……什么也没捞到，这是为什么呢？

例[39]中，由果溯因的认知过程为，首先我们看到结果事件：渔翁每天去井里捞鱼，但捞到的鱼越来越少，由此结果现象，人们往往会好奇结果背后的原因："为什么渔翁捞到的鱼越来越少呢？"根据看到的结果去追寻事件的原因是人们对已发生的结果事件的一种自然的反应，正常的认知心理。"由果溯因"的意识活动过程如图 4-1。

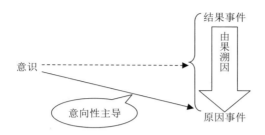

（虚线表示意识活动过程；实线表示认知主体的意向性主导，即认知侧重）

图 4-1　"由果溯因"的意识活动过程图

原因和结果作为一组相对的范畴，却不像"肯定－否定"或者"单数－复数"那样在使用频率上存在着明显的差别，因为原因和结果总是相伴相随。认知主体首先确定一个现象是"结果"，基于已知探求未知的意向性，选定注意对象，进而反溯其原因为何，由此实现"原因"在认知过程中的聚焦。

三、因果关联词语义和语用特征演变的不对称性

本节将从语义来源和语用频率演变两个方面来详细分析英汉因果关联词的不对称现象。

（一）因果关联词语义来源的不对称性

在历时演变过程中，英汉原因和结果关联词的语义在来源上表现出极大的不对称。根据其语义特征，我们把它们归为以下 6 类：

1. 初始义为"原因"义

因为因果关系认知中的不对称性，反映在语言上即表达"原因"和"结果"的标记呈现不对称性，主要表现为表达"原因"的词汇语法化为因果连词；因"原因"的识解角度不同而产生了不同的语法标记。

从逻辑上讲，"表达原因"和"表达结果"这两种词语具有同样的可能性去发展成因果连词，因为两者的地位是平等的。然而事实并非这样，"原因"是"由果溯因"意识活动中的意向关指对象，是因果认知过程的焦点，明确的证据是各种语言因果连词语法化的来源。在汉语和英语中，因果连词的语法化词汇来源更多的是"原因"概念的词语，却很少有"结果"概念的词语。一般来说，人们都是站在结果的位置来观察和解读原因的特征。这就好比是观赏庐山风景，观察者在感受庐山的面貌，却不会同时感觉自

己所站位置的山川地形。

英语里初始义为"原因"义的原因关联词是"because";汉语里初始义为"原因"义的原因关联词是"故""缘""所以"。

当代英语中使用频率最高的原因事件的标记是 because,它最初出现于中古英语,根据《韦氏新大学词典》(*Webster's New Collegiate Dictionary*)和《牛津词典》(*Oxford Dictionary*),bi(by/be)和 cause 结合成一个词以后用作了连词,形式为 by cause that。现代英语里存在相同的原因标记词语 by reason of,此 reason 表达"原因"。法语的 par cause de 也是标记原因的连词,其中的 cause 与英语的对应词意思相同。英语的 because of 则专门标记原因的名词短语。英语中虽然有一个 as a result(结果),但是它的使用频率很低,并不是一个典型的因果连词。

在古代汉语中,先后有"故""缘""因"等表达"原因"意义的实词语法化为因果连词,然而却没有一个因果连词来自表达"结果"概念的实词。其中"故"的来源和用法很有启发性,与其他三个标记不同,它是主要标记结果小句的,可却是来自表原因的词语,而不是表结果的词语。

作为因果关联词,古汉语的"故"的初始义也是"原因"或"理由"。例如:

　　[40] 王问于内史过曰:"是何故? 固有之乎?"(《国语》)

和英语的 because 不同,经过语法化后,汉语的"故"被用来引入结果事件。例如:

　　[41] 夫君子之居丧,食旨不甘,闻乐不乐,居处不安,故不为
　　　　 也。(《论语》)

"故"与"缘"意义相似,近代汉语里,它们一起结合为双音词"缘故",作名词使用,意为"原因或理由"。例如:

　　[42] 小姐寄来这几件东西,都有缘故,一件件我都猜着了。
　　　　 (《西厢记》)

但是,和"故"完全不同,做因果关联词时,"缘"仅标记原因。例如:

　　[43] 虽欲率物,亦缘其性真素。(《世说新语》)

汉语"因"最初作为介词使用时,意思是"通过、依靠",即"依靠某人完成某事"(马贝加,1996),后来作为介词和连词,拓展出"原因"的意义。现代汉语的双音词"因为"为出现频率最高的引入原因事件的连

词。例如：

〔44〕<u>因为</u>诬上，卒从吏议。(《报任安书》)

〔45〕<u>因为</u>夜间玩月观花，被风刮至于此。(《西游记》)

在现代汉语里，"所以"为出现频率最高的标记结果事件的连词，但其初始意义为"原因"意义。先秦时期，"之所以"就是一个常用的惯用法，相当于"……的原因"。例如：

〔46〕先王名士达师<u>之所以</u>过俗者，以其知也。(《吕氏春秋·审己》)

"之所以……以"是先秦时期汉语的一个稳定构式，"之所以"所在的部分表达结果，"以"引出原因。现代汉语书面语里仍保留着这一格式，只是"以"变成了"是因为""为了"等。例如：

〔47〕恩娘永远也不会知道，婉喻<u>之所以</u>得到焉识的眷顾，都是因为她的怪虐。(《陆犯焉识》)

"之所以"一般和原因分句关联词"是因为"搭配为框式连词结构，前后呼应，但"之所以"偶尔也单独使用。

2. 初始义为"目的"义

从自身需要出发，通过观念和意识的作用，说话人预设事件的目标和结果，故结果类同于因果事件的"目的"。此类标记虽是从"目的"角度来识解结果，但是这类标记只可引入原因，不可引入结果。英语介词"for"的一个主要用法是标记目的，后来它拓展出原因的意义。例如：

〔48〕Robert is going to get materials <u>for</u> a new book.（目的）

〔49〕Many thanks to you <u>for</u> what you have told me.（原因）

汉语的"为"是最常见的目的标记，基于"目的"意义引申出"原因"的意义，引入原因。例如：

〔50〕岂不穀是<u>为</u>？先君之好是继，与不穀同好，如何？(《左传》)（目的）

〔51〕何<u>为</u>哭吾师也？(《穀梁传·僖公三十三年》)（原因）

现代汉语里"为"常用于双音词"为了"。"为"和"因"结合为双音词"因为"标记原因事件。

3. 初始义为"来源"或"工具"

如果将原因视作导致结果的"起源"或是实现结果的"工具"，因果关系则可以被识解为来源关系。英语中 from 语义为"来自"，标记起源；介词 with 语义为"用"或"以"，一般标记工具。两者均可标记原因。例如：

[52] They got tired from irrigation yesterday.

[53] She was shivering with cold.

汉语"由"的初始义为"随从"，如"信马由缰"。在古汉语中，"由"一般用来标记动作事件来自何时、何地或何人，即表示动作行为的"来源"。例如：

[54] 君子曰："信不由中，质无益也。"（《左传》）

"以"和"用"均是古今汉语中高频使用的"工具"类介词标记，它们后来皆演变为引入原因。例如：

[55] 吾以捕蛇独存。（《捕蛇者说》）（工具）

[56] 勿以兄弟之情，误了国家重事。（《水浒传》）（原因）

[57] 故敬其事则命以始，服其身则衣之纯，用其衷则佩之度。（《左传》）（工具）

[58] 我祖底遂陈于上，我用沈酗于酒，用乱败厥德于下。（《尚书·微子》）（原因）

4. 初始义为"时间"义

英语的 since 最初标记时间事件，意为"自从……；自……以来（后）"，since 引入的事件先发生，根据其事件先后的顺序，先发生的自然是原因，后发生的自然是结果，由此 since 衍生出标记原因事件的意义。例如：

[59] I have brought him up ever since he was three years old, and his name is Tranio. （《驯悍记》）（时间）

[60] And since I cannot do it, Jane, it must have been unreal. （《简·爱》）（原因）

英语的"as"最初标记时间分句，意为两个事件同时发生。在此基础上就自然衍生出标记原因的意义，即原因出现时，结果随之出现。例如：

[61] Having no other reason / But that his beard grew thin and hungerly / And seem'd to ask him sops as he was drinking. （《驯悍记》）

[62] As she was no horsewoman, walking was her only alternative. （《傲慢与偏见》）（原因）

汉语的"既"最初为副词，意思为"已经（完成）"，前一事件的完成，自然产生后一结果事件，"原因"意义就此引申出来。例如：

> ［63］既毕，宾、飨、赠、饯如公命侯伯之礼而加之以宴好。（《国语》）（时间）

> ［64］既来之，则安之。（《论语》）（时间和原因）

> ［65］既然我坐首席，那我就行令吧。（《蛙》）（原因）

例［63］的"既"为时间义，意为"已经"，这是最初的意义；例［64］为过渡的意义，既有时间义，又有原因义；例［65］已从时间义完全演变为原因义，且已双音化为"既然"。

5. 初始义为"程度"义

英语里常用的结果事件标记 so 源自其程度副词，意为"如此、这么"。程度高自然有可能导致某种结果的产生，so 就被引申为标记结果，但不标记原因。例如：

> ［66］And after they make the night so dark that no man may see nothing.（《曼德维尔游记》）

> ［67］I put down my notes and eased her around slightly so that she looked straight up as I spoke.（《白噪音》）

表示程度义时，so 有时还和连词 that 前后呼应，整个复句表达因果关系，如例［66］。大多数情况下，so 单独使用引入结果分句。但有时它可以和连词 that 结合一起引入结果事件，说明原因事件直接导致了结果事件，原因和结果事件有紧密的联系，如例［67］。

6. 初始义为"地点"义

英语中结果事件的标记"therefore"最初既表达时间义，也表达地点义，"fore"意为"前面的，之前的"，"there"最早是表示某个地方或已发生的事情，"there"和"fore"联结一起回指前面的原因分句（朱献珑，2017）。

基于上述的描述和分析，我们把英汉因果标记的语义来源具体总结为表 4-2。

表 4-2　英汉因果标记的语义来源

初始义 / 语言	英语	汉语
原因	because	故，因，缘，所以

初始义 / 语言	英语	汉语
目的	for	为
来源 / 工具	from, with	以，用，由
时间	since, as	既 / 既然
程度	so	×
地点	therefore	×

　　表 4-2 显示，英语因果标记主要源自原因、目的、时间、程度、来源 / 工具和地点等词语，汉语因果标记主要来自原因、目的、时间或来源 / 工具等词语。它们标记因果事件的不对称性表现在：（1）英汉因果关联词的初始义都主要为原因、目的、时间或来源 / 工具意义的词语，英语还有表达程度意义的词，没有表达结果意义的词语；（2）英汉因果标记的初始义都与原因意义相关，都不与结果意义相关。因果关联标记的初始义的偏向也说明了说话人对原因的一种主观的关注和凸显。英语尤其如此，后文提到的因果关联词频率的差异也将进一步证明这个观点。

　　（二）因果关联词语用频率演变的不对称性

　　首先，英语因果关联词的语用频率从古至今一直表现出较大的不对称性，语料数据统计如表 4-3 和图 4-2。

表 4-3　英语因果关联词的语用频率的演变

关联词 / 时期 / 频次 频率	上古时期	中古时期	近代时期	现代时期	当代时期
原因关联词	67 （50.76）	747 （79.55）	427 （73.49）	955 （79.12）	343 （59.04）
结果关联词	65 （49.24）	192 （20.45）	154 （26.51）	252 （20.88）	238 （40.96）
共计	132 （100%）	939 （100%）	581 （100%）	1207 （100%）	581 （100%）

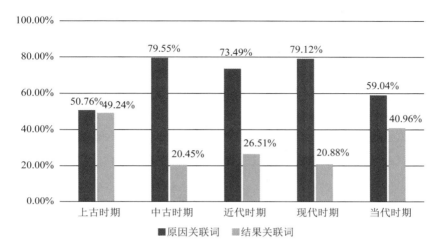

图 4-2　英语因果关联词的语用频率的演变

表 4-3 和图 4-2 显示，在演变过程中，英语因果复句中原因分句关联词的语用频率一直高于结果分句关联词，特别是从近代到现代，原因分句关联词的语用频率较多地超过结果分句关联词。它们语用频率的优先序列为：原因分句关联词 > 结果分句关联词。

我们又对英语原因关联词语用频次和结果关联词语用频次的演变情况分别做了统计，如表 4-4、图 4-3 和表 4-5。

表 4-4　英语原因关联词语用频次的演变

原因关联词 / 时期 / 频次	上古时期	中古时期	近代时期	现代时期	当代时期
as	19	41	19	113	29
because	1	20	26	328	203
for	31	549	307	482	90
since	16	137	75	32	21
共计	67	747	427	955	343

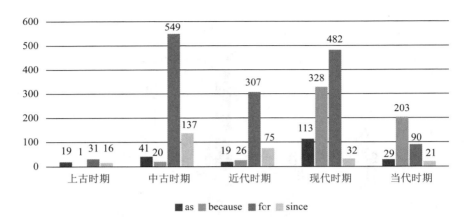

图 4-3 英语原因关联词语用频次的演变

表 4-4 和图 4-3 显示，英语原因关联词语用频次序列演变的过程为：
for>as>since>because → for>since>as>because → for>since>because>as →
for> because>as>since → because>for>as>since。英语原因关联词语用频次最
高的前两位从"for>as/since"演变到最终的"for>because"，即，初始义关
联词演变的过程为"目的 > 来源 / 时间 → 原因 > 目的"，目的和原因都属
于原因类关联词。

表 4-5 英语结果关联词语用频次的演变

结果关联词 / 时期 / 频次	上古时期	中古时期	近代时期	现代时期	当代时期
so	52	75	77	138	228
therefore	1	98	51	75	3
thus	12	19	26	39	7
共计	65	192	154	252	238

表 4-5 显示，英语结果关联词语用频次优先序列演变的过程为：
so>thus>therefore → therefore>so>thus → so>therefore>thus → so>thus>therefore。
英语原因关联词语用频次最高的是初始义为程度意义的词"so"。

汉语因果关联词的语用频率从古至今一直也表现出较大的不对称性，
语料数据统计如表 4-6。

表 4-6　汉语因果关联词语用频次频率的演变

因果关联词/时期/频次频率	上古时期	中古时期	近代时期	现代时期	当代时期
原因关联词	25（5.39%）	70（12.37%）	2739（57.71%）	600（57.58%）	625（61.21%）
结果关联词	439（94.61%）	372（83.41%）	2007（42.29%）	442（42.42%）	396（38.79%）
共计	464（100%）	446（100%）	4746（100%）	1042（100%）	1021（100%）

表 4-6 显示，和英语不同，在演变过程中，汉语因果复句的原因分句关联词的语用频次频率发生了较大的改变，其不对称性的特征一直发生变化。其优先序列演变的过程为：结果（分句）关联词＞原因关联词→结果（分句）关联词＞原因关联词→原因关联词＞结果关联词→原因关联词＞结果关联词→原因关联词＞结果关联词。在上古和中古时期，结果关联词一直占据绝对的优势，但自近代时期起，标记原因分句的关联词占据了相对的优势。

在此基础上，我们对汉语原因和结果关联词语用频次的演变情况分别做了统计，如表 4-7 和表 4-8。

表 4-7　汉语原因关联词语用频次的演变

原因关联词/时期/频次	上古时期	中古时期	近代时期	现代时期	当代时期
因	3	22	1495	53	16
为	1	4	42	0	0
因为	0	0	206	484	502
由	3	6	8	0	0
由于	0	0	0	10	46
既	4	32	868	0	0
既然	0	0	118	53	61
以	2	0	2	0	0
用	12	6	0	0	0
共计	25	70	2739	600	625

表 4-7 显示，汉语原因关联词语用频次优先序列演变的过程为：用 >
既 > 因 / 由 > 以 > 为 → 既 > 因 > 用 / 由 > 为 → 因 / 因为 > 既 / 既然 > 为 >
由 > 以 → 因为 / 因 > 既然 > 由于 → → 因为 / 因 > 既然 > 由于。汉语原因关
联词语用频次最多的前三位优先序列的演变过程为：工具 > 时间 > 原因 →
> 时间 > 原因 > 工具 → 原因 > 时间 > 目的 → 原因 > 时间 > 来源 → 原因
> 时间 > 来源。汉语里，主要原因关联词一直是初始义为时间和原因意义
的词。

表 4-8　汉语结果关联词语用频次的演变

结果连词 / 时期 / 频次	上古时期	中古时期	近代时期	现代时期	当代时期
以	175	39	0	0	0
故	157	174	0	21	3
用	20	1	0	0	0
是以	60	28	26	0	0
是故	15	5	2	0	0
所以	8	17	587	311	278
因	1	98	757	0	0
故此	0	0	86	0	0
因而	0	2	5	0	11
因此	0	8	544	110	104
共计	439	372	2007	442	396

表 4-8 表明，汉语结果关联词语用频次优先序列演变的过程为：以 >
故 > 是以 > 用 > 是故 > 所以 > 因 > 故此 / 因此 / 因而 → 故 > 因 > 以 > 是
以 > 所以 > 因此 > 是故 > 因而 > 用 → 因 > 所以 > 因此 > 故此 > 是以 > 因
而 > 是故 → 所以 > 因此 > 故 → 所以 > 因此 > 因而 > 故。汉语结果关联词
一直主要是初始义为原因意义的词。

基于我们的语料分析，我们总结出英汉因果关联标记不对称性演变过
程的三个主要特征：（1）英语中标记原因分句的关联词语用频率一直高于
标记结果分句的关联词，从近代时期起，尤其如此；汉语中因果分句关联
词在演变过程中发生了改变，从标记结果分句的关联词占优势发展到标记
原因分句的关联词占优势。（2）英语原因分句关联词频率的优势序列从初

始义为目的义的关联词发展到原因义的关联词，汉语原因分句关联词一直是初始义为时间和原因义的关联词占优势。（3）英语结果分句关联词一直是初始义为程度义的关联词占优势，汉语结果分句关联词一直是初始义为原因义的关联词占优势。

总之，经过历时的演变，英汉因果分句关联词都倾向于标记原因分句，特别是英语；英汉原因分句关联标记都以初始义为原因类意义的关联词为主，但汉语还包括初始义为时间的关联词；英汉结果分句关联词一直都是初始义为原因义的关联词或与原因义相关的程度义关联词。总而言之，英汉语中，标记原因分句的关联词都是初始义为原因义或与原因义相关的关联词；同时，标记结果分句的关联词也是初始义为原因义或与原因义相关的关联词，都不用初始义为结果义的关联词。因为因果关系认知中的不对称性，反映在语言上即表达"原因"和"结果"的标记呈现不对称性，主要表现为表达"原因"的词汇语法化为因果连词；因"原因"的识解角度不同而产生了不同的语法标记。

（三）汉语因果连词中回指代词的标记对象

古今汉语中存在大量的复合连词，这些连词多包含一个代词成分，用于回指其前出现的事件。根据对世界数百种语言的调查研究（Heine & Kuteva，2002；Traugott & Heine，1991），汉语这种回指现象不见于其他语言，比如英语就没有这种现象。现代汉语复合连词"因此""由此""于是"等的第二个语素就是来自代词回指。古今存在着多种代词回指标记，它们都遵循这样一个抽象构式：$X_{原因}$，$Pro_{回指原因}$ + $Y_{结果}$。

在回指的构式中，原因部分一定出现在前，指代词用于回指原因并进而引出结果。也就是说，不允许出现这样的构式，即结果部分出现在前，其中的指代词回指结果部分。即使在现代汉语里，这一特点仍然限制着有关联词的用法。比如用"因为"引出的原因小句既可以出现在结果小句之前，也可以出现在结果小句之后。然而当用"因此"引入结果小句时，语序一定是固定的，只能是原因在前，结果在后。例如：

　　　［68］因为今天下暴雪，高速公路禁止通行。→ 高速公路禁止通行，因为今天下暴雪。

　　　［69］今天下暴雪，因此高速公路禁止通行。→ *因此高速公路禁止通行，今天下暴雪。

古代汉语中含有代词回指的因果构式十分丰富，其中的代词"是"与

"兹"分别与"故""唯""以""用"等一起引入结果部分。例如：

　　[70] 为国以礼，其言不让，是故哂之。(《论语·先进》)

　　从抽象构式"X_{原因}，Pro_{回指原因} + Y_{结果}"中可以看出，认知主体在表述因果的意识过程中，先阐明原因，进而通过指代词的回指功能使原因再次焦点化，凸显了认知主体关指原因的意向性。

四、因果标记不对称性的认知识解

　　语言应用的心智过程中，意识活动发挥了重要的作用（徐盛桓，2014）。意向性是意识的关指所在，是对注意的选择做出定位。无论是认识还是实践，都属于对象性活动，要求认知主体具有关指对象的能力。基于关指能力，经过认知、实践活动，认知主体的心智与外部世界发生联系（徐盛桓，2010）。

　　因果标记的词汇来源有多种类型，这都与人们如何识解因果关系有关，识解为从不同角度对同一个情境进行概念化的能力（Langacker，2008）。在由果溯因的认知过程中，活动主体基于心智对结果事件的体验，得到原初的意识，同时在意向性主导下，对其进行回忆、联想和推理等格式塔转换，进而形成原因事件的反思意识，并用语言表达将其固着外化，如图4-4。

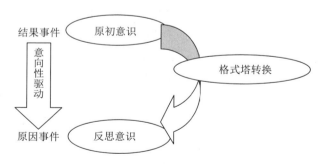

图4-4　因果事件由果溯因的认知过程

　　识解的视角正是认知主体意向性主导下自我意识的关指所在，即对关指对象注意、选择、定位，进行回忆、联想、推理，是自我意识与对象意识统一的映现。在由结果事件原初意识向原因事件反思意识的格式塔转换中，认知主体会对因果事件中的多样构成元素进行关指和加工，由此实现识解视角的多样化。

因果事件中"来源""工具""目的"等构成元素与促成结果出现的原因紧密相关，正如无论庐山是"横看成岭"还是"侧成峰"，均在于观察者观赏的视角。认知主体正是因为意向性的驱动，在由结果事件原初意识到原因事件反思意识的格式塔转换中，对原因事件中的构成要素分配注意、行使选择，既鉴照了转喻的思维机制，也解释了为什么表"原因"概念义词汇语法化来源具有多样性。

同时，英语和汉语，特别是英语，因果分句关联词倾向于标记原因分句，英汉原因分句关联标记都以初始义为原因类意义的关联词为主。这两点特征说明，英汉民族在识解因果事件时，倾向于更多地标记原因事件，即从图形－背景的角度理解，结果事件倾向于被识解成背景，原因事件倾向于被前景化，这个正好也符合语言的自然信息结构，即从已知信息到未知信息。因此，作为前景，原因事件倾向于被侧显。

本部分以心智哲学的"意识"和"意向性"维度及识解理论的"视角"维度为理论观照，探讨了语言运用中因果标记不对称性的深层认知机理。无论是"对象"的定位，还是"视角"的选择，都是认知主体在意向性主导下的意识活动。基于结果事件去关指、分析、推断原因事件，它符合人类由已知出发探求未知的意识活动规律。

如果将因果关系视作认知的基体，原因则是认知的侧显，这对因果关系语法化产生了重要影响，主要表现在如下三个方面：（1）只有表示原因概念的词汇演化成了因果标记，而表达结果概念的词语则鲜有这种发展，原因标记的手段远比结果标记的手段丰富；英语原因事件标记的频率一直高于结果标记的频率，汉语原因事件标记的频率从近代起一直高于结果事件标记的频率；（2）因为人们基于结果来反向识解原因，来源、工具和目的等均是原因事件中的构成元素，由此，相应的介词也发展成为原因标记，鉴照了人类的转喻思维机制；（3）有代词回指的构式中，回指的一定是出现在前的原因，而且这种构式的语序也是固定的，必须原因在前，结果在后。

相比描述直观的客观结果，"由果溯因"需要更多的认知努力，而因果关系认知中的不对称性，反映在语言上即表达原因和结果的标记呈现不对称性，映现了语言运用中的经济示差律，契合了认知语法"现实—认知—语言"的基本观点。本研究还为语言的标记设计原理提供了新视角，同时也对语言类型学和语法化理论有所裨益。

第三节　英汉因果复句关联词焦点标记的演变

过去研究者们对英汉因果复句中原因分句与结果分句语义关系的主观性与客观性、隐性与显性、据实性与推断性做了分类研究（Quirk et al.，1985；邢福义，2001；Sweetser，E.，2002；廖巧云，2004；徐盛桓，2005；牛保义，2006；李为政，2013）。也有研究者对因果复句中关联词的逻辑语义或者句法位置以及语序的差异进行了探讨（储泽祥、陶伏平，2008；肖任飞，2010；郭中，2015；郭春芳、邓云华，2016）。以上研究从不同的角度对英汉因果复句进行了深入的探索，为我们的研究提供了一些思路，但我们发现很少有学者对英汉因果复句关联词的焦点标记进行研究。本研究将基于语料深入讨论英汉因果关联词焦点标记的异同，并概括归纳它们历时演变的形式特征和语义分类。

一、语料的选取

本小节主要界定因果复句中焦点标记的概念，介绍语料选取的标准、来源以及统计方法。

（一）焦点标记的界定

最早对焦点进行研究的是韩礼德（Halliday），他认为焦点即句中声调重音最凸显的部分，并且指出焦点反映了句子的新信息（Halliday,1967）。徐烈炯（2001）、兰布雷希特（Lambrecht，1994）等学者也从焦点传递新信息的角度进行了研究。刘丹青、徐烈炯（1998）认为语言学界讨论的焦点本质上是一个语用性的话语功能概念，他们重点对否定焦点和疑问焦点进行了研究。根据文献中对焦点标记的分类和定义，我们将因果复句中焦点标记界定为含有语义凸显强调性质和语用主观特指功能的词或词组，如"only、只、尤其、正是"等，它们在句法上均位于因果关联词之前。例如：

> [71] It seems to me that when vanity comes into love it can only because really you love yourself best. (《月亮和六便士》)

> [72] 且说元宵已过，只因当今以孝治天下，目下宫中有一位太妃欠安，故各嫔妃皆为之减膳谢妆，不独不能省亲，亦且将宴乐俱免。(《红楼梦》)

[73] 这可难解，穿凿起来说，或者因为阿 Q 说是赵太爷的本家，
虽然挨了打，大家也还怕有些真，总不如尊敬一些稳当。
（《阿 Q 正传》）

根据对诸如以上含有焦点标记的语料的选取，我们进一步对它们进行统计。

（二）语料来源与统计方法

本研究选取的语料分别来自英汉历史五个时期具有代表性的文学作品共 33 部，约 380 万字。具体如表 4-9 所示。

表 4-9　语料来源一览表

时期	汉语	英语
上古	1.《国语》；2.《左传》	1.《贝奥武夫》
中古	1.《世说新语》；2.《法显传》；3.《拾遗记》；4.《搜神记》	1.《坎特伯雷故事集》；2.《高文爵士与绿衣骑士》
近代	1.《红楼梦（前八十回）》；2.《西游记》；3.《老乞大》；4.《水浒传》	1.《驯悍记》；2.《李尔王》；3.《十四行诗》；4.《哈姆雷特》
现代	1.《边城》；2.《阿 Q 正传》；3.《倾城之恋》；4.《围城》	1.《傲慢与偏见》；2.《简·爱》；3.《红字》；4.《远大前程》
当代	1.《蛙》；2.《青春之歌》；3.《城南旧事》；4.《陆犯焉识》	1.《月亮和六便士》；2.《了不起的盖茨比》；3.《床第之间》；4.《白噪音》

（注：由于东西方纪年概念差异，五个时期划分大致按照作品的时代进行归类，表述以汉语纪年为主）

我们首先检索了这些作品中所有的因果复句，共计 11206 个。接着我们将含有因果关联词焦点标记的语料选取出来建库，然后将含有焦点标记的语料与因果复句总量以及因句总量进行计算。基于统计结果，我们将进一步分析焦点标记演变的形式特征。

二、关联词焦点标记演变的形式特征

本小节主要分析英汉因果复句关联词焦点标记历时演变的形式特征。在历时演变的过程中，英汉焦点标记的形式有异同之处，只有对它们进行概括归纳，我们才能进一步讨论由语言形式变化引起的语义变化。

（一）焦点标记的主要形式

通过观察，我们发现，因果复句中关联词焦点标记的出现频率随着时代的向前推进越来越高，形式也越来越丰富。我们根据这些焦点标记的形式将它们分为三类，分别是：副词类、判断动词类、副词＋判断动词类。副词类焦点标记主要包括"只、皆、又、正、尤其、虽然、或者、还、更、thus、only、just、merely、partly、precisely、simply"等。判断动词类焦点标记主要为判断动词"是"和"be"，但是当用作焦点标记时，它们的"动词义"就减弱了。汉语语法学界对于"是"充当句子的焦点标记以及其后成分作为焦点信息已经达成共识（徐杰、李英哲，1993；刘丹青，1998；石毓智，2006）。我们还发现，现代汉语因果复句中有 16 种含有相同词素"是"的焦点标记位于关联词"因为"的前面。他们是"却是、还是、只是、也是、但是、一定是、要不是、总是、都是、可是、就是、这是、那是、倒不是、而是、多是"。这些含有"是"的表达式平均占比 51.5%，是焦点标记中最常见的一种形式，属于"副词＋判断动词"类，它们的主要功能是表示"强调"，此时它们的动词性完全失去，不做句子的主要成分，去掉后句子依然成立。这三种形式的焦点标记是因果复句中的主要形式。

（二）历时演变特征

根据统计得知，英语语料中含有焦点标记的因果复句呈现出逐步上升趋势，增幅不大；汉语现当代高于古代和近代，增幅较大，当代稍稍高于现代。英汉语因果关联词焦点标记历时演变的明显共性是，英汉语现当代的因果复句中关联词含有焦点标记的比例均高于以前。这一现象可以说明人们在语言表达的形式上越来越丰富，精细化程度越来越高，总体变化趋势上英语与汉语一致，但汉语更复杂丰富一些。具体演变趋势见图 4-5。

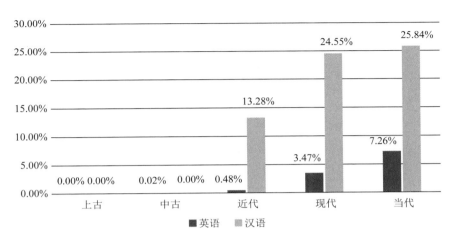

图 4-5　英汉因果关联词焦点标记历时演变

　　通过对语料的观察，在焦点标记发展的过程中，古代英语与古代汉语中焦点标记罕见，几乎为零。从近代开始出现的焦点标记形式并不多，但是这些焦点标记的句法位置比较统一，主要形式为"标记词+因（为）"，且绝大多数含有强调作用，少部分含可能性推测作用。由此证明焦点标记绝大多数情况下强调的是原因而非结果，因为原因才是事件中未知的新信息，言者对信息的关注通过焦点标记的形式得到强化和聚焦。除了句法位置之外，从近代到当代，焦点标记的形式还经历了由单音节词到双音节词的演变过程。但是值得我们关注的是，不同的关联词前的焦点标记不一样。汉语中，从近代开始使用的焦点标记均为单音节词，如：只、皆、亦、正、都、也、便、才、多、却，且这些词出现在"因"之前。其中"只因"的出现频率最高，且有"只因"的句子中，后面基本上都跟有一些表示结果的词语共现，如："只因……就 / 故 / 便 / 又 / 所以 / 还 / 因此等"，可基本断定这种表达式在近代汉语中属于固定的语言搭配。除此之外，"皆因"和"亦因"后也可有"所以、才、方、故"等词的共现。相似地，英语中，only（because）、just（because）以及 it is（because）出现的频率远远高于其他焦点标记词。

　　根据以上数据以及对语料的逐个观察我们归纳总结出英汉因果复句关联词焦点标记历时演变的四个主要的形式特征，即：（1）古代英汉因果复句均没有关联词焦点标记，直到近代开始才慢慢出现少量焦点标记。

（2）近代汉语为单音节强势焦点标记多，英语相对来说焦点标记的数量较少。（3）到了现代，汉语因果复句关联词焦点标记逐步演化为双音节、少量三音节的词语，如：尤其、正是、要不是。同时，有少量弱势表示推测的焦点标记出现，如：也许、或者等，汉语关联词焦点标记形式丰富，英语焦点标记形式单一。（4）当代汉语因果复句关联词焦点标记几乎都为双音节词，强势焦点标记数量下降，弱势焦点标记数量上升，此时汉语因果复句关联词焦点标记总量高于英语因果复句关联词焦点标记。以上四个特征中，第一点为英汉的共性，其余三点均为差异。语言形式的变化与语义的变化紧密相联，焦点标记形式的变化必然伴随着其语义的变化，因此有必要对它们的语义特征进行分析。

三、关联词焦点标记演变的语义特征

本小节主要对焦点标记进行语义分类，并对不同时期的焦点标记的语义特征进行分析和归纳。

（一）焦点标记的语义分类

因果关联词前的焦点标记绝大多数属于副词，但是要进一步弄清楚它们属于什么类型的副词，以便进行更精细的语义分类。张谊生（2000/2012）将副词分为评注性副词、限制性副词、描摹性副词。这些副词作为焦点标记出现在谓语成分前面是相当常见的，虽然它们的用法各不相同，但都是有理据的。主观性较强的评注性副词句法上做状语，相当于说话人对事件的主观认识，表示言者的主观义，有时可以评注全句，有时可以评价整个命题。限制性副词主要表示时间、范围、程度等概念义，功能上对事件的动作、状态进行描写，此类副词还可以进一步分为八个小类：关联、否定、协同、程度、范围、时间、频率、重复。描摹性副词一般表示词汇意义，作为贴身状语，以描绘修饰为主。由于描摹性副词修饰语在本研究考察的语料中数量太少，因此不作考察。

根据张谊生的分类，我们进一步将因果复句中的焦点标记分为评注性焦点标记、限制性焦点标记与"X是"式焦点标记。由于位于因果关联词前含有"是"的表达形式较多，因此将这一类独立命名。英语焦点标记的形式较单一，数量偏少，基于张谊生对副词的分类以及方梅（1995）对不负载实际意义的"是"的界定，我们统一按照汉语的分类标准对英语焦点标记进行语义分类。如表4-10。

表 4-10　因果关联词前常见焦点标记语义分类

类型	评注性	限制性	"X 是"式
"因为"（because）前常见的焦点标记	似乎、一定、却、也许、正、是、的确、显然、大概、就、be、perhaps、but、probably	且、才、都、还、尤其、更、也同样、凡、但、不过、只、都、仅仅、也莫不、也、又、不仅仅、也、only、partly、simply、just、exactly	却是、还是、只是、也是、但是、一定是、要不是、总是、都是、可是、就是、这是、那是、倒不是、而是、多是、it is/was

以上三类焦点标记从词性上来看可以分为副词和复合连词（"X 是"式），虽然它们都含有"言者主观义"，但是这些焦点标记的语义基础各自不同，有表示绝对认同的"一定、的确、一定是"，有表转折义的"却是、只是、可是、but"，还有表示可能性推测的"大概、似乎、perhaps"。它们处于相同的句法位置和句法环境中发挥相似的语用功能，对焦点标记的语义分类是描述其演变特征的基础，也是对它们进行认知阐释的前提。

（二）语义演变的特征

我们探讨焦点标记的认知解释之前必须从语义的层面出发，因为语义是人们的经验活动和认知活动互动的结果。语义的问题在很大程度上是识解的问题，也是一个凸显的问题（王寅，2003）。英汉因果复句中关联词前常见焦点标记的占比显示出最典型的特征为，人们均对概念内容中需要语义凸显的部分给予了更多形式的焦点标记。近代汉语常见的焦点标记有：只 67.67%、皆 14.6%、又 5%、正 3.5%、thus 100%。现代常见焦点标记有，是 15.02%、就（是）12.83%、但（是）11.16%、正（是）7.81%、only16.66%、it is/was 16.66%、merely 12.5%、but 12.5%。当代常见焦点标记为，是 26.25%、就（是）5.55%、但（是）5.45%、it is/was 31.81%、just 27.27%、only22.72%。从焦点标记本身的语义来看，语义演变的特征有两个：（1）从近代到当代，人们越发地喜欢使用含有评注性意义的焦点标记来表达自己的主观识解和凸显；（2）英汉现代因果复句中，焦点标记出现频率最高的是评注性副词"是"和"X 是"式。尤其是当代语料中含有大量"X 是"式的用法，这足以说明在历时演变的过程中，判断动词"是"已经语用语法化为固定表达式，表达言者的主观判断和态度，使听者（读者）更加准确地接收到他想表达的信息。这一发现印证了海涅和库特瓦

（Heine & Kuteva，2002）关于人类语言演变的规律——指示代词 > 判断词 > 焦点标记。在考察了世界 500 种语言后他们发现，人类语言最常见焦点标记的两个来源为指示代词、判断词，英语也有这种情况。

1. 主观义与评价义

我们考察了语料中所有焦点标记，结果显示：限制性焦点标记出现于因果关联词之前的形式多于评注性焦点标记和增强性焦点标记。三种焦点标记的形式总数多达 43 种，这一现象体现了人们语言表意的日益复杂化与精细化。可以看出，评注性焦点标记主要是表示言者的语气和主观态度，是一种主观情态表达，因此表达有强弱之分，如：表示非常肯定的"一定因为""的确因为"，表示不确定语气的"似乎因为"。限制性焦点标记的次类中表示时间的修饰语"正因为"、范围性的"只因（为）""就因为"主要表达了言者的主观强调之意。现代汉语中的"是"本身是一个焦点语法标记，是由判断词"是"引申而来的。其语义特点除了表达言者的主观立场、情感和态度之外，还将句子的焦点义集中在"X 是"的表达内容之上。含有该焦点标记的句子强调的不是句子主语的实际情况，更多的是言者的主观判断，这跟"是"本身的原始判断义是密不可分的。

由于副词本身不具备单独指称的能力，因此在因果复句中，这些焦点标记不能有所实指。附加在关联词之前的副词性焦点标记强化了关联词的词汇意义。就评注性焦点标记而言，语义上使得整个成分更加凸显，无论是加强语气还是弱化语气，评注性焦点标记自带的主观性色彩使得句子的焦点信息受到听者的注意。例如：

［74］"你放心，人家一定因为你请客不是地方，所以扣下你的葫芦，不让你请人把酒喝完。等等就会为你送来的，你还不明白，真是！"（《边城》）

［75］并且，似乎因为谁都怕由自己来破坏这份高洁而走开。（《陆犯焉识》）

以上例句中的"一定"和"似乎"虽然是附加在"因为"的前面，但是句法上是可以省略的，只是一旦省略，句子的语义表达效果就失去了明显的"重心"。语义上，副词性焦点标记对因果复句中"因标"额外添加了言者的主观认识和评价，可以说，如果没有"一定"或者"似乎"之类的焦点标记的话，这两个句子仅仅表达了一种认知义，而添加了焦点标记的句子则由认知义转化为评价义。

限制性焦点标记尽管对关联词连接的内容进行了一定程度的限制，但是并不改变关联词连接对象的语义。只是从时间上、范围上、程度上和频率上对表达内容进行限定，即：将言者的语义重心放在限制的时空里。

　　[76] 他的身和心是特地为婉喻而动情的，仅仅因为她是婉喻而不是任何其他女人才动的情。(《陆犯焉识》)

　　[77] 他以为死是应当快到了的，正因为翠翠人已长大了，证明自己也真正老了。(《边城》)

从搜集到的语料可见，这些"时空"基本上是"缩小"了的时空，如"正因为""仅仅因为"。在一个相对狭小的时空内，焦点标记凸显的强度更高，语义更强，也更容易引起他人的关注。因此，我们认为，关联词焦点标记的语义特征为：本质上标记句子焦点，是言者说话时强调的重心，同时也是听话人关注的焦点。

2. 精细化的表达

我们考察了现当代文学作品中所有因果复句关联词的焦点标记，并将焦点标记的语用功能分为语气、强调（程度、范围、时间、频率、重复）、焦点三个类型。为了准确地计算出含有焦点标记的句子占因果复句总数中的比例，我们统计了八部现当代文学作品中所有含焦点标记的复句以及这些复句中因句的占比。通过对大规模语料的观察，我们发现关联词的焦点标记绝大多数出现在因句中，而非果句中，且当代焦点标记占比高于现代，呈上升趋势。

我们观察到，现当代文学作品中，由于"白话文运动"的兴起，语言表达时使用双音节词可达到表达更精确的效果。因果复句关联词焦点标记由近代的单音节词逐步演化为双音节、少量三音节的词语，如"尤其、正是"。且有少量弱势修饰的出现，如"也许、或者"等。为了弄清楚因果复句中关联词焦点标记在不同语言中的表现是否一样，同时，我们也考察了八部现当代英语的文学作品，发现含关联词焦点标记的数量并不多，现代英语中强势焦点标记开始出现，如"only because、just because"等，但占比不高，且形式不如汉语那般丰富。此时汉语因果复句关联词焦点标记的占比为 24.55%、25.84%，均高于同期英语因果复句关联词焦点标记的3.47% 和 7.26%。

由此可见，无论是汉语还是英语，因果复句中关联词焦点标记的比例都呈现上升趋势，也就是说人们在语言表达的过程中为了更准确地达意，表达形式更加复杂化、多样化和精细化，这是语言发展的普遍性规律。

四、焦点标记形式与语义演变的内在理据

本小节主要从主观识解理论的两个维度对焦点标记的形式和语义演变的特征进行认知解释。兰盖克认为，观察某一场景时，实际看到的情况，依赖于我们观察的仔细程度，选取的观察对象，注意力集中的成分，以及选取的观察的出发点，这些都是宏观的识解现象。激活的概念内容并不只表达式意义，内容以何种方式被识解也同样重要。兰盖克将识解分为四个维度：详略度、聚焦、突显性及视角（Langacker，2008）。因果复句中的焦点标记从无到有，从极少使用到频繁使用，这一变化值得我们进行深入的探究。下面我们将从聚焦和突显性这两个维度对英汉关联词焦点标记的演变及其异同进行认知解释。

（一）聚焦

人们在语言组织的过程中，可以通达概念世界的某个特定的区域，但是涉及如何选取概念内容用于语言表达就取决于言者的"聚焦"。

1. 复句的直接辖域

言者调用了概念世界中特定区域的哪些部分作为其意义的基础涉及一个表达式所通达的域中的"覆盖面"，也就是这个表达式的"辖域"。一个表达式选择一定范围的内容作为意义基础，那么这个内容就是表达式中所有域的"最大辖域"（Langacker，2008）。因果复句的最大辖域为"因句"与"果句"两个域的结合，因此，因果复句表达的内容是因果关系的整体呈现。然而言者在语言表达的过程中，总是对表达内容的某一个区域更加聚焦。这种聚焦是有限的，而且是与特定目的直接相关，这个区域即"直接辖域"。根据我们对英语与汉语两种语言中因果复句的观察和统计得知，因果复句中语义聚焦和言者想要强调的特定原因均可以通过关联词前面的焦点标记加以强化。由于绝大多数情况下言者强调的都是原因，因此可以判断英汉两种语言的因果复句的直接辖域均为"因句"。例如：

[78] He wanted to marry me only because he thought I should make a suitable missionary's wife, which she would not have done.（《白噪音》）

[79] 只因我那宗病又发了，所以且静养两天。（《红楼梦》）

以上两句话中的因句均为整个复句的直接辖域，说话者的目的便是将

表达式内容的语义聚焦于他所强调的原因。例〔78〕中，原因从句通过在关联词 because 前添加表明说话者语义重心的焦点标记的方式，表明言者想强调该事件原因的目的，即仅仅因为他认为我能够成为一个传教士的得体的妻子。该句中大部分关键的内容是由 because 引导的从句表示的，主句提供了该事件的环境信息。例〔79〕中，如果将"只因"改为"因为"，那么"因句"与"果句"之间的语义关系则不会体现出言者的聚焦偏向。虽然最大辖域仍然为整个复句，但此时"果句"作为事件自然的结果、聚焦的落脚点，而成为"直接辖域"。对"直接辖域"和"最大辖域"两个概念在因果复句中的区分有利于我们进一步具体分析"直接辖域"的前景化。

2. 直接辖域的前景化

对前景和背景的分配与言者的主观性有很大的关系，因为在特定的场景下，只有少数的域可以被激活，这本身就暗含了一种言者的选择。被激活的域可构成一种前景，这部分是人们特别注意的事物，是凸显出来的注意焦点。这种凸显不仅仅在句法的结构上表现出来，而且还会体现在修饰性词汇对句子的强调成分上。这一观点与认知语言学研究语言的三大观中的"凸显观"的内涵基本一致。因此，可以根据认知凸显度来确定复句中的前景和背景。被凸显的信息或被激活的域倾向于充当前景，反之则充当背景。我们来看一组因果复句的例子：

〔80〕Perhaps he had been civil <u>only</u> because he felt himself at ease; yet there had been THAT in his voice which was not like ease. (《傲慢与偏见》)

〔81〕I have told you, reader, that I had learnt to love Mr. Rochester: I could not unlove him now, <u>merely</u> because I found that he had ceased to notice me. (《简·爱》)

〔82〕原来这小红本姓林，小名红玉，<u>只因</u>"玉"字犯了林黛玉、宝玉，便都把这个字隐起来，便都叫他"小红"。(《红楼梦》)

〔83〕我们不是好意要出家的，<u>皆因</u>父母生身，命犯华盖，家里养不住，才舍断了出家。(《西游记》)

〔84〕六孙小姐出嫁以后一直住在汉口，这次回来是<u>因为</u>听见景藩的噩耗，回上海来奔丧。(《倾城之恋》)

英语发展到了现代，焦点标记出现在关联词前的现象才比较普遍，例〔80〕和〔81〕中的"only（because）"与"merely（because）"均为现代英语文学作品因果复句中的强势焦点标记。〔80〕中言者强调"他之所以彬彬有礼仅仅是因为他感觉自己很自由自在"，言者将事件的唯一原因归结于"他感觉自己很自由自在"这一个主观判断，并从语义上对其进行强化。〔81〕中言者认为"她不能不爱罗切斯特先生的原因仅仅是因为罗切斯特不再注意她了"，言者语义凸显的部分在于她所强调的原因，正是因为这样一个因素才导致"不能不爱"的结果。汉语发展到近代开始出现关联词的焦点标记，且均为强势焦点标记，如例〔82〕—〔84〕中的"只因""皆因""是因为"都分别携带了言者对事件判断的主观凸显。这些焦点标记随着语言的发展被使用得越来越多，很多情况下，被强调的焦点信息成为事件的唯一和必要原因。

由此可见，言者在组织语言的过程中将自己对事件的主观情感、态度、立场均附加在语言中，形成一种非常强势的主观记号。我们观察到英语里的 because 本身就属于一种强势强调的标记，其语义程度比 for、since、in that 等要高，在前面再附加如 only、just 等语义程度更深的限制性焦点标记后只会缩小该焦点信息的范围，聚焦在被高度凸显的信息上。这些焦点标记的语义凸显程度非常高，他们直接对其后的成分起凸显作用，这些成分便是复句中的焦点信息。焦点问题既关系着语言信息的传递方式，表现言语活动参与双方信息交流的过程，与语言的功能密切相关，又涉及语音和句法等表现，关系语义的分析与解释（刘林，2013）。因此，从言者的视角出发，我们对英汉因果复句中哪个分句是前景，哪个分句是背景采取的是统一的标准，即：含有语言焦点标记的因句是前景，果句是背景。但是由于英汉语序差异，汉语的因句总是在前充当主句，英语的因句总是在后充当从句，所以我们也可以说：含有焦点标记的汉语因果复句的主句是前景，从句是背景；英语的主句是背景，从句是前景。

（二）焦点标记的突显性

因果复句中一些看似不对称的情况，如英语中 because 与 so 永远不可能出现在同一个句子中，汉语里带有焦点修饰的关联词绝大多数在因句中而非果句中，这些现象均可以看作"突显性"（prominence）。

1. 因句的侧显

侧显（profiling）是突显性中一个重要的维度，在表达式内部，观察者

（言者）的注意力指向特定的次结构，即显面，这种显面就是作为具体的注意焦点凸现出来（Langacker，2008）。我们依次分析以下四个句子：

[85] 她眼里饱含着泪水，是因为爱孩子爱得深沉。（《蛙》）

[86] 但因为江帆事件，他被加刑，没有机会来验证他的革新。（《陆犯焉识》）

[87] Why abandon it just because you grow up?（《白噪音》）

[88] But it's not only because he's a genius that I ask you to let me bring him here.（《月亮和六便士》）

在因果关系的最大辖域中，侧显的是复句中的因句，这种侧显是一种稳定的关系侧显。我们搜集到的含焦点标记的语料基本上都侧显了因句。如例[85]中，言者根据观察到的事实，认为她的眼里饱含泪水"是因为"爱孩子爱得深沉。这是一种事理性的因果关系，根据眼里有泪水这一行为，主观强调导致这一行为的原因。例[86]侧显的也是因句部分，侧显标记均为限制性副词。但是常见的情况是，侧显关系的表达式尽管含有相同的概念内容，但会因侧显基体的不同方面而呈现语义上的差别。比如例[85]可以表达为：

[89] 她爱孩子爱得深沉，是因为她眼里饱含着泪水。

与例[85]的语序不一样，强势焦点标记的位置虽然没有变化，但是由于两个分句的位置交换导致语义发生了变化。这里的注意力放在分句"她眼里饱含着泪水"上，由侧显的焦点标记"是因为"引出，因果关系为：言者知道她爱孩子爱得深沉，这是言者得出她眼泪饱含泪水的原因，但这并不是一种事理性的因果关系，而是言者更为主观的判断。根据沈家煊（2003）对复句中的"言域、行域、知域"所表达的语义关系，类似[89]中的"是因为"属于复句三个基本域中"知域"，[85]中的"是因为"属于"行域"两个不同的显面。我们的概念系统中分属两个不同的基本域，映射在语言中体现为不同的语序，即包含不同的语义，但均由焦点标记加强主观性，[89]句的主观识解度更高。除此之外，从以上例句可以看出，因句为"心理状态"凸显，果句为客观的"物理状态"呈现，因果复句中暗含了这两种状态间的不平行关系，言者有自由选择侧显其"心理状态"的主观性。

2. 焦点标记的主观视点

言者对客观世界的感受和认知都会反映在他的语言表达中，不同的经验感受导致不同的表达方式，这也是为什么我们说现实世界与语言表达并非"镜像关系"。语言的"主观性"指的就是这种特性，即言者在语言表达过程中多多少少总是含有言者"自我"表现的成分（沈家煊，2001）。兰盖克（Langacker，2008）将这种"主观性"归属于识解中视角的一个重要维度。因此，所谓对焦点标记的识解，就是指主观识解度高的句子或句子中的成分是基于言者的视角，言者对内容的选择，并附加自己的主观信念、判断、态度等等。我们认为，含有焦点标记的因果复句表达式引导听者从言者自身的视点出发对情景加以识解。这种焦点标记的表达动因受言语事件中交际情况的驱使，而不是受所涉事件真实情况的限制。

本小节主要对焦点标记具体形式进行分析，并从主观视点理论的角度对它们进行解释。主观视点理论是邢福义提出来的，他认为"复句语义关系具有二重性：既反映客观实际，又反映主观视点。客观实际和主观视点有时重合，有时则不完全等同，而不管二者是否等同，在对复句格式的选用中，起主导作用的是主观视点"。姚双云（2012）将上述观点概括为：言者的主观视点对句子的语义起主导作用，句子语义反过来又能反映言者的主观视点，它是"主观视点"理论的重要观点。李宇明（2001）认为，邢福义关于主观视点的论述最具理论色彩，已经深入言者语言使用的心理、旨趣和关照点。所以说，基于语言运用的认知心理，"主观视点"理论研究语言使用规律，尤其对复句中语言现象有很强的解释力。以下小节将从主观视点理论的角度对因果复句中焦点标记做出解释。

（1）焦点标记的形式

本研究关注的焦点标记绝大多数为副词，如：都、也、就等。根据我们的语料调查，英汉均是从近代开始才出现关联词前加焦点标记。例如：

　　［90］But thus, I trust, you will not marry her.（《驯悍记》）

　　［91］只因我那种病又发了，所以且静养两天。（《红楼梦》）

我们发现，不同的关联词前的焦点标记不一样。汉语中，从近代开始使用的焦点标记均为单音节词，如：只、皆、亦、正、都、也、便、才、多、却，且这些词出现在"因"之前。其中"只因"是出现率最高的，占总比 67.67%，且有"只因"的句子中，后面基本上都有一些表示结果的词语共现，如：只因……就 / 故 / 便 / 又 / 所以 / 还 / 因此……等，这种结构在近代汉语中属于固定的语言现象。除此之外，"皆因"和"亦因"后也可有"所以、才、方、故"等词的共现。汉语发展到近代开始出现关联词的焦点标记，且均为强势焦点标记。英语中带有焦点标记的关联词出现的时间和汉语差不多，但是量很少，只有一部作品中出现了两个关联词带有焦点标记，而且不是强势焦点标记，也就是不强调原因。近代英语中强势焦点标记的比例为 0，但是现代英语中强势焦点标记又呈现出 100% 的高强势焦点标记。由此可见言者（作者）在组织语言的过程中将自己对事件的主观情感、态度、立场均附加在语言中，形成一种非常强势的主观记号。我们观察到英语里的 because 本身就属于一种强势强调的标记，其语义程度比 for、since、in that 等要高，英语因果复句表达中也强调原因，只是语序与汉语不一样。

（2）主观视点的特征在语言中的映射

主观视点为话语里言者看待事件的视角和切入点，视角不一样，对同一事物／事件的识解也不一样，语言形式或内容也有差异。主观视点具有主观性、动态性和社会规约性等特征，其中"主观性"是最核心的特征。复句中有一些关联词本身就具有明示主观视点的功能，含有这些关联词的复句就会彰显出言者的主观色彩，根据我们在前面章节中对焦点标记的语义和功能的描述可知，因果复句中关联词前的焦点标记就可以显示出言者的主观视点。下面我们将从主观性这个维度对关联词的焦点标记进行解释。

因果复句中一些看似不对称的情况，如英语中 because 与 so 永远不可能出现在同一个句子中；汉语里带有焦点修饰的关联词绝大多数都在因句中而非果句中，这些现象均可以看作语言形式的差异性。而造成这些差异性的原因在于不同言者的主观视点的不同。主观性是主观视点理论中最重要的特征，这种主观性体现在不同言者对同一事物或事件的不同看法；同一言者在不同时间、地点、情景下对同一事物或者事件产生的不同的感受具有不确定性和任意性。

在含有因果关系的复句中，言者观察的切入点是复句中的因句，这种主观视点的切入是一种稳定的观察视点。我们搜集到的含焦点标记的语料基本上都将切入重点放在了因句。如例［85］中，言者根据观察到的事实，认为她的眼里饱含泪水"是因为"爱孩子爱得深沉。这是一种事理性的因果关系，根据眼里有泪水这一行为，主观强调导致这一行为的原因。例［85］—［87］主观切入点也在因句部分，主观性标记均为副词。但是常见的情况是，因果关系的表达式尽管含有相同的概念内容，但会因言者的主观性不同而呈现语义上的差别。

言者对客观世界的感受和认知都会反映在他的语言表达中，不同的经验感受导致不同的表达方式，这也是为什么我们说现实世界与语言表达并非"镜像关系"。因此，所谓对焦点标记的主观性识解，就是指言者对内容的选择，并附加自己的主观信念、判断、态度等等。我们认为，含有焦点标记的因果复句表达式引导听者从言者自身的视点出发对情景加以识解。这种焦点标记的表达动因受言语事件中交际情况的驱使，而不是受所涉事件真实情况的限制。例如：

[92] 我从被里爬出来，轻手轻脚地下了地，头很重，又咳嗽了，但是因为太紧张，这回并没有觉到胸口痛。(《青春之歌》)

[93] 肮脏的念头、肮脏的语言不干扰他，就是因为他对它们可以聋，也可以瞎。(《陆犯焉识》)

例 [92] 中，言者"没有觉到胸口痛"的原因并非为真实情况，而是因为"太紧张"的缘故。这种"紧张"的经验感受导致言者的语言表达式中含有明显的"自我"主观性成分。同理，例 [93] 中，言者认为这些"肮脏的念头、肮脏的语言不干扰他"的原因并非其他，而仅仅是因为"他对它们可以聋，也可以瞎"。言者对客观情况的观察和判断含有主观性，蕴含了主观感觉和评价意义。因此言者在语言表达中将这种"主观性"呈现出来，句子的语义同时也反映了这种"主观性"，听者或者读者在理解该句子的时候必定会跟随这种"主观性"对句子加以识解。

通过分析英汉因果复句历时演变的过程发现，汉民族习惯先因后果，讲究凡事都是顺承"因果"，因此优先处理事件的原因，即事件的前半段。英民族思维优先处理"结果"，即事件的后半段。原因和结果为同一思维过程的不同阶段，言者先处理原因或结果会导致语言表达形式的差异。因此，根据聚焦维度的前景－背景理论与突显性的侧显特征，我们可以确定，英汉因果复句中，因句是前景，果句是背景；因句是言者侧显的重点。

本部分对英汉因果复句中关联词焦点标记如"just、only、it is、是、正是、只"等焦点标记进行了描写与分析，并对比了在历时过程中，英汉焦点标记形式表现的异同。通过对比，我们发现，因果复句中关联词的焦点标记几乎只位于因句中而非果句中，汉语焦点标记的形式和数量都大大地超过了英语。由此可见，随着时间的推进、语言的自身发展，汉语语言表达的精细化与复杂化的程度高于英语。除此之外，我们还运用了主观识解理论对英汉因果复句中关联词的焦点标记演变的语义特征进行认知阐释。

我们认为，由于言者的主观突显，含有焦点标记的因句的语义凸显度要高于果句。原因本身含有未知的新信息，需要经过一段时间的探索才可获得，一旦获得便更加凸显，而这些新信息需要依赖一些语法手段来表示，焦点标记便是这种语法手段。根据前景－背景理论，可以证明因句是前景，果句是背景，焦点信息在因句中获得高度前景化。我们将研究范围限定在含有显性因果关联词的因果复句中，属于狭义的因果复句。将来的研究中，我们还需要进一步对无因果关联词的英汉因果复句进行研究，弄清楚是否无因果关联词因果复句中的焦点标记与有因果关联词因果复句的焦点标记具有相似的语义特征和句法表现。对英汉因果复句关联词焦点标记的研究可以更加客观全面地描绘出因果复句的特点，从而为外语教学与英汉语言对比研究提供更明确的参考。

第四节　小结

在标记因果逻辑关系上，英语遵循着严格的语法规则，主要表现在两个方面：首先，有关语法标记要么只能标记原因部分，要么只能标记结果部分，但是不允许混同标记；其次，因果标记的语法化过程和语法功能都是具体明确的，表现在表原因的词汇 cause（because）只发展出了标记原因部分的功能，而且有关的语法标记都不能兼标记表原因和结果。相比之下，汉语在因果标记上尚没有形成严格的规则，这主要表现在以下三个方面：第一，与英语等其他语言不同，概念义为"原因"的"故"发展成了指示结果部分的语法标记，而相同概念的"缘"则发展成了原因标记；第二，不少语法标记具有双重功能，既可以标识原因成分，又可以标识结果成分；第三，标记因果复句的方式灵活多变，既可以是无标记，也可以是只标记原因或者结果的任何一方，还可以同时标记原因和结果这两个部分。

我们以心智哲学的"意识"和"意向性"维度及识解理论的"视角"维度为理论观照，探讨了语言运用中因果标记不对称性的深层认知机理。无论是"对象"的定位，还是"视角"的选择，都是认知主体在意向性主导下的意识活动。基于结果事件去关指、分析、推断原因事件，它符合人类由已知出发探求未知的意识活动规律。如果将因果关系视作认知的基体，原因则是认知的侧显，这对因果关系语法化产生了重要影响，主要表现在如下三个方面：一是只有表示原因概念的词汇演化成了因果标记，而表达结果概念的词语则鲜有这种发展，原因标记的手段远比结果标记的手段丰富，使用频率也更高；二是因为人们基于结果来反向识解原因，来源、工具和目的等均是原因事件中的构成元素，由此，相应的介词也发展成为原因标记，鉴照了人类的转喻思维机制；三是有代词回指的构式中，回指的一定是出现在前的原因，而且这种构式的语序也是固定的，必须原因在前，结果在后。

基于结果反溯原因是一个由表及里、去伪存真的意识活动过程，相比描述直观的客观结果它需要更多的认知努力，而因果关系认知中的不对称性，反映在语言上即表达原因和结果的标记呈现不对称性，映现了语言运用中的经济示差律，契合了认知语言学"现实—认知—语言"的核心原则。本研究还为语言的标记设计原理提供了新视角，同时也对语言类型学和语法化理论有所裨益。

从历时演变的过程可以看出，英汉因果复句的形式与语义演变特征有异有同，我们从主观识解角度找到了这些演变特征和异同的理据。总的来说，相同之处在于英汉焦点标记呈现数量上涨、形式多样的趋势。这一变化说明人们在组织语言的过程中越来越注重自己作为言者的主要角色，尤其是在表达因果判断、信息推测时，英汉民族都在因句关联词前加上焦点标记来体现言者的强调义和主观义，目的在于使听者的注意力放在焦点标记修饰的焦点信息上。但是语言的表现形式总会因为不同的民族的思维方式不一样而相异，英民族与汉民族在对待因果关系的语言表达上呈现出不一样的形式。在因果复句中，由结果去探索原因有一个时间过程，被寻求到的原因也就是大家关注的对象，一旦被确定，也会获得更高的关注度。汉民族习惯先因后果，讲究凡事都是顺承"因果"，因此优先处理事件的原因，即事件的前半段。英民族思维优先处理"结果"，即事件的后半段。原因和结果为同一思维过程的不同阶段，言者先处理原因或结果会导致语言表达形式的差异。因此，根据聚焦维度的前景－背景理论与突显性的侧显特征，我们可以确定，英汉因果复句中，因句是前景，果句是背景；因句是言者侧显的重点。我们对英汉因果复句中关联词焦点标记如"just、only、it is、是、正是、只"等焦点标记进行了描写与分析，并对比了在历时过程中英汉焦点标记形式表现的异同。通过对比，我们发现，因果复句中关联词的焦点标记几乎只位于因句中而非果句中，汉语焦点标记的形式和数量都大大地超过了英语。由此可见，随着时间的推进、语言的自身发展，汉语语言表达的精细化与复杂化的程度高于英语。除此之外，我们还运用了主观识解理论对英汉因果复句中关联词的焦点标记演变的语义特征进行认知阐释。我们认为，由于言者的主观突显，含有焦点标记的因句的语义凸显度要高于果句。原因本身含有未知的新信息，需要经过一段时间的探索才可获得，一旦获得便更加凸显，而这些新信息需要依赖一些语法手段来表示，焦点标记便是这种语法手段。根据前景－背景理论，可以证明因句是前景，果句是背景，焦点信息在因句中获得高度前景化。

注释

1. 英语的 cause 也可用作动词，意思为"引起""导致"等。

2. 有一点值得注意，"故"在古代汉语中是个典型的结果小句标记，它的引入结果小句的用法在古代典籍中非常普遍，而"缘"引进原因部分的用法则不常见。

3. 这组例子均引自邢福义（2001：74-78）。

4. 也不排除英语也有少数的（a）式现象，然而相对于汉语来说，英语无标记的因果复句明显要少。

第五章 英汉因果复句关联标记模式和语序的演变

本章主要描述和分析英汉因果复句关联标记模式优先序列的演变过程、英汉因果复句关联标记模式的演变特征、英汉因果复句语序和关联词标记模式关系的演变的特征，以及它们的认知阐释。

在语言学界，因果复句及其关联词等的研究一直备受重视，不同学者对其有较多论述。或关注汉语复句或小句联结标记的研究（吕叔湘，1956；邢福义，1985；沈家煊，2003；储泽祥、陶伏平，2008；谢晓明，2010；姚双云，2007 等）；或主要关注英语因果复句或其关联标记的研究（牛保义，2006；徐盛桓、李淑静，2005；廖巧云，2007 等）；或在研究汉语因果复句或关联词的基础上，将英语或其他语言纳入研究范围，跨语言进行对比分析，探寻其变化原因（邓云华、储泽祥，2004；许文胜、张柏然，2006；邓云华、郭春芳，2016；郭中，2015；向明友，2014；戴庆厦、范丽君，2010；宋作艳、陶红印，2008）。以往研究多关注因果复句本身及其结构演变，较少从关联标记层面对因果复句进行历时分析。因此，本研究在已有研究基础上，主要从历时角度分析了英汉因果复句各自三种关联标记模式的演变，并试图找出演变过程中产生的共性与差异；同时也发掘不同阶段英汉因果复句关联标记模式的优先序列。

第一节 英汉因果复句关联标记模式优先序列的历时演变

邢福义（2001）指出，复句的关系分类，其着眼点是分句与分句之间的关系，并根据其逻辑关系将复句主要分为三大类：因果复句、并列复句以及转折复句。可见，因果复句在英汉语言系统中占据着重要地位。了解因果关系复句的前提就是关注联结分句标示相互关系的关系词语，即我们常说的"从关系出发，用标记控制"。因为只有抓住标记、抓住关系标记词，才可以从语法上对复句的类属做出合理判断，才有后续研究。英汉因果关联标记词众多，经过长时间的历时演变形成了几种固定模式，对我们进一步掌握因果复句具有重大意义。本研究主要基于储泽祥、陶伏平（2008）对因果关联标记模式的三种划分进行英汉关联词历时的对比研究：①居端式：前分句用了因果关联标记；②居中式：后分句用了因果关联标记；③前后配套式：前、后分句都用了因果关联标记。又考虑到因果复句分为"前因后果"和"前果后因"式，英汉因果复句关联标记模式主要有以下六种情况：A."g-因句，果句"（g 表示关联标记，下同）；B."g-果句，因句"；C."果句，g-因句"；D."因句，g-果句"；E."g-因句，g-果句"；F."g-果句，g-因句"。

本研究在可供查阅的语料基础上对其年代进行了划分；英语因果复句语料搜集主要根据李赋宁先生的《英语史》划分为古英语（450—1150年）、中古英语（1150—1450年）、近代英语（约 1450—1700年）和现代英语（约 1700—1900年）、当代英语（1900年至今）五个阶段。汉语语料根据其因果复句关联词演变过程中各方面的特征以及语法化程度主要将其划分为：上古期（公元 300年以前）、中古期（400—1200年）、近代（1200—1840年）、现代（1840—1949年）和当代（1949年至今）。

英语的语料来源：古英语时期的语料来自文学作品 *Beowulf*，语料总词数为 27336，总例句 152；中古时期的文学作品为《坎特伯雷故事集》《高文爵士和绿衣骑士》，语料总词数为 167601，总例句 1231；近代时期的作品为《罗密欧与朱丽叶》《驯悍记》《哈姆雷特》《丹麦王子》《李尔王》，语料总词数为 129042，总例句 609；现代时期的语料来自《傲慢与偏见》《简·爱》《红字》《远大前程》，语料总词数为 561663，总例句 1162；当代时期的作品为《了不起的盖茨比》《月亮和六便士》《床第之间》《白噪音》，语料总词数为 270144，总例句 512。

汉语的语料来源为，汉语上古时期的文学作品包括《国语》《论语》《尚书》《左传》，语料总字数为 126455，总例句 500；中古时期的作品为《法显传》《搜神记》《拾遗记》《世说新语》，语料总字数为 207545，总例句 376；近代时期的作品有《红楼梦》《西游记》《水浒传》《朴通事》《老乞大》，语料总字数为 2423423，总例句 6899；现代时期的作品为《阿 Q

正传》《边城》《倾城之恋》《围城》，语料总字数为548606，总例句1149；当代时期的作品为《青春之歌》《城南旧事》《活着》《蛙》《陆犯焉识》，语料总字数为573543，总例句1361。

一、因果关联标记居端式的历时演变

居端依赖式的关联标记处于因果复句的前端，引入前置因句，取消了因句的自足性，使其对果句形成依赖。根据划分的英汉语五个历史时期的语料，我们统计出英汉因果关联标记居端式演变的频率，主要包含"g-因句，果句"和"g-果句，因句"两种情况。

（一）英语因果关联标记居端式的演变

据统计，英语因果关联标记居端式历时演变过程中的出现频率如表5-1。

表5-1　英语因果关联标记居端式频率的演变

历史时期	居端式	频次	总频次	占同时期的频率
上古	g-因句，果句	14	14	10.69%
	g-果句，因句	0		
中古	g-因句，果句	158	158	12.92%
	g-果句，因句	0		
近代	g-因句，果句	105	105	18.91%
	g-果句，因句	0		
现代	g-因句，果句	228	228	15.87%
	g-果句，因句	0		
当代	g-因句，果句	39	39	7.62%
	g-果句，因句	0		

表5-1显示，英语因果关联词标记位于句首的频率从上古时期开始一直为递增趋势，但到当代使用频率逐渐下降。例如：

〔1〕Because I have been wrongly accused; and you, ma'am, and everybody else, will now think me wicked.

〔2〕And, as it was Christmas-time, the servants were allowed to assemble in the hall, to hear some of the ladies sing and play.

例句［1］、［2］当中，"because""as"分别附在因句"I have been wrongly accused"和"it was Christmas-time"前面，使得因句不能自足，对后面果句"and you, ma'am, and everybody else, will now think me wicked"与"the servants were allowed to assemble in the hall, to hear some of the ladies sing and play"形成依赖，因此形成一个相互依赖的整体句式。

且从表 5-1 可以看出，英语因果关联标记居端式一般多"g- 因句，果句"情况，关联标记位于句首时后多接因句，鲜有果句。

（二）汉语因果关联标记居端式的演变

而汉语因果关联标记居端式历时演变的过程中出现频率统计数据如表 5-2。

表 5-2　汉语因果关联标记居端式频率的演变

历史时期	居端式	频次	总频次	占同时期的频率
上古	g- 因句，果句	27	27	5.40%
	g- 果句，因句	0		
中古	g- 因句，果句	72	72	14.40%
	g- 果句，因句	0		
近代	g- 因句，果句	2017	2017	42.98%
	g- 果句，因句	0		
现代	g- 因句，果句	425	425	37.39%
	g- 果句，因句	0		
当代	g- 因句，果句	418	418	29.66%
	g- 果句，因句	0		

表 5-2 显示，汉语因果关联标记居端式的出现频率从上古时期开始一直为递增趋势，到了近代达到高峰，但往后使用频率略微下降，幅度不大，总体趋于水平状态。例如：

　　［3］因为程度差，不能不拣一个比较马虎的学校去读书。

　　［4］所以我很希望你以后能够多和劳动者接触接触，他们柴米油盐、带孩子、过日子的事知道得很多，实际得很。

且从表 5-2 可以看出汉语因果关联标记居端式中"g- 因句，果句"情况仍占大多数，关联标记位于句首时后多接因句；而"g- 果句，因句"情况在上古、中古时期几乎未出现，到了近代才有此表达结构，且出现频率逐渐增加。

（三）英汉因果关联标记居端式的演变

由此，对比英汉因果复句关联标记居端式的历时演变过程，我们得到表 5-3。

表 5-3   英汉因果关联标记居端式频率的演变

历史时期 / 语言	英语	汉语
上古	10.69%	5.40%
中古	12.92%	14.40%
近代	18.91%	42.98%
现代	15.87%	37.39%
当代	7.62%	29.66%

表 5-3 表明，英汉因果关联标记居端式的演变大概呈相类似的趋势走向，从中古时期开始增加，特别是近现代时期增幅较大，居端式的使用频率呈递增趋势，但在当代有小幅的降低。相比之下汉语的居端式使用频率从上古至现代变化较明显，增幅较大。且在上古时期，尽管汉语居端式使用频率占比低于同时期英语居端式使用频率，但中古时期开始，汉语因果关联标记居端式出现次数整体都高于同时期英语中的次数。并且从表 5-1 和表 5-2 中可以看出无论是英语还是汉语的因果关联标记居端式，"g- 因句，果句"的情况远多于"g- 果句，因句"；且汉语中"g- 果句，因句"的出现次数远高于其在英语中的使用。

二、因果关联标记居中式的历时演变

居中粘接式的关联标记一般位于因句和果句两个分句之间（居中），有位于因句之前的情况，但一般都位于果句之前取消其自足性。因此，在进行居中式使用频率的语料统计时我们也会考虑"果句，g- 因句"以及"因句，g- 果句"两种模式。

（一）英语因果关联标记居中式的演变

据统计，英语因果关联标记居端式历时演变过程中的出现频率如表 5-4。

表 5-4　英语因果关联标记居中式频率的演变

历史时期	居中式	频次	总频次	占同时期的频率
上古	果句，g- 因句	46	117	89.31%
	因句，g- 果句	71		
中古	果句，g- 因句	551	860	87.09%
	因句，g- 果句	309		
近代	果句，g- 因句	293	450	81.13%
	因句，g- 果句	157		
现代	果句，g- 因句	894	1209	84.13%
	因句，g- 果句	315		
当代	果句，g- 因句	286	473	92.38%
	因句，g- 果句	187		

表 5-4 显示，英语因果关联标记位于分句之间（即居中式）的频率一直居高不下，为主要的关联标记模式。例如：

　　［5］The parlour was rather a small room, very plainly furnished, yet comfortable, because clean and neat.

　　［6］She had finished her breakfast, so I permitted her to give a specimen of her accomplishments.

例句［5］、［6］里"because"和"so"位于句中，分别引导因句"clean and neat"和果句"I permitted her to give a specimen of her accomplishments"，取消了所引导分句的独立性，使其不能自足，并对所在例句中的另一分句"The parlour was rather a small room, very plainly furnished, yet comfortable"和"She had finished her breakfast"形成了依赖；就像黏合剂一样把前后两个分句粘在一起形成一个整体。

且从表 5-4 发现，英语因果关联标记居中式较同时期其他关联标记模式使用频率最高。且居中式的"果句，g- 因句"与"因句，g- 果句"两种情况，除了在上古时期时，后者出现频率略高于前者；从中古时期开始，英语因果复句关联标记居中式多"前果后因"式，并一直延续至今。

（二）汉语因果关联标记居中式演变

同英语一样，各历史时期中汉语因果关联标记居中式出现次数最频繁。其统计数据如表 5-5。

表 5-5　汉语因果关联标记居中式频率的演变

历史时期	居中式	频次	总频次	占同时期总例句比
上古	果句，g- 因句	3	473	94.60%
	因句，g- 果句	470		
中古	果句，g- 因句	5	423	85.60%
	因句，g- 果句	418		
近代	果句，g- 因句	39	2677	57.02%
	因句，g- 果句	2638		
现代	果句，g- 因句	200	711	62.61%
	因句，g- 果句	511		
当代	果句，g- 因句	340	991	70.34%
	因句，g- 果句	651		

表 5-5 显示，汉语因果关联标记居中式使用频率总体一直较高，从中古时期起有所降低。但与英语类似，从历时角度来看，汉语居中式的出现频率要高于居端式的出现次数。例如：

　　[7] 她猜来猜去猜到这可能是宋郁彬从中缓冲的缘故，于是她对宋郁彬的印象就更好了。

　　[8] 在我为文多年间，从来没有一篇专为父亲而写的，因为我知道如果写到父亲，总不免要触及他离开我们过早的悲痛记忆。

且从表 5-5 看出，汉语因果关联标记居中式中"因句，g- 果句"出现情况远高于"果句，g- 因句"；多用于"前因后果"句式中引导果句。且从上古时期开始到近代，"果句，g- 因句"句式的出现频率还极低，到了现代、当代，其用法才增幅较大。

（三）英汉因果关联标记居中式

对比英汉因果复句关联标记居端式和居中式的历时演变过程，我们得到表 5-6。

表5-6　英汉因果复句关联词标记居端式和居中式频率的演变

历史时期/语言	英语	汉语	英语	汉语
关联词模式	居端式		居中式	
上古	10.69%	5.40%	89.31%	94.60%
中古	12.92%	14.40%	87.09%	85.60%
近代	18.91%	42.98%	81.13%	57.02%
现代	15.87%	37.39%	84.13%	62.61%
当代	7.62%	29.66%	92.38%	70.34%

　　如表5-6所示，英汉因果关联标记居中式相比居端式使用频率大大增加，但其在英汉语中的演变趋势还是有所差别；虽然使用频率在历时演变中都先降后升，但幅度不一样。相较汉语，英语因果关联标记居中式在不同时代的出现次数更趋于稳定，频率都很高，均超过80%，到了当代，其使用频率达到最高点；而汉语居中式在上古时期使用频率最高，后呈下降趋势，直到近代其使用次数才逐渐上升。且可以发现，除了上古时期，同时期相比英语因果关联标记居端式出现次数所占比例都高于汉语中居中式的所占比。

　　值得注意的是，表5-4和表5-5也显示，英汉语因果关联标记居中式的偏重句式也有所不同，除了上古时期，英语居中式里"果句，g-因句"的情况多于"因句，g-果句"，主要为"前果后因"句式；汉语中却相反，"因句，g-果句"的出现次数远高于"果句，g-因句"，"前因后果"句式居多。

三、因果关联标记前后配套式历时演变

　　关联词标记的位置和搭配也决定了其不同程度的连接作用。相比较而言，关联标记词越多，连接作用越强，前后配套的关联词标比单个关联标记连接作用要强，居中比居端的连接作用更强（储泽祥、陶伏平，2008）。前后配套式可以看作居端式与居中式的一个综合，它的使用除了粘接或取消自足性作用以外，还有前后呼应的作用。

　　需要注意的是，英语当中为了保持主语的一致性，表因果、转折等关联词一般不同时出现，除了"so/such(...)that"等固定搭配，或者在极少数文学作品当中作者为了强调因果或转折关系，前后配套关联标记才有可能

同时出现，使用频率极低，因此本研究不将其特意作表格统计。本小节将分析汉语因果关联标记前后配套式演变，主要考虑"g- 因句，g- 果句"和"g- 果句，g- 因句"两种情况。

（一）英语因果关联标记前后配套式演变

和传统的观点不同，我们认为，英语因果复句关联标记和汉语一样，也具有前后配套式，其频率的演变如表 5-7。

表 5-7　英语因果关联标记前后配套式频率的演变

历史时期 / 频率	前后配套式	频率
上古	g- 因句，g- 果句	2.0%
	g- 果句，g- 因句	0
中古	g- 因句，g- 果句	0.60%
	g- 果句，g- 因句	0
近代	g- 因句，g- 果句	1.30%
	g- 果句，g- 因句	0
现代	g- 因句，g- 果句	0.10%
	g- 果句，g- 因句	0
当代	g- 因句，g- 果句	0.30%
	g- 果句，g- 因句	0

表 5-7 显示，英语因果复句关联标记的前后配套式频率一直很低。例如：

[9] For all that heritage huge, that gold of bygone men, was bound by a spell, so the treasure-hall could be touched by none of human kind.

[10] For gold in physic is a cordial; Therefore he loved gold in special.

英语因果复句关联标记的前后配套式皆为"g- 因句，g- 果句"关联标记模式，没有"g- 果句，g- 因句"关联标记模式的存在。

（二）汉语因果关联标记前后配套式演变

在统计过程中，我们发现的汉语因果关联标记前后配套式历时演变中的出现频率如表 5-8。

表 5-8 汉语因果关联标记前后配套式频率的演变

历史时期 / 频率	前后配套式	频率	占同时期总例句比
上古	g-因句，g-果句	3.20%	3.40%
	g-果句，g-因句	0.20%	
中古	g-因句，g-果句	4.73%	5.10%
	g-果句，g-因句	0.37%	
近代	g-因句，g-果句	19.13%	19.60%
	g-果句，g-因句	0.47%	
现代	g-因句，g-果句	7.34%	7.60%
	g-果句，g-因句	0.26%	
当代	g-因句，g-果句	13.35%	13.70%
	g-果句，g-因句	0.35%	

如表 5-8 所示，汉语因果关联标记前后配套式的使用频率主要呈持续增长趋势，但其在例句中的出现次数要远低于汉语因果关联标记居端式和居中式。且上古至中古时期前后配套式的使用频率极低，到了近代其出现比例才大幅上升，并持续稳定增长至现代、当代。例如：

[11] 也是<u>因为</u>在这样小的年纪，就突然的好像连根拔了起来，而且落到了这样一个地方，<u>所以</u>整个地觉得昏乱而迷惘。

[12] <u>由于</u>渴的刺激，他似乎明白了自己的存在，<u>于是</u>他睁开眼睛，向昏沉的漆黑的牢房里茫然地望着。

例 [11]、[12] 句中的"因为……所以……"和"由于……于是……"两个前后配套关联标记综合运用"粘合"与"靠合"手段，将复句中的前后分句很好地粘合在一起；"因为""由于"和"所以""于是"两组关联词分别取消了因句"在这样小的年纪，就突然的好像连根拔了起来，而且落到了这样一个地方""渴的刺激，他似乎明白了自己的存在"和果句"整个地觉得昏乱而迷惘""他睁开眼睛，向昏沉的漆黑的牢房里茫然地望着"的自主性，使例句中的因果分句相互形成依赖，增强连接作用，并且也产生前后呼应的效果。

从表 5-8 看出，汉语因果关联标记前后配套式不仅在同时期总例句中占比最低，且"g-因句，g-果句"的出现频率一直高于"g-果句，g-因句"，即因果关联标记大多同时出现在"前因后果"句式中分别引导、强调原因与结果。从上古至近代时期开始到近代，几乎无"g-果句，g-因句"情况，直到现代，前后配套式用于"前果后因"句的情况才出现并逐渐增加。

因果关联标记前后配套式在英语语言中的出现频率极低，用法受限，因此本小节不再赘述。

四、英汉因果复句关联标记模式的优先序列

优先序列研究是指从句法、语义等方面对不同类别的语法单位或成员按照其使用频率的高低进行分级或有序的排位（肖任飞，2010）。而关联标记模式优先序列包含两层意义，一是优先，二是序列。优先指在一定的语言环境中倾向使用这种因果关联标记模式，而非那种关联标记模式。序列是指因果关联标记模式从多到少、从高到低的排列。本小节以因果关联标记模式为视点，从历时角度较详细地分析英汉语中三种因果关联标记模式各时期的出现频率，并得出其优先序列。主要包括两部分：英汉因果关联标记模式的频次频率及优先序列、各因果关联标记模式中因－果、果－因句式的频率频次及优先序列。

（一）英汉因果关联标记模式的频次频率及优先序列

根据数据统计，从上古时期至当代，三种英汉因果关联标记模式的出现频次频率及同时期占比如表 5-9 所示：

表 5-9　英汉因果关联标记模式频率的演变

历史时期/频率	英语		汉语	
	关联标记模式	频率	关联标记模式	频率
上古	居端	10.69%	居端	5.40%
	居中	89.31%	居中	94.60%
	前后配套	2.0%	前后配套	3.40%
中古	居端	12.92%	居端	14.40%
	居中	87.09%	居中	85.60%
	前后配套	0.60%	前后配套	5.10%

续表

历史时期/频率	英语		汉语	
	关联标记模式	频率	关联标记模式	频率
近代	居端	18.91%	居端	42.98%
	居中	81.13%	居中	57.02%
	前后配套	1.30%	前后配套	19.60%
现代	居端	15.87%	居端	37.39%
	居中	84.13%	居中	62.61%
	前后配套	0.10%	前后配套	7.60%
当代	居端	7.62%	居端	29.66%
	居中	92.38%	居中	70.34%
	前后配套	0.30%	前后配套	13.70%

　　需要说明的是，本研究统计的均为有关联标记的因果复句，无关联标记的因果复句暂时未在统计范围。表 5-9 清楚地表明，在上古至当代的历时演变中英汉语因果关联标记居中式的使用频率最高，其出现次数远远高于居端式和前后配套式，即"居中式 > 居端式 > 前后配套式"，这一定程度上也验证了迪克提出的"联系项居中原则"（Dik，1997）。英语当中由于固定语法，关联词规定不能同时出现，所以前后配套式用法几近于无，不予统计；汉语当中前后配套式相比另外两种关联模式，使用频率也是最低。

　　对比英汉语因果关联标记居端式、居中式和前后配套式，我们亦可以较清楚地得出两种语言因果关联标记模式优先序列的历时演变过程。如图5-1 和图 5-2 所示：

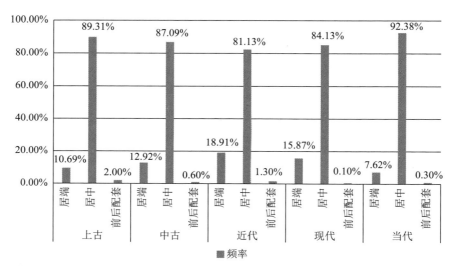

图 5-1　英语因果关联标记模式频率的演变

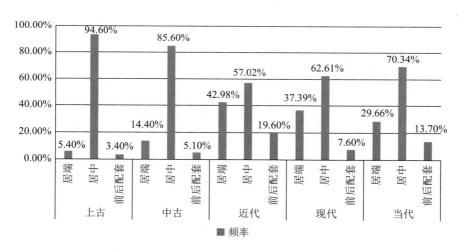

图 5-2　汉语因果关联标记模式频率的演变

通过图表进一步证明，英汉语因果关联标记在历时演变中，居中式在例句中占比均高于居端式和前后配套式。共时比较可以再次验证英汉因果关联标记模式优先序列为"居中式 > 居端式 > 前后配套式"。

但是历时比较英汉语三种因果关联标记模式的演变，我们又可以发现在五个不同阶段，两种语言的居中式、居端式和前后配套式的使用也存在一些差异，表现为：英语在上古、中古、当代时期居中式的优先使用频率明显高于近代、现代中的使用次数；而汉语则为上古、中古时期居中式的优先使用频率明显高于近代、现代、当代中的频率频次。

因此，由图 5-1、图 5-2 可知，居中式关联标记的使用频率五个历时阶段的优先序列分别排列如下：

英语居中式频率演变的序列为：当代 > 上古 > 中古 > 现代 > 近代，但整体上，每个历史时期英语因果复句关联标记居中式一直都很高，特别是从近代开始，所以我们可以把它们划分成两个大的阶段：当代、上古、中古 > 近代、现代。

汉语居中式频率演变的序列为：上古 > 中古 > 当代 > 现代 > 近代，根据频率之间差异程度的明显性，我们也可以把它们划分成两个大的阶段：上古、中古 > 当代、现代、近代。汉语居中式频率序列明显地从近代开始体现出差异，从近代起，居中式频率开始有大幅提高。

而居中式的使用频率与居端式和前后配套式的例次频率大致是成反比关系，居中式在某个阶段所占比例的增加伴随的是居端式与前后配套式在例句中的占比减少。表现为：英语在近代、现代时期居端式的优先使用频率明显高于上古、中古、当代中的使用次数；而汉语在近代、现代、当代居端式和前后配套式的优先使用频率则明显高于上古、中古时期的频率频次。

再结合图 5-1、图 5-2，居端式关联标记的使用频率在五个时间段的优先序列分别排列如下：

英语居端式频率序列：近代、现代 > 中古、上古、当代；

汉语居端式频率序列：近代、现代、当代 > 中古、上古。

因为居中式在因果例句使用中的绝对优势，居端式和前后配套式的频率序列在大的时间段内保持一致，但二者也有细微差别。居端式使用比例在某些年代段的减少同样也意味着前后配套式的使用频率相应增加。因此汉语前后配套式频率序列为：近代、当代、现代 > 中古、上古。

通过历时分析英汉语三种因果关联标记模式优先序列的演变情况，我们可以得出结论：英语居中式的优先时期为当代、上古、中古，在当代的使用频率最高；居中式的优先时期为现代、近代，而在现代的使用次数最频繁。汉语居中式的优先时期却为上古、中古，上古时期的使用频率最高；居端式和前后配套式的优先时期均为近代、现代、当代，使用频率在近代达到顶峰。

（二）因－果、果－因句式的频率频次及优先序列

因果复句的语序不一样，即我们说的"因－果""果－因"句式，包括前面部分提到的六种情况：A."g-因句，果句"、B."g-果句，因句"、C."果句，g-因句"、D."因句，g-果句"、E."g-因句，g-果句"、F."g-果句，g-因句"，同样也会影响到各关联标记模式在例句中的使用次数。现将历年来英汉因－果、果－因复句中的三种关联标记模式的频次频率统计数据概括为表5-10。

表5-10　英汉因－果、果－因复句关联标记模式频率的演变

历史时期	英语			汉语		
	关联标记模式	因－果	果－因	关联标记模式	因－果	果－因
上古	标因 （61.20%）	10.98%	50.22%	标因 （5.20%）	4.68%	0.52%
	标果 （38.80%）	38.80%	0	标果 （94.80%）	94.80%	0
中古	标因 （71.10%）	15.52%	55.58%	标因 （24.80%）	23.81%	0.99%
	标果 （28.90%）	28.90%	0	标果 （75.20%）	75.20%	0
近代	标因 （76.70%）	21.34%	55.36%	标因 （43.07%）	42.54%	0.53%
	标果 （23.30%）	23.30%	0	标果 （56.93%）	56.93%	0
现代	标因 （58.30%）	13.98%	44.32%	标因 （54.60%）	32.44%	22.16%
	标果 （41.70%）	41.70&	0	标果 （45.40%）	45.40%	0
当代	标因 （53.60%）	12.93%	40.67%	标因 （59.30%）	32.10%	27.20%
	标果 （46.40%）	46.40%	0	标果 （40.70%）	40.70%	0

表 5-10 显示了各个历史阶段英汉因果复句所包含的关联标记模式的频次频率。

关于英语因果复句关联标记频率的演变情况，一方面，从上古至近代时期，英语因－果复句中的关联标记频率超过果－因复句的关联标记频率，但现代和当代时期因－果复句中的关联标记频率低于果－因复句的关联标记的频率，即演变的过程为，因－果复句关联标记频率 > 果－因复句关联标记频率 → 因－果复句关联标记频率 > 果－因复句关联标记频率。另一方面，英语因果复句的因句关联标记的频率一直高于果句关联标记的频率，即英语因果复句的因句关联标记的频率 > 果句关联标记的频率。

关于汉语因果复句关联标记频率的演变情况，一方面，在历时演变的各个阶段，汉语因－果复句包含的关联标记频率远远超过用于果－因复句的关联标记频率，即汉语因－果复句关联标记频率 > 果－因复句关联标记频率。另一方面，从上古至近代时期，汉语因果复句的果句关联标记的频率一直高于因句关联标记的频率，到现代和当代，果句关联标记的频率低于因句关联标记的频率，即其优先序列演变的过程表示为，汉语因果复句的果句关联标记的频率 > 因句关联标记的频率 → 因句关联标记的频率 > 果句关联标记的频率。

总之，在现代和当代，英语和汉语因果复句关联标记的标因频率都高于标果频率，从上古至近代，英语因果复句关联标记的标因频率都大幅超过汉语因果复句关联标记的标因频率。

在有关联标记的因果复句里，英语的优先语序为果－因句式，而汉语的优先语序为因－果句式，但它们的语序都有一定程度的历时演变，随之带来关联标记频率的演变。

表 5-10 的统计结果亦可用图 5-3、图 5-4 清晰地表示：

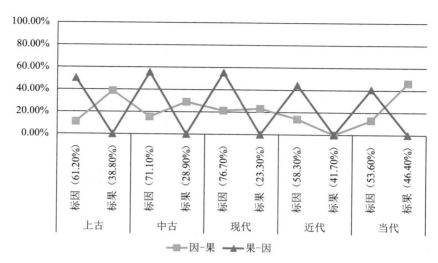

图 5-3　英语因 – 果、果 – 因句式中关联标记模式频率

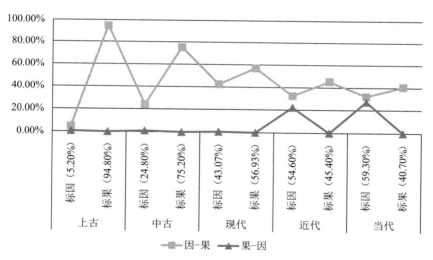

图 5-4　汉语因 – 果、果 – 因句式中关联标记模式频率

　　图 5-3、图 5-4 显示，英语因 – 果、果 – 因句式中的关联标记在不同阶段使用频率差别不大，在演变过程中果 – 因关联标记频率有所降低。而汉语因 – 果复句和果 – 因复句关联标记频率的差异相对较大，因 – 果复句关联标记频率一直占据绝对的优势，只是在现代和当代频率有所降低。

　　由图 5-3、图 5-4 可知，因 – 果、果 – 因句式中关联标记模式的使用频率在五个阶段的优先序列分别如下：

英语因－果关联标记频率演变的序列为，中古、近代、上古＞现代、当代，英语果－因关联标记频率序列为，现代、当代＞中古、近代、上古。

汉语因－果关联标记频率演变的序列为，上古、近代、中古＞现代、当代，汉语果－因关联标记频率演变的序列为，当代、现代＞中古、近代、上古。汉语因－果关联标记频率一直占据优势。

通过对英汉语中因－果、果－因关联标记频率的历时统计，我们可知无论英语还是汉语，在上古时期其因－果句式中包含的关联标记词最多；而英语果－因关联标记频率在现代时期达到最高，汉语果－因句式则在当代时期最频繁使用关联标记词。

更具体地说，关于英语因果复句的关联标记，在因－果复句中，标果关联标记频率一直超过标因频率。特别是上古时期的标果关联标记频率大大超过标因频率，但是从中古时期起，标果关联标记频率降幅较大，而标因关联标记频率增幅较大。在果－因复句中，标因关联标记一直占据绝对的优势，标果关联标记一直处于绝对的劣势，单独标果的关联标记非常罕见。

关于汉语因果复句的关联标记，在因－果复句中，标果关联标记频率一直超过标因关联标记频率。特别是上古时期和中古时期的标果关联标记频率大大超过标因频率，但是从近代时期起，标果关联标记频率减幅较大，而标因关联标记频率增幅较大。在果－因复句中，标因关联标记一直占据绝对的优势，标果关联标记一直处于绝对的劣势，单独标果的关联标记很罕见，前后分句一起标记的情况也不太多。

经过历时对比发现，英汉因－果复句关联标记的共性在于，总体上，在现代和当代，英语和汉语因果复句关联标记的标因频率都高于标果频率。在因－果复句中，在现代和当代，英汉语标果频率大于标因频率；在果－因复句中，英语和汉语因果复句关联标记的标因频率都大于标果频率。差异在于，在因－果复句中，英语的标因关联标记一直稳定，从上古至近代，英语因果复句关联标记的标因频率都大幅超过汉语因果复句关联标记的标因频率。而汉语的标因关联标记在上古和中古时期频率很低，从近代到当代，其频率大幅增高。在果－因复句中，相对来说，英语的标因关联标记频率高于汉语，标果频率低于汉语。因此，英汉因果复句关联标记的优先序列表示如下：

　　英语的因 – 果复句中，关联标记的优先序列一直为：标因关联标记 >
标果关联标记；果 – 因复句中，关联标记的优先序列一直为：标因关联标
记 > 标果关联标记。汉语的因 – 果复句中，关联标记的优先序列为：（上古
至近代）标果关联标记 > 标因关联标记 →（现代和当代）标因关联标记 >
标果关联标记；果 – 因复句中，关联标记的优先序列一直为：标因关联标
记 > 标果关联标记。结果说明，总体来说，英语的标因关联标记一直高于
汉语的标因关联标记，只是汉语的标因关联标记频率开始提高，特别是现
代和当代。

　　本部分统计了上古至当代时期各阶段代表著作包含的因果复句及其中
的因果关联标记词，并对其做了详细分类。详细阐述了英汉因果复句三类
关联标记模式 6 种情况——"g-因句，果句""g-果句，因句""果句，g-
因句""因句，g-果句""g-因句，g-果句""g-果句，g-因句"的演变，
且从历时与共时的角度对比分析了英汉因果关联标记优先序列的演变。通
过对英汉语中居端式、居中式和前后配套式在各阶段使用频率的统计，我
们得出的结论再次验证了迪克（Dik，1997）提出的"联系项居中原则"，
即"居中式 > 居端式 > 前后配套式"。且历时比较各因果关联标记模式的
演变，发现在五个不同阶段，英汉语中居中式、居端式和前后配套式的使
用也存在一些差异；英语中居端式和居中式的使用频率分别在现代、当代
达到顶峰；而汉语居端式、居中式和前后配套式在因果复句中使用最频繁
的年代分别为近代、上古和当代。

　　此外，因果复句的语序差异同样也会影响各关联标记模式在句中的频
次频率，并从因果复句语序视角分别统计了英汉例句中的因 – 果和果 – 因
句式关联标记频率并列出其优先序列，得出，关于英语因果复句关联标记
频率的演变情况，一方面，从上古至近代时期，英语因 – 果复句中的关联
标记频率超过果 – 因复句的关联标记频率，但现代和当代时期因 – 果复句
中的关联标记频率低于果 – 因复句的关联标记的频率，即演变的过程为，
因 – 果复句关联标记频率 > 果 – 因复句关联标记频率 → 因 – 果复句关联
标记频率 < 果 – 因复句关联标记频率。另一方面，英语因果复句的因句关
联标记的频率一直高于果句关联标记的频率，即英语因果复句的因句关联
标记的频率 > 果句关联标记的频率。关于汉语因果复句关联标记频率的演
变情况，一方面，在历时演变的各个阶段，汉语因 – 果复句所包含的关联
标记频率远远超过用于果 – 因复句的关联标记频率，即汉语因 – 果复句关

联标记频率 > 果 - 因复句关联标记频率。另一方面，从上古至近代时期，汉语因果复句的果句关联标记的频率一直高于因句关联标记的频率，到现代和当代，果句关联标记的频率低于因句关联标记的频率，即其优先序列演变的过程表示为，汉语因果复句的果句关联标记的频率 > 因句关联标记的频率 → 果句关联标记的频率 < 因句关联标记的频率。

以上演变的特征，在有关联标记的因果复句里，英语的优先语序为果 - 因句式，而汉语的优先语序为因 - 果句式，但它们的语序都有一定程度的历时演变，随之而带来关联标记频率的演变。总体来说，英语的标因关联标记一直高于汉语的标因关联标记，只是汉语的标因关联标记频率开始增高，特别是在现代和当代。本研究细致地展示了英汉因果复句关联标记模式优先序列在五个历史阶段的演变情况，同时也从历时和共时角度比较了演变过程中出现的差异。研究结果不仅丰富了英汉因果关联标记词层面的研究，也有助于英汉因果关联词及其引导的因果关系句的习得、教学和语言比较等。

第二节　英汉因果复句关联标记模式类型特征的演变

本节将考察英汉因果复句关联标记模式的历时演变特征，统计分析了原因从句的句序、因果关联词的使用频率、关联标记模式的分布格局。英汉因果复句关联标记模式的类型特征分别可以从主观视点、焦点—背景、象似性理论的角度得以阐释。

在自然语言中，因果关系常常表现为因果复句。近年来，因果复句的研究方兴未艾，成果丰硕。有的学者从主客观的角度，分别对因果复句进行了不同的分类（Sweetser，2002；沈家煊，2003；廖巧云，2004；徐盛桓，2005；牛保义，2006）。还有学者考察了因果复句关联词的使用情况（邢福义，2001；张文贤、邱立坤，2007；尹蔚，2010），或从类型学的角度考查汉语复句关联标记模式的特点（储泽祥、陶伏平，2008；宋作艳、陶红印，2008；戴庆厦、范丽君，2010；张建，2011；郭春芳、邓云华，2016；曾冬梅、邓云华、石毓智，2017）。以上研究加深了我们对因果复句的认识，但多是从共时层面探讨因果关联词，鲜有因果复句关联标记模式的历时演变研究。因此，本研究从历时的角度考察英汉因果复句因句 - 果句的序列演变，对比英汉因果复句关联标记的使用频率，明确英汉因果复句关联标记模式的历时演变，并从句法、语义、认知和语用层面解释其演变的类型特征。

一、因果复句的关联标记类型

因果复句是表示因果关系的复句的总称。为了便于说明问题，本研究的因果复句指的是只包含两个小句且带有关联标记词语的因果复句，其中表示原因的小句叫"因句"，表示结果的小句叫"果句"。广义上，因果复句的"关联标记"也就是通常所说的关联词语（邢福义，2001），包括连词、副词、助词以及超词形式等。

为了明确研究对象，本研究的因果复句"关联标记"主要是指用作连词的关联词语，只有在讨论因果复句关联标记模式的框式结构时才纳入关联副词。我们分别选定英汉语中八个比较具有代表性的关联标记，其中表因和表果关联词各占四个，分别为"because、as、since、for、so、therefore、so...that...（包括 so that...）、such...that...（包括 such that...）"和"为、既（然）、由（于）、（是）因（为）、故、因此、是以、（之）（所）以"，这些英语和汉语关联词的前四个为表因关联词，后四个为表果关联词。由于汉语双音节化的发展，为了使英汉语因果复句关联标记的数量对等，我们把"既"和"既然"、"由"和"由于"、"因""因为"和"是因为"、"以""所以"和"之所以"分别列为一条。其他一些关联词，如"now that""inasmuch as""that""hence""惟""缘""肆""用"等，由于使用频率较低，或在语言发展的过程中作为关联词的用法逐渐消失，因而不具有代表性，未被选作本研究的关联词。例如：

[13] And, <u>now that</u> I have spoke of gluttony,
Now will I you defende hazardry.（《坎特伯雷故事集》）

[14] And <u>inasmuch as</u> the service should be
The more noble and rich in its degree,
Duke Theseus let forth three steedes bring,
That trapped were in steel all glittering.（《坎特伯雷故事集》）

[15] Let specialities be <u>therefore</u> drawn between us,
<u>That</u> covenants may be kept on either hand.（《驯悍记》）

[16] Although I saw him every day, it was for only a short time;
<u>hence,</u> the regularly

recurring spaces of our separation were long enough to record
on his face any slight changes that occurred in his physical state.
（《远大前程》）

[17] 尔有善，朕弗敢蔽；罪当朕躬，弗敢自赦，惟简在上帝之
心。（《尚书》）

[18] 缘君至孝，天帝令我助君偿债耳。（《搜神记》）

[19] 今伯父有蛮、荆之虞，礼世不续，用命孤礼佐周公，以见
我一二兄弟之国，以休君忧。（《国语》）

[20] 恭天成命，肆予东征，绥厥士女。（《尚书》）

二、因果复句关联标记的三种常规模式

汉语语法把两个小句联结体称为复句，英语语法把两个小句联结体有
时看成并列句，有时看成复合句，具体区分比汉语细致。跨语言比较时，
为方便起见，本研究不作区分。关联标记把两个小句联结成一个整体的手
段，有两种：一是"粘合"，在两个小句之间插入关联标记，把它们粘接
在一起（刘丹青，2003）；二是"靠合"，用关联标记取消其中一个小句的
自主性，让它"靠"向另一个小句，通过建立这种依赖关系而形成一个整
体。这两种手段既可单独使用，也可综合运用。英汉语因果复句关联标记
的常规模式就源自这两种手段的分别或综合运用，归结起来大致有三种模
式（刘丹青，2003）。在此基础上，我们进一步明确每种模式的语表形式：

1.居中粘接式。这种模式的语表形式又分为两种情况：一是"因句，C-
果句"；二是"果句，C-因句"。关联标记位于因句和果句之间，起粘接
作用。例如：

[21] 我知道你爱睡，所以从来不声不响，免得吵醒你。（《围城》）

[22] 老罗，你的职业一定不成问题，因为你有那样一个有地位
的父亲。（《青春之歌》）

2.居端依赖式。表现形式同样有两种：一是"C-因句，果句"；二是
"C-果句，因句"，但第二种表现形式较为少见。这种模式的关联标记置
于前分句，取消其自主性，使前分句依赖于后分句。例如：

[23] 因为他盲写写得太忙，一共多久没睡觉他都忘了。（《陆犯
焉识》）

[24] 所以他本想做得若无其事，不让人看破自己的秘密，瞒得

过周太太，便不会有旁人来管闲事了。(《围城》)

3.前后配套式。这种模式也有两种表现形式：一是"C1-因句，C2-果句"；二是"C1-果句，C2-因句"。这种标记模式可以大致看作前面两种模式的综合。关联标记采用全标式，除了起着粘接或取消自主性的作用之外，还起着前后呼应的作用。例如：

　　[25]因为他们两个是经过介绍才来参加的，所以人们看着他们并不奇怪。(《青春之歌》)

　　[26]恩娘永远也不会知道，婉喻之所以得到焉识的眷顾，都是因为她的怪虐。(《陆犯焉识》)

三、英汉因果复句关联标记模式的演变特征

英语语料的收集，我们按照古英语、中古、近代、现代和当代英语进行历时分期，分别对《贝奥武夫》《坎特伯雷故事集》《高文爵士与绿衣骑士》《罗密欧与朱丽叶》《驯悍记》《远大前程》《傲慢与偏见》《了不起的盖茨比》《月亮和六便士》中的因果复句进行穷尽式的收集。相应地，我们按照汉语发展史分为上古、中古、近代、现代和当代五个分期，分别对《国语》和《尚书》、《世说新语》和《搜神记》、《西游记》和《红楼梦》、《边城》和《围城》、《陆犯焉识》和《青春之歌》十部作品中的因果复句进行穷尽式收集。

(一)英汉因果复句因句-果句语序的演变规律

英汉因果复句因句-果句语序演变呈现出各自不同的特点。我们对英汉语中采用标因式因果复句中因句的语序进行了历时考察。结果如表5-11。

表5-11　英语因果复句因句-果句的语序演变

	古英语	中古英语	近代英语	现代英语	当代英语
因句前置	10 （16.7%）	149 （19.4%）	18 （14.8%）	84 （16.2%）	23 （11.6%）
因句后置	50 （83.3%）	620 （80.6%）	104 （85.2%）	435 （83.8%）	176 （88.4%）
总计	60 （100%）	769 （100%）	122 （100%）	519 （100%）	199 （100%）

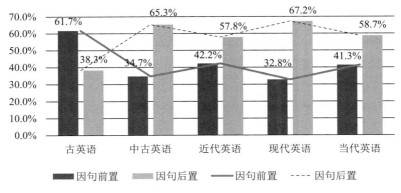

图 5-5　英语因果复句因句 - 果句的语序演变

如表 5-11 和图 5-5 所示，英语因果复句中引导原因分句的关联标记后置的比例远大于前置的。无论哪个历史时期，后置的原因分句都在 80% 以上，而前置的只有不到 20%，说明英美人在表达因果关系时倾向于采用原因从句后置的语序。因而，果句 - 因句的语序是英语因果复句的优势语序。这个结论与福特（Ford，1993/1994）的观点一致，福特在考察英语中的因果复句时发现，在英语会话中，because（或其缩略形式'cause）引导的原因从句几乎总是出现在表结果的主句之后。宋作艳、陶红印（2008）的研究也得出了类似的结论，在他们找到的 1599 个英汉对译的英语因果复句中，原因从句后置的比例也高达 88.6%。这些结论进一步表明，无论是在书面语中还是在口语会话中或英汉对译中，英语因果复句的优势语序都是因句后置。

表 5-12　汉语因果复句因句 - 果句的语序演变

	上古汉语	中古汉语	近代汉语	现代汉语	当代汉语
因句前置	8 （53.3%）	65 （92.9%）	1310 （97.8%）	115 （60.5%）	199 （61.2%）
因句后置	7 （46.7%）	5 （7.1%）	30 （2.2%）	75 （39.5%）	126 （38.8%）
总计	15 （100%）	70 （100%）	1340 （100%）	190 （100%）	325 （100%）

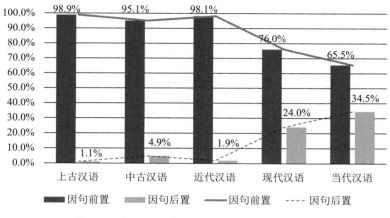

图 5-6   汉语因果复句因句 – 果句的语序演变

从表 5-12 和图 5-6 中我们观察到，汉语因果复句中因句 – 果句是优势语序。上古时期，汉语中的因果关联词还不太发达，因果关系主要通过意合手段来表达，但仍然呈现出因句前置的倾向性。在中古、近代汉语两个时期，因句前置的比例高达 90% 以上，这是由于该时期表因关联词"既（然）"和"因（为）"的能产性有了大幅提升，而且多使用前置式。而现当代时期，"因为"原因从句后置的比例也显著上升，但因句前置的比例仍占较大的优势，维持在 60% 左右。这一结论与宋作艳、陶红印（2008）的研究相反，他们调查了"因为"原因从句在现代汉语口语会话中的分布状态，认为原因从句后置是汉语因果复句的优势顺序。然而，我们的结论与比克（Biq，1995）对汉语新闻报道书面语篇中"因为"的语序分布基本吻合，她对拼音汉字在线语料库中的"因为"原因从句进行了调查，该语料库收集了新华网从 1990 年 1 月到 1991 年 3 月间四百多万汉字的新闻报道，结果显示 69% 的"因为"原因从句采用前置式。这说明，汉语因果复句的语序在口语和书面语中存在着不同的分布状态。

（二）英汉因果复句关联词语的演变规律

英汉因果复句中，结果分句几乎全部都是后置，因此我们未将其语序分布情况列入上表，但我们对表因和表果关联词的使用频率进行了统计。

表 5-13　英语因果复句标因式－标果式的演变特征

	古英语	中古英语	近代英语	现代英语	当代英语
标因式	60 （61.2%）	769 （71.1%）	122 （76.7%）	519 （58.3%）	199 （53.6%）
标果式	38 （38.8%）	312 （28.9%）	37 （23.3%）	371 （41.7%）	172 （46.4%）
总计	98 （100%）	1081 （100%）	159 （100%）	890 （100%）	371 （100%）

对比标因和标果的关联词在各个分期中的使用情况，我们发现，在标记因果复句时，标因式从古英语时期的 61.2%，到中古英语和近代英语时期分别上升到 71.1% 和 76.7%，随后逐渐下降到现代英语时期的 58.3% 和当代英语时期的 53.6%。相应地，标果式一直处于相对弱势的地位，直到现当代才突破 40% 的比例。总体上，英语依然倾向于使用标因式。

表 5-14　汉语因果复句标因式－标果式的演变特征

	上古汉语	中古汉语	近代汉语	现代汉语	当代汉语
标因式	15 （5.2%）	70 （24.8%）	1340 （61.8%）	190 （54.6%）	325 （59.3%）
标果式	276 （94.8%）	212 （75.2%）	828 （38.2%）	158 （45.4%）	223 （40.7%）
总计	291 （100%）	282 （100%）	2168 （100%）	348 （100%）	548 （100%）

如表 5-14 所示，在上古汉语时期，只有 5.2% 的因果复句采用标因式，94.8% 的因果复句采用标果式，这是由于在该时期表因关联词的数量和能产性都远低于表果关联词。中古汉语时期，表因关联词的能产性得以增强，因而该时期标因式的使用频率也随之增加到 24.8%。近代以来，表因关联词的数量和能产性有了较大提升，最终使标因式占据了主导地位，到了当代汉语时期标因式和标果式大致呈现 60% ： 40% 的局面。

（三）英汉因果复句关联标记模式的演变规律

因果复句语序和关联词语的演变与关联标记模式的演变之间存在着一定的互动关联。结合前面所述因果复句关联标记的三种常规模式，下面我们再看看英汉因果复句关联标记模式的历时演变情况，结果如表 5-15

所示。

表 5-15　英语因果关联标记模式的演变特征

语言 / 标记模式 / 频率	居中粘接式	居端依赖式	前后配套式	共计
古英语	89.80%	8.20%	2.0%	古英语
中古英语	86.10%	13.20%	0.60%	中古英语
近代英语	88.70%	10.10%	1.30%	近代英语
现代英语	90.40%	9.40%	0.10%	现代英语
当代英语	93.50%	6.20%	0.30%	当代英语

　　我们发现，英语因果复句中，居中粘接式在五个历时分期中都占据了绝对的优势地位，且总体上呈上升态势，到了当代英语时期这一比例高达93.5%。由于居中粘接式的比例总体上持续上升，居端依赖式相应地逐渐降低，但仍位居第二。在英语因果复句中，前后配套式非常罕见，无论哪个历时时期，前后配套式的比例都不超过 2%。这说明，居中粘接式是英语因果复句的优势序列。

　　如表 5-15 所示，英语因果复句中存在少量的全标式的结构，以下略举数例：

［27］For all that heritage huge, that gold

of bygone men, was bound by a spell,

so the treasure-hall could be touched by none

of human kind, ...（《贝奥武夫》）

［28］And as thou art a rightful lord and judge,

So give us neither mercy nor refuge.（《坎特伯雷故事集》）

［29］Why, so I must have been, for you have grown quite thin and

pale!（《远大前程》）

［30］The abnormal mind is quick to detect and attach itself to this

quality when it appears in a normal person, and so it came about

that in college I was unjustly accused of being a politician,

because I was privy to the secret griefs of wild, unknown men.

（《了不起的盖茨比》）

表 5-16　汉语因果关联标记模式的演变特征

语言/标记模式/频率	居中粘接式	居端依赖式	前后配套式	共计
上古汉语	95.50%	1.0%	3.40%	100%
中古汉语	76.10%	18.80%	5.10%	100%
近代汉语	57.03%	23.37%	19.60%	100%
现代汉语	63.50%	28.90%	7.60%	100%
当代汉语	64.40%	21.90%	13.70%	100%

　　从表 5-16 中可以看出，除了近代汉语时期，居中粘接式在其他任何时期都处于优势序列的地位。在上古汉语时期，居中粘接式的比例高达95.5%，这与该时期表因的关联词大多后置有关，从而抑制了居端依赖式和前后配套式的出现。中古时期，居中粘接式的比例下降到 76.1%，与之相应的是居端依赖式和前后配套式分别上升到 18.8% 和 5.1%。然而，到了近代，居端依赖式上升为占据主导地位的关联模式，达到 46.5%，居中粘接式下降到 33.9%，前后配套式增加到 19.6%，这是由于该时期的关联词"既（然）、因（为）"在《西游记》和《红楼梦》中被大量用于会话情景中，成了最受偏爱的表因关联词语。现当代以来，居中粘接式又重新成了优势序列，维持在 60% 左右，而居端依赖式和前后配套式大致分别占比 30%和 10%。总体上，居中粘接式也是汉语因果复句的优势序列。

　　同时，自中古汉语时期以来，因果复句中涌现了大量的框式结构。以下仅就各时期高频出现的框式结构略举数例：

　　［31］既有艰难，则以微臣为先，今犹俎上腐肉，任人脍截耳！
　　　　　（《世说新语》）

　　［32］既当远别，遂停三日共语。（《世说新语》）

　　［33］以袁无恒，故以此激之。（《世说新语》）

　　［34］昨日已此闻大圣来了，只因一时会不齐，故此接迟，致令大圣发怒，万望恕罪。（《西游记》）

　　［35］因怕人识破原身，故此在柜中安歇。（《西游记》）

　　［36］只因你狐群狗党结为一伙，算计吃我师父，所以来此施为。
　　　　　（《西游记》）

　　［37］鸿渐道："因为我不能干，所以娶你这一位贤内助呀！"
　　　　　（《围城》）

[38] 他突然想起来了，丹珏的英文文法之*所以*拘谨，*因为*她用的是官方语言。(《陆犯焉识》)

四、英汉因果复句关联标记模式演变的类型特征

根据以上对英汉因果复句关联词和关联标记模式的历时考察，我们可以得出英汉因果复句关联标记模式的几点类型特征：

1. 在英语因果复句中，果句 – 因句语序一直稳居优势语序的地位。正好相反，汉语因果复句的优势语序是因句 – 果句语序，但在现当代汉语中，因句后置也较为常见。

2. 就因果关联词的使用频率而言，英语和近代以来的汉语都更倾向于使用表因的关联词，且现当代英语和汉语中表果关联词的使用频率大体相当。

3. 从整体来看，英汉因果复句关联标记模式的优先等级都呈现为：居中粘接式 > 居端依赖式 > 前后配套式，但汉语中居端依赖式和前后配套式的使用频率比英语的更高。

五、英汉因果复句关联标记模式类型特征的动因阐释

针对上述英汉因果复句关联标记模式的类型特征，我们将依据"主观视点"理论、焦点—背景理论和象似性理论阐释其动因。

（一）因果复句语序的"主观视点"阐释

邢福义先生提出的"主观视点"理论认为，"复句语义关系具有二重性：既反映客观实际，又反映主观视点。客观实际和主观视点有时重合，有时则不完全等同，而不管二者是否等同，在对复句格式的选用中，起主导作用的是主观视点"（姚双云，2012）。邢先生还指出，"还应该看到，复句格式一旦形成，就会对复句语义关系进行反制约，格式所标明的语义关系中就直接反映了格式选用者的主观视点"。姚双云（2012）又将主观视点分类成个人主观视点和群众主观视点。当团体或者社会接受个人的主观视点为其准则时，它就被看成大众的主观视点。

表 5-11 反映出原因从句后置是英语因果复句的优势语序，是原型性表达式，可以基于"主观视点"理论得以解释。连淑能（1993）指出，西方思维的逻辑性注重深入事物内部，考察各要素在整体中的性质、地位、作用和联系，从而把握各要素之间的因果关系。英美人往往是以结果为主观

视点的参照点探寻事物现象背后的深层次原因，因而在表达因果关系时，倾向于先摆出结果，再分析原因。果句－因句的优势语序反映了英美民族的群众主观视点，符合英美人分析性的思维逻辑。

正好相反，汉民族往往根据事物发展的自然顺序来认知和描写事物，反映在因果复句的形式表征上就是先提及原因再交代结果。戴浩一（1988）认为，汉语的句法结构体现出鲜明的"时间顺序原则"：两个句法单位的相对次序决定于他们所表示的概念领域里的状态的时间顺序。如表5-16所示，汉语因果复句的优势语序是因句－果句的自然语序，正好与时间顺序原则相符，这是由于因句表达的事件通常先发生，果句表达的事件通常后发生，它们之间存在一种引起与被引起、前续后继的关系。正因如此，汉民族在表达因果关系时主观视点往往先是定位在因句上，然后再由因及果。

（二）因果复句关联标记的图形－背景分析

图形－背景理论认为，知觉主体（perceiver）的知觉场（perceptual field）始终被分成焦点与背景两部分。图形是一个格式塔，是突出的实体，是我们感知到的事物；背景则是尚未分化的、衬托焦点的东西（Koffka，1935）。图形－背景理论既是空间组织的一个基本认知原则，又是语言组织概念结构的一项基本认知原则。兰盖克（Langacker，1987）根据感知突显的程度将图形和背景的关系论述为："从印象上来看，一个情景中的图形是一个次结构，它在感知上比其余部分即背景更显眼，并作为一个中心实体具有特殊的凸显，情景围绕它组织起来，并为它提供一个环境。"然而，语言中的图形和背景不如知觉场中的图形和背景那么分明，需要对此做出更加深入的思考。泰尔来（Talmy，2000）把一般情况下时间事件复合句中的焦点—背景定位原则归纳为如下五条：顺序原则、因果原则、包含原则、决定原则和替代原则。其中顺序原则是指，复句的前分句表示的事件先发生，置于从句，后分句表示的事件后发生，放在主句，前分句为后分句提供参照点；因果原则指出，结果事件是图形，用主句表示，而原因事件是背景，用从句表示。如前所述，因果复句的主从句之间存在前继后续、引起与被引起的关系，因此我们认为图形－背景理论同样适用于因果复句的分析。

在因果关联词语的使用上，英语和汉语都倾向于优先选择表因关联词。根据焦点—背景理论中的顺序原则和因果原则，因果复句凸显的是主句中的果句，而将原因从句置于背景的位置。那么不难发现，这就是为什么总体上英汉语因果复句中表因的关联词语都具有强势标记地位。

（三）因果复句关联标记模式的象似性

象似性主要是指语言形式与客观现实之间的关系并非完全任意的，而是存在某种程度的理据性，特别是句法结构的象似性。海曼（Haiman，1983）指出，句法结构与人的经验结构之间存在一种自然的关系；句法的象似性可分为成分象似和关系象似。成分象似是指句法成分与经验结构的要素相对应；关系象似指的是句法成分之间的关系与经验结构要素之间的关系相对应。沈家煊（1993）把关系象似原则归纳为：距离象似原则、数量象似原则和顺序象似原则。其中，距离象似原则指的是，认知或概念上接近的实体，其语言表征形式在时间和空间上也呈现出邻近的特征。换句话说，概念成分之间的距离与语言成分之间的距离存在着对应关系。传统意义上，门是由两扇门组成，门闩的位置正好位于两扇门之间，这样的门闩与两扇门的距离最短，开关起来最方便省力。张亚茹（2019）认为，语言形式与客观现实之间的象似关系使得语言中的联系项也多处于其所连接的被联系成分之间。因此，作为因句和果句间的联系项，因果关联标记常处于因句与果句之间，从而使居中粘接式成为具有强势地位的因果关联标记模式。

正如表 5-15、表 5-16 所示，总体上，英汉语因果复句关联标记模式的优势序列为居中粘接式，与距离象似原则正好相吻合。

英汉因果复句关联标记的历时研究表明，英语因果复句中因句后置是优势语序，汉语因果复句的优势语序是因句前置，这与汉民族和英美民族的群众主观视点的参照点有关。汉民族往往按照事物发生的自然顺序和逻辑关系，以原因从句为参照点，由因导果，而英美民族的群众主观视点倾向于先定位果句再探求果句表达事物的原因，由果溯因。英汉语因果复句都倾向于使用标因式，这与图形－背景中的因果原则有关：因句是背景，果句是图形，因句为果句提供句法环境，使果句得以凸显。研究还发现，英汉语因果复句的优势序列总体上都是居中粘接式，说明因果复句的关联标记模式受到了距离象似原则的调控。同时，英汉因果复句关联模式还表现出一个强度等级：居中粘接式 > 居端依赖式 > 前后配套式，该结论进一步论证了迪克（Dik，1997）和储泽祥、陶伏平（2008）的"联系项居中原则"的观点。本研究揭示英汉因果复句关联标记模式的类型特征，并从句法、语义、认知和语用等角度对其进行了阐释，研究结果对对外汉语教学具有一定的启示意义。

第三节　英汉因果复句语序和关联标记模式的演变及其认知阐释

　　关于英语因果复句，徐盛桓、李淑静（2005）从语用的角度研究了英语原因句的主观化问题；牛保义（2006）基于认知语法理论提出，从客观到主观因果复句，英语因果复句语义上经历了主观化的演变过程；廖巧云（2004/2007）从句法和心理模型对英语原因句和因果句进行了研究。汉语界对因果复句的研究大多集中在关联词的研究（邢福义、姚双云，2007；储泽祥、陶伏平，2008；姚双云，2010；谢晓明，2010；李晋霞、刘云，2004；张滟，2012；曾冬梅、邓云华、石毓智，2017），这些研究主要从关联词的功能、位置、类型特征的方面进行。关于汉语因果复句，朱斌等（2013）研究了汉语复句句序和焦点问题；肖任飞（2010）从类型学的视角对现代汉语的因果复句优先序列进行了研究；廖巧云等（2015）从信息加工的角度，探讨不同类型的因果复句所表达的因果关系通达的反应时的差异；李为政（2013）从历时断代的角度系统分析了近代汉语因果关联词演变的规律。关于不同语言因果复句及其关联词的对比，郭中（2015）从跨语言的角度考察了60种语言的因果复句的关联标记模式与语序的关系；戴庆厦、范丽君（2010）对比分析了藏缅语因果复句的关联标记；宋作艳、陶红印（2008）对汉英"因为"和"because"原因从句的顺序进行了话语分析与比较；范丽君（2017）对藏缅语和汉语因果关联标记进行了共时和历时的比较研究。以上研究从不同的角度，应用不同的方法深入地研究了汉语和不同语言因果关联词的特征，但研究因果复句的不多，且大多为共时研究，对英汉因果复句和关联词的比较特别是历时比较的研究较少。

　　基于以往的研究，本研究主要从三个方面展开：（1）从历时的角度考察英汉因果复句的关联标记模式与语序关系演变的特征；（2）对比分析英汉因果复句的关联标记模式与语序关系演变的特征的共性和差异；（3）对英汉因果复句关联词模式和语序关系演变的共性和差异特征进行认知阐释。

一、历史的分期和语料库的选择

这部分主要介绍英语和汉语的历史的分期和语料库选择的范围。

（一）历史的分期

英汉历史都相应地分为五个大的时期。英语的五个历史时期为：（1）古英语，公元 450 至 1150 年；（2）中世纪英语，公元 1150 至 1450 年；（3）近代英语，公元 1450 至 1700 年；现代英语，公元 1700 至 1900 年；当代英语，公元 1900 年至今。

汉语历史时期也分为五个：（1）上古期，公元 3 世纪以前；（2）中古期，公元 4 世纪至公元 12 世纪；（3）近代，公元 13 世纪至 1840 年；（4）现代，1840 至 1949 年；（5）当代，1949 年至今。

（二）语料的选择

本研究所用语料主要来自我们和课题组成员自建的语料库。古英语时期的语料来自文学作品《贝奥武夫》，语料总词数为 27336；中古时期的文学作品为《坎特伯雷故事集》《高文爵士与绿衣骑士》，语料总词数为 167601；近代时期的作品为《罗密欧与朱丽叶》《十四行诗》《驯悍记》《哈姆雷特》《丹麦王子》《李尔王》，语料总词数为 129042；现代时期的语料来自《傲慢与偏见》《简·爱》《红字》《远大前程》，语料总词数为 561663；当代时期的作品为《了不起的盖茨比》《月亮和六便士》《床笫之间》《白噪音》，语料总词数为 270144。

汉语上古时期的文学作品包括《国语》《论语》《尚书》《左传》，语料总字数为 126455；中古时期的作品为《法显传》《搜神记》《拾遗记》《世说新语》，语料总字数为 207545；近代时期的作品有《红楼梦》《西游记》《水浒传》《西厢记》《朴通事》《老乞大》，语料总字数为 2423423；现代时期的作品为《阿 Q 正传》《边城》《倾城之恋》《围城》，语料总字数为 548606；当代时期的作品为《青春之歌》《城南旧事》《活着》《蛙》《陆犯焉识》，语料总字数为 573543。

二、英汉因果复句语序和关联词模式演变的过程

根据我们的语料分析结果，英汉因果复句的语序从古代到当代都经历了演变的过程，但汉语变化的程度大于英语。

（一）因果复句语序的历时演变过程

英汉因果复句的语序一直有两种：因－果句和果－因句，只是在演变的过程中涉及孰优孰劣，变化的程度究竟有多大。

1.因－果句的历时演变过程

根据划分的英汉语五个历史时期的语料，我们统计出英汉因－果复句语序演变的频率，并设计为表 5-17 和图 5-7：

表 5-17　英汉因－果复句语序频率的演变

历史时期	上古	中古	近代	现代	当代
英语	64.47%	36.56%	47.13%	40.79%	44.14%
汉语	99.4%	95.95%	99.17%	76.80%	67.26%

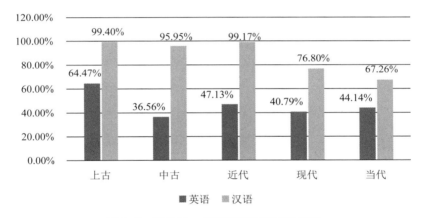

图 5-7　英汉因－果复句语序频率的演变

表 5-17 和图 5-7 数据显示，英语因－果复句在上古时期为优势语序，自中古时期起演变且保持为劣势语序，即自中古起原因分句在前果句在后一直是因果复句中少数语序，且状态比较稳定。而汉语因－果复句一直为优势语序，即原因分句在前果句在后一直是因果复句中的大多数语序，但从现代起频率有较大幅度的减低。例如：

［39］The King-of-Glory against this Grendel a guard had set, so heroes heard, a hall-defender, who warded the monarch and watched for the monster.

［40］沈湎冒色，敢行暴虐，罪人以族，官人以世，惟宫室、台

榭、陂池、侈服，以残害于尔万姓。

上古时期，英语和汉语因果复句典型的语序都是因－果语序，倾向于客观地描写因果自然语序的概念，且两个分句间大多使用逗号间隔，因果之间的逻辑连接不是很紧密；英语中的典型关联词是"so"，汉语是"以"和"故"。但英语从中古起发生了变化，因－果语序开始处于劣势；而汉语从现代起发生了变化，因－果语序有较大程度的减低。

2. 果－因句的历时演变过程

基于表5-17和图5-7的数据，我们统计出英汉因－果复句语序演变的频率如表5-18和图5-8。

表5-18 英汉果－因复句语序频率的演变

历史时期	上古	中古	近代	现代	当代
英语	35.53%	63.44%	52.87%	59.21%	55.86%
汉语	0.6%	4.05%	0.83%	23.20%	32.74%

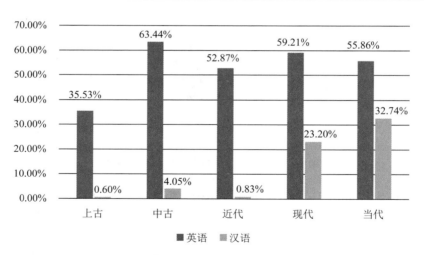

图5-8 英汉果－因复句语序频率的演变

数据显示，英语果－因复句在上古时期为劣势语序，自中古时期起演变且保持为优势语序，即自中古起原因分句在前果句在后一直是因果复句的优势语序，且状态比较稳定。而汉语果－因复句一直为劣势语序，即果句在前原因分句在后一直是因果复句中少数语序，但从现代起，果因复句即原因后置语序增加，且幅度较大。例如：

[41] You should not have believed me；<u>for</u> virtue cannot so inoculate our old stock but we shall relish of it.

[42] 林之孝家的听他辞钝色虚，又<u>因</u>近日玉钏儿说那边正房内失落了东西，几个丫头对赖，没主儿，心下便起了疑。

[43] 凤姐<u>因</u>见张材家的在旁，因问："你有什么事？"

简言之，英语果 - 因复句自中古起一直为优势语序，而汉语果 - 因复句一直为劣势语序，但因句后置自现代起频率增幅较大。

3. 有关联词标记的因句后置频率的演变过程

关于有标记的原因分句，我们还对英汉原因分句后置的频率进行了统计，设计为表 5-19 和图 5-9。

表 5-19　因句后置频率的演变

历史时期	上古	中古	近代	现代	当代
英语	79.41%	81.21%	73.68%	74.86%	88%
汉语	10%	4.17%	1.40%	28.73%	32.74

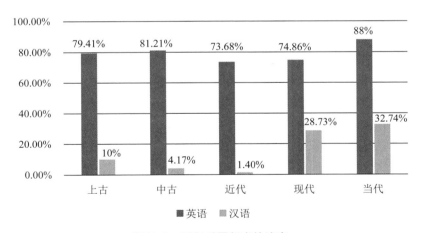

图 5-9　因句后置频率的演变

表 5-19 和图 5-9 表明，在有标记的原因分句中，英语原因分句后置一直是优势语序，且状态很稳定。而汉语原因分句后置从上古至近代时期处于极端的劣势，但从现代起，有些因句出现分化的现象，一部分开始后移，

且幅度较大。例如：

 [44] The advice was followed readily, <u>for</u> the feverish symptoms increased, and her head ached acutely.

 [45] It was necessary to make this circumstance a matter of pleasure, <u>because</u> on such occasions it is the etiquette.

 [46] 阿 Q 并不赏鉴这田家乐，却只是走，<u>因为</u>他直觉的知道这与他的"求食"之道是很辽远的。

  基于本部分的语料统计和分析，我们把英汉因果复句语序演变的特征总体归纳如表 5-20。

表 5-20　英汉因果复句语序演变的特征

语序的演变过程	因 - 果句		果 - 因句		因句后置的频率
英语	自中古起为劣势语序	稳定	优势语序	稳定	上古略少于果句，自中古起增幅较大，且稳定
汉语	自上古起为优势语序	自现代起减幅较大	劣势语序	增幅较大	古代频率低，自现代起增幅较大

  根据表 5-20 的总结，从中古时期英语因果复句的优势语序一直是果 - 因句，且比较稳定；劣势语序是因 - 果句；后置因句频率在上古时期只略少于后置果句，自中古时期起有较多增加，且一直稳定。而汉语因果复句的优势语序一直是因 - 果句，但自现代起频率开始有一定程度的降低；劣势语序一直是果 - 因句，但自现代起频率开始增加，且增幅较大；因句后置在古代频率低，但自现代起增幅较大。

  总之，英语和汉语因果复句的语序差别较大，且英语的语序从中古时期一直比较稳定，而汉语的语序从现代起有较大的变化。

  （二）关联词标记分句频率的演变过程

  英汉因果复句关联词标记前分句、后分句、因句和果句都经历了演变的过程，且存在一些共性和较大的差异。

  1. 关联词标记前分句的演变过程

  通过语料数据的统计我们得出表 5-21 和图 5-10。

表 5-21　关联词标记前分句频率的演变过程

历史时期	上古	中古	近代	现代	当代
英语	8.14%	12.92%	18.88%	19.88%	7.62%
汉语	5.40%	14.40%	42.98%	37.39%	29.66%

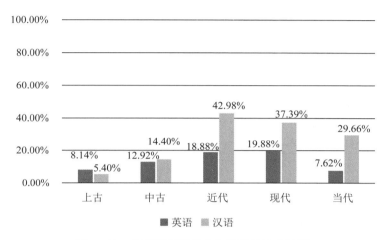

图 5-10　关联词标记前分句频率的演变过程

　　数据显示，无论原因分句还是结果分句在前，英语因果复句的前分句关联词标记从古代的文学作品到当代的文学作品，其频率都不高，变化不大，最高为现代的 19.88%，最低为当代的 7.62%，相差仅 12.26%。

　　然而，汉语因果复句前分句关联词标记从古代的文学作品到当代的文学作品，其频率变化较大，从 5.40% 到 42.98%，从低到高，相差近37.58%。中古时期有所增加，从近代起，频率增加幅度大。说明汉语因果复句前分句关联词标记逐渐增加，且幅度变化较大。

　　在英语和汉语因果复句的前分句中，关联词一般标记原因分句。例如：

　　［47］Since these confidences were thrust on me, I saw no harm in asking a few questions.

　　［48］翠翠因为日里哭倦了，睡得正好，他就不去惊动她。

　　英语因果复句关联词标记前分句演变的过程是：for>since →for>since>as → for>since>as → for>because>as → because>for>as；而汉语因

果复句标记关联词前分句演变的过程是：惟＞既/由＞因→既＞因＞以→因＞既＞既然→因为＞因＞既然→因为＞由于＞反正。很明显，英语因果复句标记前分句的典型关联词从 for>since 演变到了当代的 because>for>as，because 的使用频率已大大增加，并成为最典型的前分句关联词标记；而汉语因果复句标记前分句的典型关联词从惟＞既/由＞因演变到当代的因为＞由于＞反正，"因为"已成为最典型的前分句关联词标记。

2. 关联词标记后分句的演变

通过语料数据的统计我们得出表 5-22 和图 5-11。

表 5-22　关联词标记后分句频率的演变过程

历史时期	上古	中古	近代	现代	当代
英语	91.86%	87.08%	81.12%	80.12%	92.38%
汉语	94.60%	85.60%	57.02%	62.61%	70.34%

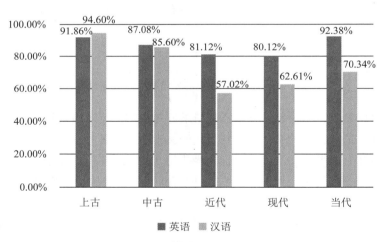

图 5-11　关联词标记后分句频率的演变过程

数据表明，英语因果复句关联词标记后分句的频率一直高，且稳定；汉语关联词标记后分句的频率也一直高，但从中古时期特别是近代时期起在一定程度上变低，且幅度较大。数据说明，英语和汉语因果复句关联词都倾向于标记后分句。这个数据结果进一步证明了"联系项居中原则"（储泽祥、陶伏平，2008）。例如：

　　[49] I remember what he said about him <u>because</u> it was so

unsatisfactory.

［50］I could not think of any retort to this, <u>so</u> I asked if Mrs. Strickland had children.

［51］她把被捕经过和胡梦安的纠缠简单地说了一下，<u>因为</u>惦记着晚上的七点钟，<u>所以</u>她没有心绪和他多谈。

［52］他已经估计到这种情况的可能到来，<u>所以</u>做了一切充分的准备。

英汉因果复句中后分句的原因分句和结果分句都可以有关联词标记，且后置的一般原因分句必须有关联词标记。英语因果复句关联词标记后分句演变的过程是：so>for/as>since → for>that>therefore → for>so>therefore → for>because>so → so>because>for；而汉语因果复句标记关联词后分句演变的过程是：以＞故＞是以 → 故＞因＞于是 → 因＞因此＞所以 → 所以＞于是＞因此 → 所以＞于是＞因此。显然，英语因果复句标记后分句的典型关联词从 so>for/as 演变到了 so>because，so 一直是最典型的后分句关联词标记，而 because 的频率越来越高，到现在仅次于 so。而汉语因果复句标记后分句的典型关联词从以＞故演变到当代的所以＞于是＞因为，关联词除了双音化之外，原因关联词"因为"标记后分句在当代已大幅增加。

3. 关联词标记因句频率的演变

英汉因果复句中因句标记的频率在历时进程中都发生了演变，频率增幅都大，但汉语的程度大于英语。具体数据统计如表 5-23 和图 5-12。

表 5-23　因句关联词标记频率的演变

历史时期	上古	中古	近代	现代	当代
英语	44.743%	68.72%	71.76%	79.09%	63.48%
汉语	6.00%	15.61%	43.37%	50.50%	51.59%

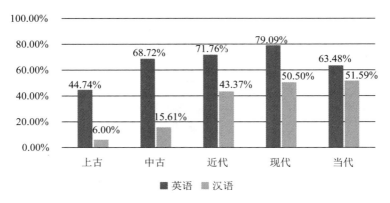

图 5-12　因句关联词标记频率的演变

英语因果复句标记因句的频率相对汉语，一直较高，特别是从中古时期起增幅较大；而汉语因句标记频率变化大，古代时期频率很低，但从近代起频率猛增，变化很大。

和英汉因果复句关联词标记前分句演变的过程相似，英语因果复句标记原因分句的典型关联词从 for>since 演变到当代的 because>for>as，because 的使用频率已大大增加；而汉语因果复句标记前分句的典型关联词也从惟 > 既 / 由 > 因演变到当代的因为 > 由于 > 反正，"因为"的使用频率已大大增加。

4. 关联词标记果句频率的演变

英汉因果复句中果句标记的频率在历时进程中都逐渐变低，但汉语变化更明显。具体数据统计如表 5-24 和图 5-13。

表 5-24　果句关联词标记频率的演变

历史时期	上古	中古	近代	现代	当代
英语	55.26%	31.28%	28.24%	20.91%	36.52%
汉语	94.00%	84.99%	56.63%	49.50%	48.41%

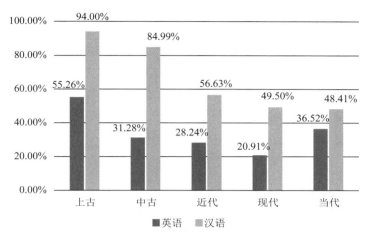

图 5-13　果句关联词标记频率的演变

　　英语果句关联词标记频率的演变和汉语有一定的差别。英语因果复句标记果句的频率在上古时期较高，中古时期起开始减低，且减幅较大。而汉语因果复句标记果句的频率在古代时期频率很高，但从近代时期起减少，且减幅很大。数据说明，英语因果复句关联词从中古一直倾向于标记因句，而汉语在近代前倾向于标记果句，近代后才倾向于标记因句，但程度低于英语，标记因句的频率只稍高于果句。

　　英语因果复句标记果句关联词的演变过程是：so>thus → that>so>so that → so> therefore>thus → so>therefore>thus，so 标记果句的频率一直很高；汉语因果复句标记果句关联词的演变过程是：以 > 故 > 是以 → 故 > 因 > 于是 → 因 >因此 >所以 → 所以 > 于是 >因此 → 所以 > 于是 >因此，汉语果句关联词意义上变化不大，只是关联词形式上出现了双音化。

　　根据以上的数据统计和分析，我们把本部分关于英汉因果复句关联词标记频率演变的总特征概括为表 5-25。

表 5-25　英汉因果复句关联词标记频率演变的特征

关联词标记频率的演变	关联词标记前分句	关联词标记后分句	关联词标记因句	关联词标记果句
英语	低，稳定	一直高，稳定	较高，从中古起增幅较大	上古较高，从中古起开始减低，且减幅较大

续表

关联词标记频率的演变	关联词标记前分句	关联词标记后分句	关联词标记因句	关联词标记果句
汉语	很低，但逐渐增加，且幅度大	一直高，但逐渐一定程度地变低	很低，但从近代起频率猛增，变化很大	古代很高，但从近代起减少，减幅很大

　　根据表 5-25 的总结，英语因果复句关联词标记前分句的频率一直低，状态稳定；汉语因果复句关联词标记前分句的频率很低，但逐渐增加，且幅度大。英语因果复句关联词标记后分句一直高，稳定；汉语因果复句关联词标记后分句的频率一直高，但逐渐一定程度地变低。英语因果复句关联词标记因句的频率较高，且从中古时期起增幅较大；汉语因果复句关联词标记因句的频率很低，但从近代起频率猛增，变化很大。英语因果复句关联词标记果句的频率在上古时期较高，但中古时期起开始减低，且减幅较大；汉语因果复句关联词标记果句古代很高，但近代起减少，减幅很大。

三、英汉因果复句语序和关联词演变特征的共性和差异及其认知阐释

　　本部分首先对比英汉因果复句语序的识解方式的差异，再比较英汉因果复句语序和关联词演变特征的共性和差异，并进行认知阐释。

　　（一）英汉因果复句语序的识解方式

　　英汉民族对因果复句语序的识解方式（Langacker，1991）从中古时期起就存在较大的差异，具体主要表现在因果分句的语序上。

　　1. 英语因果复句的主观认知方式

　　沈家煊（2001）提出，"'主观性'（subjectivity）是指语言的这样一种特性，即在话语中多多少少总是含有说话人'自我'的表现成分"。就是说，语言中的主观性是表明说话人的立场、情感和态度，从而在对话中留下自我的印记。奥斯古德（Osgood，1980）提出，"自然语言中存在两种语序——自然语序和特异语序。自然语序基于概念，而特异语序表达言者的兴趣、心绪、焦点等等"。他还举出因果复句的例子来佐证，例如，"Because it was raining John got wet." 是自然语序，而 "John got wet because it was raining." 为特异语序。我们认为，后句揭示了英语民族识解因果复句语序的方式：从主观认知的角度识解和描述因果复句事件的顺序，即因

果事件的识解融合了英语民族看待因果事件的主观认知方式：由果溯因，对原因事件的关注和凸显，注重挖掘事件的原因，因为结果一般是已知的，而原因一般是未知的，未知的更值得去探寻和思考。事实上，从上古时期起，英语因果复句的优势语序是由果到因，说明英语民族对因果关系的关注和兴趣更多的是在原因分句上。

2. 汉语因果复句的时间顺序的临摹方式

时间顺序原则（The Principle of Temporal Sequence，简称为 PTS）意指两个句法单位的相对次序决定于它们所表示的概念领域里的状态的时间顺序。在汉语中，此原则适用的范围很广，戴浩一（1998）列举了两个分句、两个谓语、连谓结构、动结式、动词复合结构、状语的次序、比较结构、动词前介词短语、表情状和工具的副词等的语序（戴浩一著，黄河译，1998）。这些现象都说明"PTS（时间顺序原则）在汉语语法中具有独立的依据和很高的解释价值。它在一条总原则下概括了至今被认为互不相干的大量的语序规则。它管辖着汉语中大多数可以定出的句法范畴的语序表现。因此，PTS 可以看成是一条总的句法限制"。"从语义结构到表层结构的投射理论的观点来看，……象（像）汉语这样的非屈折语具有比较多的直接投射，而象（像）英语这样的屈折语则具有比较多的间接投射，即投射必须透过对形式句法范畴所规定的那层限制。"（戴浩一著，黄河译，1998）在汉语中，和原因分句、结果分句的语序相似，时间状语分句、让步状语分句、目的状语分句、地点状语分句、条件状语分句、方式状语分句，毫无例外地，其正常的语序都是依据事件发生的先后进行排序。相比许多其他语言，汉语体现了概念表达的高度"象似性"（Haiman，1980/1983）。汉语因果复句语序严格地遵循了"时间顺序的象似性原则"（郭中，2015）。作为自然的概念语序，语言加工时，PTS 需要的心理复杂程度最小，信息处理起来相对更容易。因此，汉语是从因果概念的自然语序的视角，客观地识解和描述因果复句概念的语序。

（二）识解方式的演变导致语序的演变

英汉民族对因果关系事件的识解一直存在较大的差异，但在历时的过程中发生了一些演变，特别是汉语民族的识解方式越来越采取主观的认知方式，导致因果分句的语序相应地发生了一些演变，而语序的改变导致了因果复句概念的主观性增强。

1. 英语因果复句概念的主观性增强

英语民族的因果复句从语言的最初期——上古时期起主要采取时间顺序的临摹方式，即因句前置，果句后置，说明英语民族从语言的初始对因果关系的认识是客观的认知方式，但从中古时期开始就主要采取主观认知方式，即果句前置，因句后置，因句作为未知信息即新信息而后置，这个特异的语序使原因得到了凸显，从近代时期起因句后置的频率逐渐增加，因句原因的语义得到凸显，得到了更多的关注，说话人对因果关系的主观认知成分越来越大。例如：

[53] I didn't hear the rest of the name, <u>because I hung up the receiver.</u>

因为因句语序的后置，因句得到了更多的凸显；后置因句的关联词一般也多使用 because，强调因句是果句的直接原因，英语因果复句概念的主观性增强，因句语序的改变和关联词 because 的频率增加都增强了英语因果复句概念的主观性。

2. 汉语因果复句概念的主观性增幅较大

汉语民族的因果复句从语言的最初期起就主要采取时间顺序的临摹方式，即因句后置，果句前置，这个自然的语序一直是汉语因果复句的优势语序，但这个语序的优势从上古时期起逐渐减弱，到现代和当代增幅较大。这种演变结果说明了汉语民族识解因果复句方式的变化，汉语民族也越来越多地采用主观认知的方式识解因果关系，更注重探究因果关系中未知的原因。因句作为未知信息即新信息后置这个特异的语序使原因得到了更多的凸显。例如：

[54] 但据阿 Q 又说，他却不高兴再帮忙了，<u>因为这举人老爷实在太"妈妈的"了。</u>

和英语相似，汉语因果复句因句的后置频率和因句关联词"因为"频率变高也增强了汉语因果复句概念的主观性。

（三）语序的演变导致关联词标记模式的演变

英汉因果复句语序都经历了因-果复句减少，果-因复句增加的过程。语序的改变也导致了关联词标记模式的改变。因为果-因语序违背了时间顺序原则，不符合认知策略，增加了信息处理的难度，因此它必须加上标记，以降低信息处理的难度，这符合难度标记对应律（郭中，2015）。

1. 英语因句关联词的增加、果句关联词减少和因句的焦点化

英语因果复句中因句的标记频率一直很高，并且，因为因句的后置，因句标记的频率大幅增加。语料事实表明，前置的原因复句关联词有标记不是必然的，而后置原因分句关联词标记的频率很高，一般都需要关联词标记。一是因为语序的特异性需要关联标记使因果逻辑关系更明晰；二是后置的凸显性需要关联词标记来辅助实现。另外，因句后置时，关联词标记前还可以增加焦点化的词语使原因分句焦点化，而且根据语料发现，因果复句的焦点化现象从近代才开始，且近代只有个别"be"前置 because 的因句焦点化，从现代开始，因句焦点化的频率增大，种类也开始增加，如现代主要通过"only>just>be"，当代主要通过"be>only>just"焦点化"because"原因分句。因句的焦点化的位置一般都是后置，且只焦点化原因分句，而结果分句一般只后置时才需要关联词标记，前置时，结果分句一般不单独标记，除非和原因分句一起标记形成框式关联模式，说明后置果句的关联词主要遵循"联系项居中的原则"（储泽祥、陶伏平，2008），主要功能是明晰因果逻辑关系，而不是凸显其结果语义；且无论后置或前置一般都不焦点化。这个现象也说明了，结果分句信息的已知程度较强，受关注的程度低于原因分句。例如：

　　　　〔55〕I imagined that my arrival had taken them by surprise, and Mrs. Strickland had let me come in only <u>because</u> she had forgotten to put me off.

　　　　〔56〕If I am rhetorical it is <u>because</u> Stroeve was rhetorical.

　　例〔55〕和〔56〕都是通过词汇的手段，即在因句关联词"because"前加上"only"和"is（be）"使因句实现焦点化，因此更加凸显因句的原因意义。

2. 汉语因句关联词的大幅增加、果句关联词减少和因句的焦点化

　　汉语因果复句因句后置频率大幅增加时，随之发生的演变是，因句的关联词标记频率猛增，而果句因为前置频率的大增导致从近代起果句标记的骤减，从上古的 94.00% 减少到当代的 48.41%，减少了近一半。且前置的果句很少单独标记，少数情况下和因句一起产生标记形成框式标记模式，但因句可以单独标记，且一般发生在后置时。同时，和英语一样，因句前置时关联标记的频率低于后置，但汉语因句关联标记前附加强调词语使原因意义焦点化的频率高于英语，表达形式多于英语，表达更丰富。例如：

　　　　〔57〕<u>因为</u>行人稀少，并没有人发现他。

　　　　〔58〕焉识愣住是<u>因为</u>他以为婉喻会带他回家，从此他就和婉喻

继续他们中断了二十多年的日子。

汉语因果复句的因句关联词在古代时期频率很低，但从近代起频率猛增，变化很大，汉语因果复句标记前分句的典型关联词也从惟＞既／由＞因演变到当代的因为＞由于＞反正，"因为"的使用频率已大大增加，焦点化的手段也更丰富，古代汉语中因果复句关联词前没有焦点化的标记，在近代出现了"只因＞正因＞是因"的焦点化表达，从现代起频率大大增加，现代表达为"是因（为）＞就因（为）＞只因（为）＞正因（为）"，当代为"是因（为）＞正因（为）＞就因（为）＞只因（为）"。和英语相似，汉语因果复句在上古和中古时期都没有因句的焦点化现象，都是从近代开始，且汉语的果句从古至今也没有单独焦点化的现象。但和英语不同的是，近代开始汉语因句的焦点化频率较高，种类较多，且在近代时前置因句焦点化的现象占据绝对的优势，前置和后置因句焦点化的比例为95.06%：4.94%，到现代前置和后置因句焦点化的比例为49.23%：50.77%，到当代前置和后置因句焦点化的比例为36.11%：63.89%。相对前置因句焦点化，汉语后置因句焦点化的过程为：0%＜4.94%＜50.77%＜63.89%，即无＜少＜稍多＜较多，在当代，汉语后置因句焦点化现象已具备较大的优势。

英汉民族识解方式一直存在差异，这些差异主要源自英语民族对因果复句的主观认知方式，以及汉语因果复句的时间顺序的临摹方式。同时，识解方式的演变直接导致语序的演变和因句意义的凸显，这又导致英语因果复句概念的主观性增强，汉语因果复句概念的主观性增幅较大，说明英汉民族对英汉因果复句的认知具有越来越多的主观成分，越来越遵循话语通过主观认知处理因果复句的话语信息结构，从已知信息到未知信息。语序的演变又导致关联词标记模式的演变，英汉特别是汉语因句关联词频率增加，果句关联词频率减少，因句越来越多的焦点化，进一步导致因果复句主观性等级增强。

英汉因果复句的语序从古代起就有较大的差异，从中古时期开始英语因果复句的优势语序一直是果因句，劣势语序是因果句，且一直稳定。而汉语因果复句的优势语序一直是因果句，但自现代起发生了演变。英汉关联词标记的频率存在共性和差异。英汉民族识解方式一直存在差异，英汉民族识解方式的差异主要源自英语民族对因果复句的主观认知方式和汉语因果复句的时间顺序的临摹方式。同时，在历时演变的进程中，英汉民族识解因果复句识解的方式都发生了演变，而识解方式的演变直接导致语序的演变和因句的凸显，这又导致英汉因果复句概念的主观性增强和关联词标记模式的演变，英汉特别是汉语因句关联词频率增加，部分因句焦点化，主观性等级进一步增强。这些演变的认知动因是英汉民族对因果复句因果事件的识解方式的演变。本研究细致地展示了英汉因果复句在历时演变过程中发生的各种演变，同时也深刻地阐释了英汉因果复句主观性程度增强的动因。研究结果有助于英汉因果复句的习得、教学、语言比较和英汉互译。

第四节　小结

本章描述和分析了英汉因果复句关联标记模式及其优先序列的演变过程、英汉因果复句关联标记模式的演变特征、英汉因果复句语序和关联词标记模式关系的演变的特征，并对它们进行了认知阐释。主要研究内容如下：

（1）基于前人研究，统计了上古至当代时期各阶段代表著作包含的因果复句及其中的因果关联标记词，并对其做了详细分类。我们详细阐述了英汉因果复句三类关联标记模式（六种情况："g- 因句，果句""g- 果句，因句""果句，g- 因句""因句，g- 果句""g- 因句，g- 果句""g- 果句，g- 因句"）的演变，且从历时与共时的角度对比分析了英汉因果关联标记优先序列的演变。通过对英汉语中居端式、居中式和前后配套式在各阶段使用频率的统计，我们得出的结论再次验证了迪克（Dik，1997）提出的"联系项居中原则"，即："居中式 > 居端式 > 前后配套式"。且历时比较各因果关联标记模式的演变，可发现在五个不同阶段，英汉语中居中式、居端式和前后配套式的使用也存在一些差异；英语中居端式和居中式的使用频率分别在现代、当代达到顶峰；而汉语居端式、居中式和前后配套式在因果复句中使用最频繁的年代分别为近代、上古和当代。此外，文章也提出因果复句的语序差异同样也会影响各关联标记模式在句中的频次频率，并从因果复句语序视角分别统计了英汉例句中的"因 – 果"和"果 – 因"句式关联标记频率并列出其优先序列，得出：汉语用于"因 – 果"复句中的关联标记 > 用于"果 – 因"复句的关联标记、英语用于"果 – 因"复句中的关联标记 > 用于"因 – 果"复句的关联标记；即在有关联标记的因果复句里，英语的优先语序为"果 – 因"句式，汉语的优先语序为"因 – 果"句式等。本研究细致地展示了三类英汉因果复句关联标记模式及其优先序列在五个阶段产生的变化，同时也从历时和共时角度比较了演变过程中出现的差异。

（2）考察了英汉因果复句关联标记模式的历时演变特征，统计分析了原因从句的句序、因果关联词的使用频率、关联标记模式的分布格局。英汉因果复句关联标记的历时研究表明，英语因果复句中因句后置是优势语序，汉语因果复句的优势语序是因句前置，这与汉民族和英美民族的群众主观视点的参照点有关。汉民族往往是按照事物发生的自然顺序和逻辑关系，以原因从句为参照点，由因导果，而英美民族的群众主观视点倾向于先定位果句再探求果句表达事物的原因，由果溯因。英汉因果复句都倾向于使用标因式，这与图形－背景中的因果原则有关：因句是背景，果句是图形，因句为果句提供句法环境，使果句得以凸显。研究还发现，英汉因果复句的优势序列总体上都是居中粘接式，说明因果复句的关联标记模式受到了距离象似原则的调控。本研究揭示英汉因果复句关联标记模式的类型特征，并从句法、语义、认知和语用等角度对其进行了阐释。英汉因果复句关联标记模式的类型特征分别从主观视点、焦点—背景、象似性理论的角度得以阐释。

（3）从历时的角度考察英汉因果复句的关联标记模式与语序关系演变的特征，对比分析了英汉因果复句的关联标记模式与语序关系演变的特征的共性和差异，同时也深刻地阐释了英汉因果复句语序和关联词标记模式演变差异的认知动因——英汉民族对因果复句事件识解方式的演变。英汉因果复句的语序从古代起就有较大的差异，从中古时期英语因果复句的优势语序一直是果因句，劣势语序是因果句，且一直稳定。而汉语因果复句的优势语序一直是因果句，但自现代起发生了演变。英汉关联词标记的频率存在共性和差异。英汉民族识解方式一直存在差异，英汉民族识解方式的差异主要源自英语民族对因果复句的主观认知方式，以及汉语因果复句的时间顺序的临摹方式。同时，在历时演变的进程中，英汉民族识解因果复句的方式都发生了演变，而识解方式的演变直接导致语序的演变和因句的凸显，这又导致英汉因果复句概念的主观性增强和关联词标记模式的演变，英汉特别是汉语因句关联词频率增加，部分因句焦点化，主观性等级进一步增强。这些演变的认知动因是英汉民族对因果复句因果事件的识解方式的演变。本研究细致地展示了英汉因果复句在历时演变过程中发生的各种演变，同时也深刻地阐释了英汉因果复句主观性程度增强的动因。

第六章 英汉因果复句语法化和主观化的历程

本章应用英汉各个历史时期的自建语料库，对比分析英汉因果复句语法化和主观化的历程的共性和差异，并对认知机制或动因进行阐释。

第一节 英汉因果复句语法化的历程

以往对因果复句的研究大多是从共时的角度，狄塞尔和赫特尔（Diessel& Hetterle，2001）从跨语言的角度分析了原因分句的形式和功能特征。施勒佩格雷尔（Schleppegrell，1991）和福特（Ford，1994）比较了当代英语因果复句不同语体中使用频率的差异以及 because、for、since、as 在会话体中语用频率的差异，狄塞尔（Diessel，2005）和赫特尔（Hetterle，2007）研究了英语原因分句的语序，特别是 because 类原因分句，徐盛桓、李淑静（2005）研究了英语因果复句中因果关系的语用嬗变现象，牛保义（2006）研究了英语因果复句从客观到主观语义变化的主观化过程。宋和陶（Song & Tao，2009）分析了汉语因果复句的语序，储泽祥等（2008）研究了汉语因果复句关联词的位置，朱斌（2013）分析了汉语复句的句序配列和焦点结构交互作用。对因果复句和复句结构进行历时研究的成果不多，如李为政（2013）分析了近代汉语因果复句句法和语义特征的历时发展。有关复句及其关联词语法化的研究也很少，如邓云华（2004）分析了英汉跨分句结构语法化的特点和语法化理据；姚双云（2010）研究了果句关联词"结果"的语法化；邓云华、申小阳、曹新竹（2015）描述对比了英汉关系分句语法化过程的共性和差异。以往对因果复句的研究主要为共时，且大多为单一的语言，更少涉及语法化的历时对比研究，因此，基于以前的研究，我们拟应用英汉各个历史时期的自建语料库，对比分析英汉因果复句语法化历程的共性和差异及其认知动因，以期对英汉因果复句历时的发展有一个整体清晰的了解。

一、英汉因果复句语法化的共性

英汉因果复句语法化的共性主要表现在三个方面：（1）关联词的语法化；（2）焦点标记的语法化；（3）原因分句的语法化。

（一）关联词的语法化

英汉因果复句关联词的语法化首先表现在两个方面：（1）关联词形式的语法化；（2）关联词语用频率的演变。

1. 关联词形式的语法化

关联词形式的语法化主要表现在因句关联词上。英语因句关联词从古至今常用的有：as、for、since、because，其中意义相近的是三个：as、for、because，根据表示原因意义的强弱程度它们依次为：as < for < because。

关联词"because"经历了两个语法化的过程：（1）从法语中的"par cause"，演变为英语中的"bi（by/be）"，与"cause"构成合成词，引入原因或理由，意义和词性虚化，做连接词，词义为"by cause that"（徐盛桓，2001)，同时出现了"because"的用法，但"because"有时和连词"that"同现，这时的"because"还没有完全语法化为因句的连词，有时还需借助连词"that"的从句的标记作用。（2）"by（the）cause that"结构为"because"取代，"because that"的"that"消失，"because"完全语法化为因果复句中因句的功能词"连词"，独立引入原因分句。汉语的"因 / 因为"也经历了类似的语法化过程：（1）从实词的"因"意为"依靠、凭借"发展为连词的"因"，可以引入原因分句或结果分句，在古代倾向于引入结果分句，这时期的"因"单用引入因句或果句，可以承前，也可以启后。（2）从近代起，"因"因双音化现象发生了分化，"因为"专引入因句，"因此"等专引入果句，"因"引入因句的频率变高。（3）到现代，"因为"的使用频率占绝对的多数，且"因 / 因为"只引入因句。至此，"因为"完全语法化为因句的关联词。

2. 因句关联词语用频率的演变

在"because"和"因 / 因为"语法化的过程中，它们的使用频率也发生了较大的演变，数据如表6-1和表6-2。

表 6-1　英语因句关联词频率的演变

历史时期 / 频率	as	for	since	because
上古	28.36%	46.27%	23.88%	1.49%
中古	5.50%	73.42%	18.39%	2.69%
近代	4.45%	71.90%	17.56%	6.09%
现代	13.08%	49.64%	3.29%	33.99%
当代	12.16%	24.32%	5.68%	57.84%

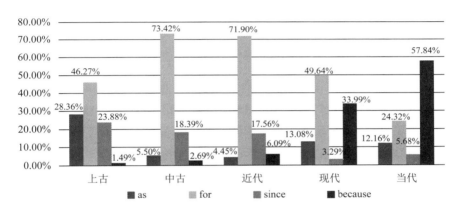

图 6-1　英语因句关联词频率的演变

表 6-2　汉语因句关联词频率的演变

历史时期 / 频率	既 / 既然	由 / 由于	因 / 因为
上古	36.36%	36.36%	27.28%
中古	55.17%	6.90%	37.93%
近代	27.47%	1.45%	71.08%
现代	5.42%	2.24%	92.34%
当代	9.76%	7.36%	82.88%

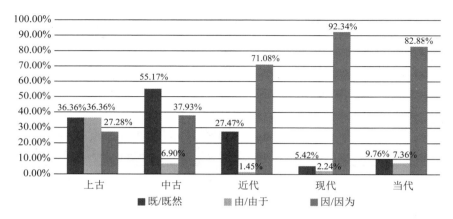

图6-2 汉语因句关联词频率的演变

表6-1和图6-1说明，英语的"because"相对语义更弱势的近义词"as、for"，从现代起，其频率增幅较大，特别是在当代，其频率处于绝对的优势地位。且"because"作为强势原因词引入"直接原因"，其作用主要是凸显原因的意义，结果是导致因果复句间的结构更紧密，倾向于被整体识解为逻辑语义关系紧密的因果事件，在结果事件的基础上更关注原因事件。

表6-2和图6-2说明，汉语"因/因为"相对于"由/由于"在完全的语法化后，从近代起其频率占据了绝对的优势，虽然其用法比"because"用途更广，其用法比弱势原因词"由/由于"意义更强势，其作用更多的是凸显原因的意义，使因果复句间的结构更紧密，倾向于被整体识解为逻辑语义关系紧密的因果事件。

3. 因句和果句关联词标记频率的演变

英汉因果复句关联词标记在语用频率上发生了较大的变化，特别是汉语。

表6-3 英汉因句和果句关联词标记频率的演变

历史时期/频率	上古	中古	近代	现代	当代
英语因句	44.74%	68.72%	71.76%	79.09%	63.48%
英语果句	55.26%	31.28%	28.24%	20.91%	36.52%
汉语因句	6.00%	15.61%	43.37%	50.50%	51.59%
汉语果句	94.00%	84.99%	56.63%	49.50%	48.41%

上古时期，英语因句关联词的使用频率略低于果句关联词，但自中古时期开始，因句关联词使用频率明显高于果句关联词。汉语因句关联词的使用频率在上古时期大大低于果句关联词，中古时期频率略有提高，自近代时期起，因句关联词频率大幅提高，到现当代频率甚至超过果句关联词。

英汉因果复句在关联词形式和语用上的演变导致了因句事件的凸显，原因事件被前景化。

（二）焦点标记的语法化

英汉因果复句焦点词语法化特征的共性主要表现在五个方面：（1）出现的时期；（2）所处的位置；（3）强调的对象；（4）句法特征；（5）语义特征。

这部分我们基于历时的语料数据的统计，对英汉因果焦点词语法化的共性特征进行比较分析。首先对语料的来源进行说明，因为英语和汉语在古代和中古时期都还没有出现，故我们从近代起搜集语料，选取了英汉历史三个时期具有代表性的文学作品，共 12 部如表 6-4。

表 6-4　语料来源一览表

历史时期	汉语	英语
近代	1.《红楼梦》；2.《西游记》	1. *The Taming of the Shrew*；2. *Romeo and Juliet*
现代	1.《边城》；2.《倾城之恋》	1. *Jane Eyre*；2. *The Scarlet*
当代	1.《青春之歌》；2.《陆犯焉识》	1. *Moon and Six Pence*；2. *White Noise*

我们首先检索了这 12 部作品中所有的因果复句，选取所有因果关联词焦点标记句子自建语料库，然后将含有因果关联词焦点标记的语料与因句总量进行统计。接着根据筛选出的因果关联词焦点标记语料，分析英汉因果复句关联词焦点标记的频率，分别进行穷尽性统计，数据结果如表 6-9和图 6-3。

1. 焦点标记出现的时期

我们首先在自建语料库中对上古和中古时期的语料进行搜索，没有发现因果关联词的焦点标记。英汉因果复句关联词焦点标记同时从近代时期开始出现，英语的只有一种，即系动词 be，而汉语的除了判断动词"是"（相对于英语的系动词），还有几个强调副词。从现代起，英语和汉语都出现了几个焦点标记，如"be、just、only"和汉语的"是、只（是）、正（是）、就（是）"等。

2. 焦点标记所处的位置

英汉语焦点标记的位置不出现在果句关联词前，一般都在因句关联词前，所有的果句都不能单独焦点化，除了果句和因句一起焦点化时。例如：

[1] Perhaps he had been civil <u>only</u> because he felt himself at ease; yet there had been in his voice which was not like ease.

*[2] I could not think of any retort to this, <u>only/just/and it was</u> so I asked if Mrs. Strickland had children.

*[3] My pupil was a lively child, who had been spoilt and indulged, and <u>only/just</u> therefore was sometimes wayward.

英语因果复句关联词焦点标记"be、only、just"等只出现在因句关联词"bacause"前，如例[1]，不能出现在因句关联词"as、for、since"等前面，更不能出现在果句关联词如"so、therefore"等前面，如例[2]和[3]。

汉语的情况也类似。例如：

[4] a. 他以为死是应当快到了的，<u>正</u>因为翠翠人已长大了，证明自己也真正老了。(《边城》)

b. 他以为死是应当快到了的，<u>正</u>*由于翠翠人已长大了，证明自己也真正老了。

[5] a. 当道静从农村回北平找徐辉的时候，徐辉<u>正是</u>因为市委临时调她做交通工作，离开了学校。(《青春之歌》)

b. 当道静从农村回北平找徐辉的时候，徐辉<u>正是</u>*由于市委临时调她做交通工作，离开了学校。

[6] 也许他的逃亡就为了这个目的：要当面告诉婉喻，他什么都记得，<u>正</u>因为/*由于记得，他现在知道那么多年他自己误了自己。(《陆犯焉识》)

[7] *<u>正</u>（是）既然他急着要吃饭，小林，你该早点给他做饭才对。

[8] 这是我听宋妈跟妈妈讲过的，*<u>只是</u>所以一下子就给说出来了。

和英语相似，汉语英语因果复句关联词焦点标记"是、只（是）、正（是）"等一般只出现在因句关联词"因（为）"前，如例[4]和[5]的

a 句，一般不能出现在因句关联词"由于，既（然）"等前面（有个别"正是"由于"的例子），如例［4］和［5］的 b 句，更不能出现在果句关联词如"所以，因此，因而"等前面，如例［6］和［7］。

英语和汉语因果复句的焦点标记一般只出现在原因关联词前，英语的焦点标记一律不能出现在果句关联词前，汉语的焦点标记不能单独出现在果句前，除了个别既出现在因句关联词，又出现在果句关联词前搭配使用的情况。例如：

　　［8］"凌博士没把你抓去，是因为我破坏得及时。"大卫·韦坚决不跟着焉识跑题。

　　［9］a. 恩娘永远也不会知道，婉喻之所以得到焉识的眷顾，都是因为她的怪虐。

　　　　*b. 恩娘永远也不会知道，婉喻之所以得到焉识的眷顾，因为她的怪虐。

　　［10］a. 他突然想起来了，丹珏的英文文法之所以拘谨，因为她用的是官方语言。

　　　　*b. 他突然想起来了，丹珏的英文文法之所以拘谨，她用的是官方语言。

汉语因果复句关联词的焦点标记和英语一样，也只能出现在因句关联词前。

汉语的例句［8］［9］和［10］中，a 句能说，b 句不能说，因为果句关联词不能单独焦点化。同时，英语和汉语焦点标记更多地出现在后置的因句关联词前，特别是英语。

3. 焦点化的对象

英语因果复句焦点化的对象都是强势因句关联词"because"，汉语的焦点化对象基本上是强势关联词"因 / 因为"。弱势关联词一般不能被焦点化，特别是英语，近代汉语有个别的弱势原因句被焦点化的现象。例如：

　　［11］Some of them were dressed fashionably, and they said they couldn't for the life of them see why you should be dowdy just because you had written a novel . (《月亮和六便士》)

　　［12］In a hundred years, if you and I are remembered at all, it will be because we knew Charles Strickland. (《月亮和六便士》)

　　［13］*Just as she was no horsewoman, walking was her only

alternative.

　　［14］*It was for she had provided herself with a sufficiency of handkerchiefs.

　　［15］*Only/just since I have had the misfortune to lose him, I have frequently wished to heal the breach.

英语的弱势原因关联词"as、for、since"等一律不能被焦点标记词焦点化，否则就不能被人们接受，如例［13］［14］和［15］。

　　［16］学生们告诉林道静：她表哥张文清就是因为不满意余敬唐干涉教员的自由，而被余敬唐解雇走了的。(《青春之歌》)

　　［17］有时他会怕，怕自己爱恋念痕，纯粹是因为念痕不是恩娘推到他面前的女人，纯粹处于他对那种婚姻的反叛。(《陆犯焉识》)

　　［18］* 火山只 / 正 / 是既然已经爆发起来，那么，就让它把一切罪恶和黑暗都烧毁吧！

　　［19］但是五老爷一半也是由于负气，因为他挥霍得太厉害了，屡次闹亏空。(《倾城之恋》)

汉语的弱势原因关联词"既然"都不能被焦点标记词焦点化，如例［18］，"由于"一般也不能，我们只在我们的语料中发现了很个别"是由于"的焦点化现象，如例［19］。

4. 句法特征

英汉因句关联词焦点标记在句法上主要为三类：判断动词 / 系动词、强调副词和评注性副词（张谊生，2001/2012）。

英语的焦点标记词"be"来自判断动词 / 系动词，汉语的原因关联词标记也来自判断动词。焦点标记还包括副词，英语里大多数是单个的副词，如"only、just"等，少数有两个词的焦点标记，如"be only/just"等。汉语里最初一般为单音节的副词，如"是、只、正"等，到了现代和当代，有单音节也有双音节的副词，双音节的有"正是、只是、就是"等。

5. 语义特征

在因果复句中，作为焦点标记的判断动词表示言者的主观判断和态度，突出强调原因分句。强调副词包括两种：限定范围的副词和评注性副词。

限定范围的副词表示对原因范围的限定，如"only/just/merely""只 / 正 / 就 / 皆 / 都"等，它们强调和限定原因事件的范围。评注性副词如"似乎、一定、也许、是、的确、显然、大概","be、perhaps、probably"等，主要用来评注原因分句的命题，表示说话人对事件的主观认识，表示言者的主观义。

6. 焦点标记的语法化（原因从句的语法化）

英汉因果复句焦点标记从句法功能上主要来自两类词：（1）系动词／判断动词；（2）强调副词。

（1）系动词／判断动词的语法化

英语判断动词"be"和汉语"因／因为"经历了语法化的过程。英语的"be"本来是一个系动词，表示主语和表语之间的各种联系，同时，也表示言者对主语和表语之间的判断。从近代时期起，英语的系动词"be"扩展到表示强调的用法。例如：

[20] It is a damned ghost that we have seen,/ And my imaginations are as foul / As Vulcan's stithy. Give him heedful note.（《哈姆雷特》）

近代时期，英语系动词 be 开始出现焦点标记的用法，虽然此类用例不多，一般用来强调一个词或短语，用来强调分句的用例很少。这时期，焦点标记 be 用来强调原因分句的频率很低。例如：（但还没有出现焦点化原因分句的用例）

[21] That is, because the traitor murderer lives.（《罗密欧与朱丽叶》）

汉语的判断动词"是"语法化为焦点标记的现象开始出现于中古时期的《世说新语》（张谊生，2000a），这时期"是"主要和另一个副词作为焦点标记一起构成强调副词。

"是"作为焦点标记强调原因分句开始出现于近代时期。例如：

[22] 袭人道："为什么不愿意，早就要弄了来的，只是因为太太的话说的结实罢了。"（《红楼梦》）

[23] 正是因过道院逢僧话，又得浮生半日闲，我且进去走走。（《西游记》）

这时期，焦点标记词"是"也基本和中古时期一样，主要和另一个副词作为焦点标记一起构成强调副词，可以强调原因分句，只是用例不多。

英语的"be"和汉语的"是"都经历了从系动词／判断动词语法化到焦点标记表强调的历程。这种判断动词演变的路径有其跨语言的证据：指示代词—判断动词—焦点标记—强调词（石毓智，2015；张谊生等，2012）。

　　判断动词和副词语法化为焦点标记后，其功用就不再是单纯的动词和副词，它们主要表示强调，使被强调的对象焦点化，使被强调的事件（一般为原因分句事件）得到凸显。整个原因分句的语义被突出强调，特别是判断动词和焦点标记一起搭配出现时。

　　（2）强调副词的语法化

　　张谊生（2001/2012）对强调副词的分类主要有三类：（1）评注性副词；（2）限定性副词；（3）摹状性副词。英汉因果复句焦点标记的强调副词的使用始于近代。基于我们的语料分析，英汉因果复句焦点标记的强调副词主要有两类：限定性副词和评注性副词，且限定性强调副词占优势。到现代和当代它们的语用频率增幅较大。

　　总之，英汉因果复句焦点标记一般都只强调因句，不强调果句，除了汉语有个别因句和果句同时强调的情况。因为焦点标记的使用，原因从句的语法功能更突出，分句间的结构更紧密，复句的整体性更强，言者更加整体地识解因果复句的事件。

　　（三）复句结构的语法化

　　英汉因果复句结构语法化的共性主要表现在复句语序的演变上。从上古时期迄今，英汉因果复句的语序都经历了频率增加的演变过程。具体数据见表6-5。

表6-5　英汉果 – 因复句语序频率的演变

历史时期	上古	中古	近代	现代	当代
英语	35.53%	63.44%	52.87%	59.21%	55.86%
汉语	0.6%	4.05%	0.83%	23.20%	32.74%

　　英语的因果复句的语序从中古时期起就发生了改变，果 – 因语序复句增加了近20%，之后语序基本稳定；汉语因果复句的语序从现代起发生了改变，增幅20%左右，到了当代，增幅竟达到30%左右。事实说明，英汉因果复句都有向果 – 因语序演变的倾向。果 – 因语序的因果复句更突出因句的原因意义，结果和原因分句的语法层次区别更明显，主从结构的层次更加分明，结果分句更加依赖原因分句的存在。例如：

　　　　［24］a. Because women can do nothing except love, they've given it a ridiculous importance.（《月亮和六便士》）

  b. They've given it a ridiculous importance <u>because</u> women can do nothing except love.

［25］a. <u>Because</u> you have no pity for yourself，you had no pity for her.

  b. You had no pity for her，<u>because</u> you have no pity for yourself.
（《月亮和六便士》）

  英语的因果复句演变到现在，果－因语序多于因－果语序复句，同时，"for" 因句一般为后置，不前置，"as" 和 "since" 引入因句时位置比较自由，"because" 引入因句时因句大多后置，如 b 句。a 句是比较客观地描述因果事件，即自然的因果逻辑语义关系；而 b 句中，言者掺入了自己的主观识解，即更突出导致结果事件的原因。

［26］a. 梁葫芦岁数很小就做了家里的壮劳力，<u>所以没有长足他该</u>长的身高。（《陆犯焉识》）

  b. 梁葫芦没有长足他该长的身高，<u>因为</u>他岁数很小就做了家里的壮劳力。

［27］a. 老几知道这是个说不出名堂来的女人，<u>所以</u>他不再问下去。

  b. 老几不再问下去，<u>因为</u>他知道这是个说不出名堂来的女人。（《陆犯焉识》）

  汉语的因果复句的语序到现在，也发生了较大的改变，因句后置频率越来越高。和英语一样，a 句是比较客观地描述因果事件，而 b 句含有言者的主观识解，更突出结果事件发生的原因。汉语有关联词的因句位置比较自由，但有关联词的果句位置一般为后置。

  另外，英语和汉语在表示对两个或两个以上的因句进行对比时，因句一般只能后置。例如：

［28］Blanche Stroeve didn't commit suicide <u>because</u> I left her，but because she was a foolish and unbalanced woman.

［29］别人尊重你，不是因为你优秀，而是别人很优秀。
语序一般不能颠倒，以突出对两个或两个以上因句的对比的意义。

  英汉因果复句语序的演变同时带来了因果复句一些方面相应的改变：（1）关联词的形式和语用频率（邓云华、李曦，2019）；（2）因果复句的形式和语义结构。

  首先，因果复句的关联词从果句关联词居多到因句关联词居多，特别是英语，从中古时期起，因句关联词的频率占据绝对的优势地位，汉语的因句的关联词频率到现当代也超过了果句关联词（邓云华、李曦，2019）。另外，由于因果复句语序的演变，因果复句在形式结构和语义上也发生了变化。在上古时期，英汉语特别是汉语因果复句语更多是自然的因-果语序，且分句间一般用逗号或分号隔开，但到了现当代，后置因句的果-因复句有的时候不用标点符号隔开，这个现象在英语中更为明显，分句间的形式结构联系更紧密，复句的主从层次性更强，结果事件更依赖因句的同现，因果复句事件的语义结构从原因和结果两个事件的相对独立性发展到更多被处理为一个因果事件的整体性的倾向。由于英汉因果复句关联词和语序的演变，因果复句的语法化程度增强，特别是英语的因果复句。

二、英汉因果复句语法化的差异

英汉因果复句语法化的差异主要体现在三个方面：（1）因句关联词语法化的程度；（2）焦点标记语法化的程度；（3）原因分句语法化的程度。

（一）关联词语法化的程度

这部分我们将分析英汉因果复句关联词的语法化两个方面，因句关联词语用频率的演变和强势因句关联词频率的演变引起的语法化。

1. 因句关联词语用频率的演变

从古至今，英汉复句因句关联词的语用频率发生了较大的变化，具体实据见表 6-6。

表 6-6　因句关联词标记频率的演变

历史时期	上古	中古	近代	现代	当代
英语	44.74%	68.72%	71.76%	79.09%	63.48%
汉语	6.00%	15.61%	43.37%	50.50%	51.59%

表 6-6 显示，从上古时期到现在，英汉复句因句关联词都大幅增加，英语的因句关联词从一开始只略逊于果句关联词，从中古时期起更占据绝对优势的地位。汉语因句关联词在古代时期频率很低，从近代起增幅较大，发展到现当代，它已超过果句关联词。其演变的结果是，因为因句关联词频率的增加，因句事件得到更多的凸显，因句更多地语法化为从句的地位。

2. 强势因句关联词频率的演变

英汉语因果复句的因句关联词根据其语义的强弱程度可以分为强势关联词和弱势关联词。英语的因句关联词语义强弱的程度依次为"because>as> since"，汉语的依次为"因（为）>由（于）>既（然）"。它们的使用频率经过历时的演变发生了较大的变化，具体见表6-7。

表 6-7　英语强势和弱势关联词频率的演变

历史时期 / 频率	as	for	since	because
上古 67	19（28.36%）	31（46.27%）	16（23.88%）	1（1.49%）
中古 745	41（5.50%）	547（73.42%）	137（18.39%）	20（2.69%）
近代 427	19（4.45%）	307（71.90%）	75（17.56%）	26（6.09%）
现代 971	127（13.08%）	482（49.64%）	32（3.29%）	330（33.99%）
当代 370	45（12.16%）	90（24.32%）	21（5.68%）	214（57.84%）

英语因句关联词频率演变的过程为：for> as> since> because → for> since>as > because → for> since>because > as → because> for > as> since。变化主要发生在"for"和"because"两个词上，弱势因句关联词"for"从使用频率的第一位逐步退居第二位，而强势"because"由最末尾逐渐演变为绝对优势的第一位。

表 6-8　汉语强势和弱势关联词频率的演变

历史时期 / 频率	既 / 既然	由 / 由于	因 / 因为
上古 11	4（36.36%）	4（36.36%）	3（27.28%）
中古 58	32（55.17%）	4（6.90%）	22（37.93%）
近代 3309	909（27.47%）	48（1.45%）	2352（71.08%）
现代 535	29（5.42%）	12（2.24%）	494（92.34%）
当代 625	61（9.76%）	46（7.36%）	518（82.88%）

汉语因句联词频率演变的过程为：既（然）/由（于）>因（为）→既（然）>因>由（于）→因（为）>既（然）>由（于）→因（为）>既（然）>由（于）。弱势因句关联词"由（于）"从使用频率的第二位逐步退居第

三位，而强势"因（为）"由最末尾逐渐演变为绝对优势的第一位。

由于强势关联词的逐渐增多，因句作为从句的地位加强，因果复句事件的整体性加强，因句的语法化程度变深。但需要指出的是，从上古一直到近代时期，英语的强势关联词"because"使用频率很低，从现代起频率开始大幅增加，特别是到当代超过了"for"，"because"从"for"中分化出来，强势语义的地位很明确。汉语里，"因（为）"从近代起用得很普遍，它的语义强于"由（于）"，但其强势的地位整体上不如"because"明确。所以，从这个方面看，英语的"because"因句语法化程度高于汉语的"因（为）"因句。

（二）焦点标记语法化的程度

英汉因果复句焦点标记语法化差异主要表现在两个方面：（1）因果复句焦点标记的种类；（2）因果复句焦点标记的语用频率。

英语因句关联词焦点标记在近代只有一个系动词"be"，且用例很少，到现当代，除了系动词"be"作为因句关联词焦点标记的增加，强调副词"only、just、merely"等焦点标记开始出现，因此英语因句关联词焦点标记的演变过程为：be → be/only/just/merely。汉语从近代起因句关联词焦点标记的种类就多于英语，且一般为单音节，如判断动词"是"和强调副词"只、皆、正、都、多"等，到现当代，种类进一步增加，除了判断动词"是"，强调副词主要有单音节的，还出现了双音节甚至多音节的，主要有"就是、正是、只是、一定是、总是、主要是、都是、多是"等。

英汉因句关联词焦点标记的演变频率也存在较大的差距。具体见表6-9和图6-3。

表 6-9　英汉因句关联词焦点标记的演变频率

历史时期 / 语言 / 频率	无焦点词		有焦点词	
	英语	汉语	英语	汉语
近代	99.27%	87.76%	0.73%	12.24%
现代	97.01%	87.57%	2.99%	12.43%
当代	93.36%	88.25%	6.64%	11.75%

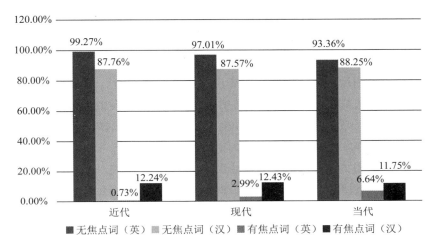

图 6-3　英汉因句关联词焦点标记的演变频率

　　汉语因句关联词焦点标记种类从近代起就一直多于英语，表达更多样，且到现当代判断动词"是"和强调副词结合一起焦点化因句关联词的频率在焦点标记的总频率上也占幅不小。

　　总之，和英语相比，汉语因句关联词焦点标记在演变的过程中，种类更多，形式更多样，语用频率更高，说明汉语因句焦点化的表达方式更丰富，焦点化的程度更高，同时因句得到了言者更多的关注和凸显，因句和果句结构的结合更紧密，从而汉语因句语法化的程度也更高。

（三）原因分句形式和语义类型的演变

　　学者们提出，状语分句的形式整合程度因其意义而异，与时间和条件状语从句不同，原因分句一般置于语义相关的主句后，通常由一个独立音调单位表达。许多语言里，因果关系结构表达为并列结构，句法和语调上独立于语义相关的主句，而时间和条件分句为状语从句。一些学者从跨语言的角度分析了原因分句的形式、功能和语序特征，提出，相比其他语义类型的状语分句，原因分句倾向于更独立于相关的主句。与时间和条件分句不同，原因分句主要位于主句之后，语调上与语义相关的主句相隔离（Ford，1993/1994；Biq，1995；Tsai，1996；Diessel，2001）。基于英语、德语、汉语和日语的数据，迪塞尔和赫特尔提出，原因分句一般用来支持前面的受到听者质疑/挑战的陈述。原因分句特殊的结构特征由言者-听者互动的交际所驱动。因此，原因状语分句的功能是做独立的声称，与相关的主句联系松散。和其他状语分句不同，原因分句还可以单独成句。

　　这种现象在英语因果复句中表现尤为明显，具体主要表现在因句的语义类型以及因句和果句结合的紧密程度上。

　　从上古到近代，英语因句大多由弱势关联词"for"引入，因句和果句之间为并列关系，说明从上古时期英语因果复句结构比其他状语从句结构松散。到了现代，"for"类弱势语义原因分句大幅减少，"because"类强势语义原因分句大幅增加，到当代"because"类原因分句占据了绝对的优势，而"because"类原因分句与主句的关系更倾向于为主从关系，相比"for"类原因分句，它与主句之间的关系更紧密。

　　因为引入果句的关联词和引入因句的其他关联词的频率变化不大，频率变化大的主要为 for 类因句结构和 because 因句结构，所以这里我们只统计了这两种结构使用频率的演变情况。

表 6-10　for 类和 because 类因句结构使用频率的演变

历史时期 / 关联词 / 频率	for	because
上古	96.87%	3.13%
中古	96.96%	3.04%
近代	92.19%	7.81%
现代	56.69%	43.31%
当代	27.95%	72.05%

　　古代英语和中古英语时期，原因复句的关联词"for"的使用频率位居所有因句和果句关联词中的第一位，占据绝对的优势，"for"连接的两个复句句法结构的关系为并列的关系，两个分句的句法地位相等，"for"主要起连接两个分句的作用，显示它们之间的逻辑语义关系为因果关系。例如：

　　[30] Hall-folk fail me,my warriors wane; for Wyrd hath swept them into Grendel's grasp.（《贝奥武夫》）

　　[31] Now of their service good I think no more to say, for each man well may wot no lack was there that day.（《高文爵士和绿衣骑士》）

这两个时期,"for"引入因句的情况很普遍,且大多位于果句后。由"because"引入原因分句的频率很低,这时候还有"by cause that"和"because that"的用法。例如:

[32] She groped alway farther with her hand And found the bed, and thoughte not but good had no suspicion Because that the cradle by it stood, And wist not where she was.(《坎特伯雷故事集》)

中古时期,"by cause that"和"because that"用法的存在说明它们还没有完全语法化为因句的连词功能,"because"用法还没有发展成熟,因句和果句之间的连接还没有很紧密,此类因果复句的语法化程度还不是很高。

到近代时期,"because"的频率略有增加,句法形式也基本固定为一个"because""by cause that"的用法已消失。但"for"引入因句的用法依然占据绝对的优势。例如:

[33] Why, then, 'tis none to you; for there is nothing either good or bad, but thinking makes it so: to me it is a prison.(《哈姆雷特》)

[34] Come, cordial and not poison, go with me To Juliet's grave; for there must I use thee.(《罗密欧与朱丽叶》)

[35] It is 'music with her silver sound' because musicians have no gold for sounding.(《罗密欧与朱丽叶》)

到现代时期,"for"引入因句的频率大大减少,"because"引入因句的频率大幅增加。例如:

[36] It runs away and hides itself, because it is afraid of some–thing on your bosom.The page of life that was spread out before me seemed dull and commonplace only because I had not fathomed its deeper import.(《红字》)

在现代时期,"because"引入因句的情况比较常见,和"for"相比,它已占据43.31%的比例,几乎与"for"复句平分秋色。

到了当代时期,"because"复句又大幅增加,"for"复句大幅减少,此时,"because"和"for"复句频率的地位发生了颠覆性的改变。例如:

[37] We can relax and enjoy these disasters because in our hearts we feel that California deserves whatever it gets.(《白噪音》)

这时期,在频率上,"because"复句已占据绝对的优势,和"for"复句相比,它已高居72.05%。在形式上,英语因果复句的句法结构从并列复句为主演变为当代英语中的以主从结构为主，分句结构的层次性发生了改变，且后置"because"分句和前结果分句之间可以用也可以不用逗号隔开，而后置"for"分句一般要用逗号和前面的结果分句隔开，说明"for"复句结构更松散，"because"结构更紧密。在语义上，结构的演变也带来了语义的演变，原因句语义由弱势为主演变为强势语义为主。

for 类因句分化为 for 类和 because 类因句两种因句，for 类因句频率减少，because 类因句频率增加的结果是，因句后置的频率增加，英语因句由以 for 类因句为主演变为以 because 类因句为主，英语因果复句的句法关系由以并列关系为主演变为以主从关系为主，因句和果句结构的形式和语义结合更紧密，因果复句的语法化程度加深。

for 和 because 类因句语法化过程可以具体描述为：for 因句→ for 因句 > by cause that 因句 /because that 因句 /because 因句 > because 因句 >for 因句。经过历时的演变，for 因句和 because 因句在形式、语用和语义特征上都发生了巨大的改变，从而此类因句实现了较大程度的语法化。

除了原因分句语义类型的演变，因句和果句间的标点符号也发生了演变，在上古时期，后置"for"类原因分句前大多为"重标点符号"（heavy punctuation），如分号、句号、冒号、破折号等，只有少数为逗号。到了现当代，后置"for"类原因分句前大多为逗号。标点符号的演变从另一个方面说明了英语因句和果句结构间的关系越来越紧密，复句结构的语法化程度越来越深。

汉语原因分句的形式和语义的演变有异于英语的原因分句，它没有出现语义和形式上的明显分化，它的演变和语法化主要表现在因果复句的语序、因句关联词的频率和焦点标记上。

三、因果复句语法化的认知动因

我们将从三个方面对英汉因果复句的语法化过程和特征的认知动因进行解释：（1）语用认知；（2）因句的凸显；（3）识解的方式。

（一）语用认知

人们的大脑越来越发达，思维越来越精细，语言的表达也越来越细致，因此出于语用的需要，语言的各种结构，包括因果复句结构的表达越来越精细，越来越明确，主要表现在因句关联词使用频率的增加、因句关联词的语法化、关联词角色的明确、焦点词的使用和增加、因果句语序的调整等。

（二）因句的凸显

认知语言学中的凸显理论发端于 Rubin 的"图形－背景理论"（figure-ground theory）（1915），根据此理论，人们大脑中有着一种"感知场"，它由图形和背景两部分构成，图形结构完整，首先引起人们的注意，而背景则显得不清晰而抽象（乔恒宇，2016）。因此，在观察事物时，人们往往注意到图形而忽略背景。塔尔未率先运用背景－图形理论分析了语言的空间关系。而应用图形－背景理论，兰盖克又提出了凸显观，主张凸显观为当代认知语言学的三个主要研究路径（凸显观 prominence view、经验观 experiential view 和注意观 attentional view）之一（乔恒宇，2016）。温格瑞尔和施密德（Ungerer & Schmid，1996）提出"基底－侧面"（base/profile）和"射体－界标"（trajectory/landmark）这两对概念，即，在人们的认知域中一个语义结构所覆盖的范围称为"基底"，基底上成为关注焦点的某部分就称为"侧面"。当"基底－侧面"意指某种关系时，这一对概念就成了"射体－界标"，即鲁宾提出的"图形"和"背景"。温格瑞尔和施密德认为，语言表达中，信息的选择和分布与我们的认知凸显关系密切，认知凸显很大程度上左右着词序、句序、语法构式和语篇布局等。在认知凸显的过程中，大脑将注意力投向认知参照点以凸显某一事物时，它就成为认知的焦点。

英汉因果复句主要通过关联词的语法化、关联词频率的提升（邓云华、李曦，2019）、因句的焦点化来凸显因句事件。被凸显的因句作为射体被前景化，语义上得到凸显，而果句作为界标被背景化。因句关联词"because"和"因为"经历了语法化过程后，使用频率越来越高，果句前一般不加关联词，处于界标的背景地位，从而因句在语义上更多地得到凸显。

（三）识解的方式

句法表征的结构形式，并不直接对应于外部世界。对客观世界即认识的对象，认识主体会根据自己的认知模式进行观照，在自己的经验世界里重组心理图像，即进行认知投射。因此，句法表征结构所表示的意义，不仅包括有关外部世界的实际情景，也包括对客观情景的识解方式。识解体现了言者在心理上与其所概念化和所描绘的情景之间的关系，言者根据自己的识解形成自己的表达方式（Langacker，1990；徐盛桓，2005）。因此，句法表征结构形式往往不是完全映现外部世界，一些关系映现往往被显化或强化，另一些关系映现往往被隐化或弱化（徐盛桓，2005）。

对因果复句事件识解方式一定程度的改变导致形式上的改变，即从并列结构的倾向演变到主从结构的语法化倾向，或通过某些句法手段使得主句和分句结合更紧密和复句结构语法化，从而导致因果复句结构的语义倾向也发生了演变。

1. 英语因果事件的相对独立识解倾向到相对整体的识解倾向

首先，我们把果句有关联词连接的看成是并列复句，因为果句的关联词的功能主要是连接因果事件，同时标示其因果逻辑关系，并没有侧重果句事件语义的功能（and so、and therefore）。其次，for 因句语义有别于 because 因句，for 是并列连词，所以引入的是并列因句，和果句在句法上处于同等的地位，那么在语义上也没有更突出原因事件之说，且和果句事件相对相互独立。而 because 类因句一般指结果事件的直接原因，且为强势原因关联词，此类因句更突出言者对原因事件的强调。

英语因果复句并列结构和主从结构频率数据的历时变化的过程为：72.51%∶27.49% → 80.54%∶19.46% → 78.38%∶21.62% → 58.76%∶41.24% → 53.74%∶46.26%，具体的主要表现形式为：因句 +so/therefore- 果句 > 果句 +for- 因句 → 果句 +for 因句 > 因句 +so/therefore- 果句 → for- 因句 > 因句 +so/therefore- 果句 → 果句 +for- 因句 > 因句 +so/therefore- 果句 → 因句 +so/therefore- 果句 > 果句 +for- 因句。同时，相对于因果复句总频率，"because" 类复句演变频率的过程为：0.76% → 1.97% → 4.69% → 27.78% → 42.13%。概括地说，英语因果复句结构的演变过程为：并列复句多→并列复句多→并列复句多→并列复句稍多→并列复句稍多，到现当代，英语因果复句的主从关系结构增加较多，英语因果复句从并列结构居多发展到主从结构居多。

2. 汉语因果事件的相对独立识解到相对整体的识解

汉语因果事件识解方式的改变主要体现在因句和果句关联词的演变上，果句关联词和因句关联词频率数据的历时变化的过程为：97.4∶2.6 → 82.55∶17.45 → 45.02∶54.98 → 43.25∶56.75 → 38.13∶61.87，具体的表现形式为：因句 + 以 / 故 / 所以 - 果句 → 因句 + 故 / 因 / 以 / 所以 / 因此 - 果句 → 因句 + 因 / 所以 / 因此 / 故 / 以 - 果句 → 因句 + 所以 / 因此 / 故 - 果句 → 因句 + 所以 / 因此 - 果句。同时，相对于因果复句总频率，"因 / 因为" 类复句演变频率的过程为：0.95% → 4.92% → 32.33 % → 52.74%

→ 52.66%。当然，"因/因为"类复句其实对应于英语的"for"类和
"because"类复句，英语因果复句的主从结构计算时已经排除了"for"类
复句，而"因/因为"类复句既包括并列复句，又包括主从复句，要根据
复句具体的逻辑语义类型去区分，所以在现当代英语因果复句主从结构的
频率实际上要高于汉语的。概括地说，汉语因果复句结构的演变过程为：
并列复句多→并列复句多→并列复句多→并列复句较多→并列复句稍多，
到当代，英语因果复句的主从关系结构增加较多，特别是当代汉语因果复
句主从结构增幅较大，果句关联词只稍多于因句关联词。这里还要说明，
因果复句这种形式结构的演变，来自于对因果事件识解方式的演变，即因
果事件从相对独立事件识解的倾向演变到整体事件的识解的倾向，言者关
注对象的倾向从有因果逻辑关系的相对独立的两个事件——因事件和果事
件发展到逻辑关系较强的整体因果事件，更凸显果句对因句在形式和语义
上的依赖性，从而因果复句的语义关系也发生了改变：言者在强调因句事
件语义的同时，更突出果句事件对因句事件的依赖性，因果事件倾向于作
为整体事件来识解。

　　这个观点进一步印证了邓云华（2004）基于分句间关系三分法提出的
分句间结构特征相互作用的概括：

意合————形合————主从关系
（独立）（相互依赖）（依赖）
核心句————————————边缘句
最小的结合————————最大的结合
最大的显性连接————最小的显性连接

　　基于上图分句间结构特征的相互作用，我们把它们与因果复句语法化
的程度结合一起描述为：

形合连接/主从连接/意合连接————主从连接/形合连接/意合连接
复句结构紧密度小————————————复句结构紧密度大
语法化程度小————————————————语法化程度大
事件独立性大————————————————事件独立性小
事件整体性弱————————————————事件整体性强

　　因果复句结构结合的紧密度越大，其语法化程度越大，因果事件的独
立性越小，整体性越强。总之，英汉因果复句事件越来越倾向于被作为整
体事件来识解。

　　本部分应用英汉各个历史时期的自建语料库，对比分析了英汉因果复句语法化历程的共性和差异及其认知动因，以期对英汉因果复句历时的发展有一个整体清晰的了解。英汉因果复句语法化的共性主要表现在：关联词的语法化、焦点标记的语法化和因果复句结构的语法化。英汉因果复句关联词的语法化表现在：因句关联词形式的语法化、因句关联词语用的语法化和因句关联词语义的演变。英汉因果复句焦点词语法化特征的共性主要表现在：出现的时期、所处的位置、强调的对象、句法特征和语义特征。英汉因果复句结构语法化的共性主要表现在复句语序的演变上。英汉因果复句语法化的差异主要体现在：因句关联词语法化的程度、焦点标记语法化的程度和复句结构语法化的程度。英汉因果复句的语法化过程和特征的认知动因主要有：语用认知、因句的凸显和识解的方式。因果复句构式的表达越来越倾向于精细化和明确化。英汉因果复句首先通过调整因句和果句事件的语序来凸显因句事件，即因句前景化，且后置的因句强势增加，特别是英语更明确，具体表现是 because 类因句增加。后置的因句作为射体被前景化，语义上得到凸显，而果句前置后倾向于作为界标被背景化。因果复句形式结构的演变，来自对因果事件识解方式的演变，即因果事件从相对独立事件识解的倾向演变到整体事件识解的倾向，言者关注对象的倾向从有因果逻辑关系的相对独立的两个事件发展到逻辑关系较强的整体因果事件，更凸显果句对因句在形式和语义上的依赖性，从而因果复句的语义关系也发生了改变：言者在强调因句事件语义的同时，更突出果句事件对因句事件的依赖性，因果事件倾向于作为整体事件来识解。本研究成果有助于使语法化的研究从词汇层面上升到复句层面，清晰地揭示了英汉民族在表达重要的逻辑关系——因果关系上逻辑思维演变历程的共性和差异及其认知动因。

第二节　英汉因果复句主观化的历程和机制

　　学者们对英汉因果复句的研究主要涉及因果关联词的研究，如李晋霞、刘云（2004），储泽祥、陶伏平（2008），戴庆厦、范丽君（2010），郭中（2015），曾冬梅等（2017）。也有一些因果复句的研究，如邢福义（2001），廖巧云（2004/2008），徐盛桓（2005），牛保义（2006），张滟（2010），肖任飞 2010，邓云华、郭春芳（2016），范丽君（2018）。但从主观化的角度研究因果复句的成果很少，如沈家煊（2003），徐盛桓、李淑静（2005），牛保义（2005/2006）；历时的研究就更少，如李为政（2010），特别是更少有从历时的角度对英汉因果复句的主观化进行对比研究。因此，我们拟从历时演变的角度运用主观化理论（Traugott，1995；Langacker，1990/1991）对比分析英汉因果复句句法和语义主观化的历程和机制。

　　本部分将从句法、语义等方面对比分析英汉因果复句主观化等历程，句法方面涉及语序，语义方面涉及逻辑语义。

一、因果复句语序的演变

　　因果复句事件的自然语序是原因事件先发生，结果事件后出现。但是，和简单句倒装一样，英汉语的各种复句也存在倒装的现象，对于英汉因果复句，倒装的情况是因句后置。

（一）英语因果复句语序的演变

　　根据各个历史时期的语料，我们统计出英语因果复句中果前因后语序演变的频率如表 6-11 和图 6-4。

表 6-11　英语因果复句语序频率的演变

历史时期/语序	上古	中古	近代	现代	当代
因-果	10.06%	14.19%	20%	36.59%	22.10%
果-因	89.94%	85.81%	80%	63.41%	77.90%

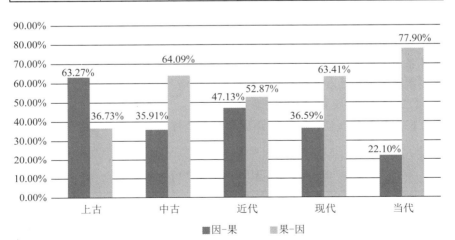

图 6-4　英语因果复句语序频率的演变

表 6-11 和图 6-4 表明，上古时期英语的因 - 果语序复句为优势语序，但自中古时期起，果 - 因复句一直为优势语序，英语因 - 果复句一直为劣势语序。例如：

〔38〕He wished with speed grendel to guerdon for grim raids many, for the war he waged on Western-Danes oftener far than an only time. (《贝奥武夫》)

在古英语中，因果复句大多数为前因后果的自然语序。到中古时期，英语果 - 因复句语序增幅较大，成为优势语序，原因关联词 "for" 的大幅增加，它大多引入后置原因分句，少量引入前置原因分句，分句间的句法关系为并列关系。例如：

〔39〕But break my heart, for I must hold my tongue! (《哈姆雷特》)

近代时期，果 - 因复句频率有所减少，for 引入后置原因分句有一定程度的减少，so 引入后置原因分句频率有一定程度的升高。例如：

〔40〕You are passing welcome, and so I pray you all to think yourselves.

自现代时期起，英语因果复句语序进一步演变，because 引入后置原因分句和 so 引入后置结果分句频率明显升高。例如：

〔41〕They think a man leaves only because he wants others.

在当代，果 - 因语序复句进一步增加，占据绝对的优势。

古英语因 - 果语序为优势语序，但从中古时期起，英语果 - 因语序的复句占据绝对优势。在演变的过程中，果 - 因复句一定程度地增加，因 - 果复句一定程度地减少。到了当代, because 引入后置原因分句的频率最高，其次是 so 引入的结果分句，for 引入后置因句位居第三。至今，because 引入后置原因分句已占据绝对的优势。果 - 因语序为绝对优势的语序。

（二）汉语因果复句语序的演变

根据语料，我们统计出汉语因果复句语序演变的频率如表 6-12 和图 6-5。

表 6-12　汉语因果复句语序频率的演变

历史时期 / 语序	上古	中古	近代	现代	当代
因 - 果	99.4%	95.95%	99.17%	76.80%	67.26%
果 - 因	0.6%	4.05%	0.83%	23.20%	32.74%

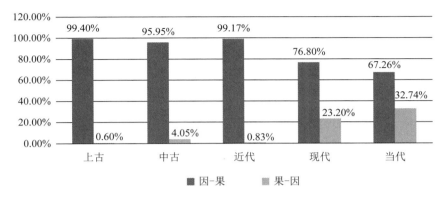

图 6-5　汉语因果复句语序频率的演变

　　从上古时期到近代时期，汉语因果复句的因前果后语序占据绝对的优势，汉语果－因复句一直为劣势语序。例如：

　　[42] 夫政自上下者也，上作政而下行之不逆，<u>故</u>上下无怨。（《国语》）

　　上古时期，汉语因果复句呈现了绝对的因前果后的自然语序，关联词"以"和"故"位居前列，引入后位的结果分句的频率最高，这时期的"以"主要引入结果分句。

　　中古汉语的语序没变，但关联词有些变化。例如：

　　[43] 既至，入户，李氏起迎，郭不觉脚自屈，<u>因</u>跪再拜。（《世说新语》）

　　中古时期汉语的关联词"故"和"因"引入结果分句的频率最高，"因"主要引入结果分句。

　　到了近代，因－果复句依然占据绝对的优势，只是关联词的格局发生了较大的变化。例如：

　　[44] 到了次日一早，宝玉<u>因</u>心里记挂着这事，一夜没好生得睡，天亮了就爬起来。（《红楼梦》）

　　关联词"因"开始更多地引入前位因句，且引入因句的频率最高，结果分句关联词退居其次。同时，"既（然）"引入原因分句的频率大幅升高，汉语民族主观思维开始更加活跃。

　　自现代起，汉语因果复句语序发生了较大的演变，现代时期，果前因后的语序增加了百分之二十几；当代时期，增加了百分之三十左右。例如：

［45］照例第一种人应该乐观，因为他每吃一颗都是吃剩的葡萄里最好的；第二种应该悲观，因为他每吃一颗都是吃剩的葡萄里最坏的。(《围城》)

［46］肮脏的念头、肮脏的语言不干扰他，就是因为他对它们可以聋，也可以瞎。(《陆犯焉识》)

由于汉语词语的双音化，"因"不再兼表"原因"和"结果"，双音化的"因为"大幅增加，引入因句频率超过"所以"和"因此"，它引入前位原因分句的频率最高。"因"使用频率小，且只引入原因分句。

总之，汉语果句在前原因分句在后一直是少数的语序，为劣势语序，但在历时演变的过程中，汉语因句后置自现代起频率增幅较大。

（三）英汉语序演变的共性和差异

表 6-13 和图 6-6 是英汉因 - 果复句语序频率演变的具体数据。

表 6-13　英汉因 - 果复句语序频率的演变

历史时期	上古	中古	近代	现代	当代
英语	10.06%	14.19%	20%	36.59%	22.10%
汉语	99.4%	95.95%	99.17%	76.80%	67.26%

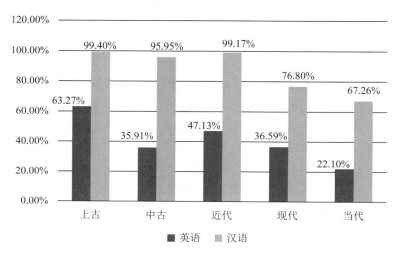

图 6-6　英汉因 - 果复句语序频率的演变

英汉因果复句语序演变的特征为，两种语言都存在因 - 果和果 - 因语序复句。但是它们之间的差异性更为突出。主要体现在：（1）从中古时期起，英语的果－因复句一直为优势语序，因－果复句一直是劣势语序，英语果－因语序复句的频率一直很大程度地超过汉语；（2）汉语的因－果复句一直是优势语序，果－因复句一直为劣势语序；（3）"because"原因分句后置的频率大于汉语的。"because"原因分句逐渐增加，"for"类并列复句频率逐步减少；（4）汉语"因为"类原因分句语序后置的频率从近代起有一定程度的增加，而英语的"because"类原因分句从现代起有一定程度的减少。

二、因果复句逻辑语义的主观化

从语言出现之初，分句之间的语义关系多多少少含有主观的成分，因为是通过人的心理认知加工把两个分句联系在一起。和其他复句一样，如条件句（徐李洁，2008）等，英汉因果复句逻辑语义也经历了主观化的过程。

（一）英语因果复句逻辑语义的主观化

这部分主要侧重对比研究英语由"since"和"because"，汉语由"既（然）"和"因（为）"引入原因分句的英汉因果复句逻辑语义的演变历程，因为在整个历时的演变过程中，它们是最典型的、特征变化最大的因果复句。由结果关联词引入的因果复句在逻辑语义上几乎没有什么变化。

我们主要根据沈家煊（2003）提出的因果复句的"三域"——"行域、知域、言域"来考察因果复句逻辑语义即从客观语义向主观语义的发展情况。"行域"属于客观语义，"知域"和"言域"属于主观语义。

1. "since"类因果复句逻辑语义的主观化

在上古英语时期，"since"引导的因果复句的逻辑语义关系为，因句倾向为已知的或共知的原因，果句表示和原因有一定内在逻辑关系的结果。复句语义关系大多属于"行域"即客观域。例如：

〔47〕A sword to the boat-guard Beowulf gave, mounted with gold; on the mead-bench since he was better esteemed, that blade possessing, heirloom old. (《贝奥武夫》)

〔48〕Yet quickly under his kinsman's shield went eager the earl, since his own was now all burned by the blaze. (《贝奥武夫》)

这类复句表示的语义比较客观，"since"有时可以被"as"或"for"

替代，只是"since"分句的信息已知性较强。

从中古时期起，"since"类因果复句的语义关系发生了较大的改变，"知域"和"行域"大幅增加，特别是"知域"，即主观语义的"since"类因果复句大幅增加。例如：

〔49〕I needs must wend my way And by his cov' nant gave he reckoning, Since that his lord was twenty year of age. (《坎特伯雷故事集》)

〔50〕But, since I had them wholly in my hand, And that they had me given all their land, Why should I take keep them for to please, But it were for my profit, or mine ease? (《坎特伯雷故事集》)

例句〔49〕和〔50〕中，基于因句的已知原因，言者主语表达了自己主观的推测、断定和各种主观的行为愿望、建议、要求等。

到近代和现代英语时期，"since"类复句的语义进一步主观化。例如：

〔51〕Why should poor beauty indirectly seek, Roses of shadow, since his rose is true? (《十四行诗》)

〔52〕And since you do profess to be a suitor, You must, as we do, gratify this gentleman, To whom we all rest generally beholding. (《驯悍记》)

〔53〕But now—since I am irrevocably doomed—wherefore should I not snatch the so–lace allowed to the condemned culprit before his execution? (《红字》)

从近代起，"since"原因分句的语义进一步演变，推断性加强，有些情况下，说话人在态度上显示了较强的主观性，对受话人表达了主观的态度、要求、建议或愿望。

这时期"行域"依然为少数，而"知域"有所减少，"言域"增幅较大。

当代英语的"行域"有所增加，"知域"增幅加大，而"言域"减幅较大。例如：

〔54〕That must mean a rat is more like a human than it is like a cockroach, even if they're both vermins, since a rat and a human can get cancer but a cockroach can't. (《白噪音》)（知域）

这时期"since"类因果复句依然是主观性语义关系占多数，只是"行域"即客观性语义关系复句有所增加。但整体还是以主观性语义关系为主。表 6-14 和图 6-7 为 "since" 类因果复句语义关系演变的具体数据。

表 6-14 英语 since 原因分句 "三域" 频率的演变

历史时期 / 语义域	行域	知域	言域
上古	11（68.75%）	2（12.50%）	3（6.25%）
中古	10（10%）	65（64.36%）	26（25.74%）
近代	5（11.91%）	13（30.95%）	24（57.14%）
现代	5（14.29%）	12（34.28%）	18（51.43%）
当代	6（31.58%）	12（63.16%）	1（5.26%）
历史时期 / 语义域	客观域	主观域	
上古	11（68.75%）	5（31.25%）	
中古	10（10%）	91（90%）	
近代	5（11.91%）	37（88.09%）	
现代	5（14.29%）	30（85.71%）	
当代	6（31.58%）	13（68.42%）	

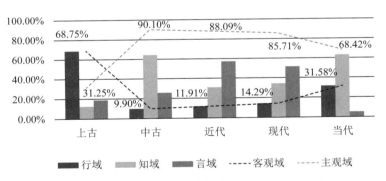

图 6-7 英语 since 原因分句 "三域" 频率的演变

　　总之，上古时期，英语 "since" 类因果复句语义大多为客观域。自中古时期起，"since" 类因果复句大多出现主观域语义，基于已知的原因，言者可以推断出和原因具有一定内在逻辑关系的结果，或基于原因表达言者主观或说话者的态度或看法。从近代起，"since" 类因果复句在形式和语义上进一步主观化，言者基于已知原因即实据原因进行 "溯因推理"（廖巧云，2004）。这种句式更多地表达言者主观的态度或感情，通过更多样的句法形式表达更主观的意义，如疑问句、祈使句等，表达言者较强烈的态度、看法、建议或要求。

2. "because" 类因果复句逻辑语义的主观化

根据我们的数据统计，"because" 类因果复句的频率在古英语时期频率很低，原因分句主要关联词的频率高低的顺序为：for>as>since>because，到中古和近代，"because" 类因果复句频率略有增加，到现代，增幅很大，到当代，频率最高，超过所有的原因和结果分句关联词。那么，在历时演变的过程中，"because" 类因果复句除了语用频率的增加，其语义关系也发生了相应的演变。

先看古英语到近代英语时期的例子：

[55] Himself who chose us from all his army to aid him now, urged us to glory, and gave these treasures, because he counted us keen with the spear and hardy 'neath helm. (《贝奥武夫》)

[56] Then saw they therein such difficulty By way of reason, for to speak all plain, Because that there was such diversity Between their bothe lawes, that they sayn. (《坎特伯雷故事集》)

[57] My name, dear saint, is hateful to myself, Because it is an enemy to thee. (《罗密欧与朱丽叶》)

上面三个例句都呈现了因句和果句之间存在的内在的客观的逻辑语义关系，它们代表了这三个英语历史时期 "because" 类因果复句的逻辑语义特征。

但是，到了现代和当代时期，"because" 类因果复句的逻辑语义产生了一定程度的分化，它不仅表示比较客观的逻辑语义，也可以表示比较主观的逻辑语义。例如：

[58] No, my dear, you had better go on horseback, because it seems likely to rain. (《傲慢与偏见》)

[59] And you killed her out of fear, because you trembled still at the danger you had barely escaped. (《月亮和六便士》)

此处例句 [58] 基于原因言者提出自己主观的建议；例句 [59] 表示言者根据他观察到的现象（原因）提出自己推断的结果。

表 6-15 和图 6-8 为 because 类因果复句语义 "三域" 频率演变的具体数据。

表 6-15　because 类因果复句语义"三域"频率的演变

历史时期 / 语义域	行域	知域	言域
上古	1（100%）	0（0%）	0（0%）
中古	15（78.95%）	2（10.53%）	2（10.52%）
近代	7（35%）	4（2%）	9（45%）
现代	120 120（67.41（0%））	26（14.61%）	32（19.98%）
当代	74（65.49%）	21（18.58%）	18（15.93%）
历史时期 / 语义域	客观域	主观域	
上古	1（100%）	0（0%）	
中古	15（78.95%）	4（21.05%）	
近代	7（35%）	13（65%）	
现代	120（67.41%）	58（34.59%）	
当代	74（65.49%）	39（34.51%）	

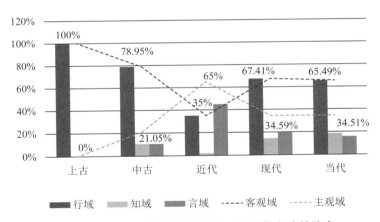

图 6-8　because 类因果复句语义"三域"频率的演变

　　总之，英语"because"类因果复句在逻辑语义上经历了从比较纯粹表示客观逻辑语义到既可以表示比较客观的逻辑语义又可以表示比较主观的逻辑语义的演变过程，即客观逻辑语义→ 客观逻辑语义 / 主观逻辑语义，但客观逻辑语义依然多于主观逻辑语义，只是客观逻辑语义的频率减少。

（二）汉语因果复句逻辑语义的主观化

和英语原因关联词"since"对应的汉语原因关联词有两个——"既"和"既然"，上古汉语中古汉语使用单音词"既"，近代汉语主要还是使用"既"，但出现了少量的同义双音词"既然"，从现代汉语起，因为双音化的普及，基本上都使用双音词"既然"。

1. "既（然）"类因果复句逻辑语义的演变

和英语相对应的"since"类因果复句相比，汉语"既，既然"类因果复句逻辑语义在历史的进程中发生了更大的变化。例如：

> ［60］若作室家，既勤垣墉，惟其涂塈茨。（《尚书》）

在上古时期，"既"类因果复句频率很低，原因复句表示已知的原因，一般只表示知域，表示一定的推断意义，语义重点在结果分句上，没有言域的用法。

到中古时期，"既"类因果复句语义变得更复杂，原因复句意义还是表示已知原因，但结果分句除了上面说的推断结果意义之外，还可以表示言者的主观态度、要求或想法。例如：

> ［61］既已纳其自托，宁可以急相弃邪？（《世说新语》）

这时，"既"类因果复句不仅表示逻辑语义，还可以表示言者的主观情感。例句［61］表示，言者认为"既然已经接纳了他们，就不能因为事态紧急而抛弃他们"。

到了近代，"既"类因果复句使用频率较高，且表达主观情感的现象更加突出。例如：

> ［62］既蒙厚爱，何敢拂此盛情。（《红楼梦》）
> ［63］李纨道："既这样说，明日你就先开一社如何？"（《红楼梦》）
> ［64］女王道："既不是你唐朝人物，为何肯随你来？"（《西游记》）

这时期的"既"类因果复句很多都呈现出框式结构——"既……何/为什么、怎么……？"和"既……就……"等，用疑问句的形式表示对某个现象持强烈的否定态度，用祈使句表示言者强烈的主观态度或要求、建议等。这种框式结构更加凸显结果句中言者的主观情绪。且表示言域语义的因果复句占据多数（72%）。

到了现代，情况相似于近代，只是"既然"类因果复句频率有所降低，同时"既"基本上双音化成"既然"。例如：

[65] 但他<u>既然</u>错，为什么大家又仿佛格外尊敬他呢？（《阿Q
正传》）

[66] 七巧道："你<u>既然</u>知道钱还没到我手里，你来缠我做什么？"
（《倾城之恋》）

[67] <u>既然</u>有牺牲的决心，就不能说不甘心便宜了他。（《倾城
之恋》）

现代的"既然"类因果复句言域占据 73.08%。

从近代起，"既然"类因果复句大多表示主观意义，且为言域意义。
例如：

[68] "余敬唐<u>既然</u>居心不良，我只有走！"（《青春之歌》）

[69] <u>既然</u>你们志同道合，那还不该去听听。（《青春之歌》）

[70] <u>既然</u>如此，那何必还要告诉她们呢？（《蛙》）

根据汉语的各个历史时期，我们统计出汉语"既（然）"原因分句
"三域"频率的演变情况如表 6-16 和图 6-9。

表 6-16　汉语"既（然）"原因分句"三域"频率的演变

历史时期/语义域	行域	知域	言域
上古	0（0%）	4（100%）	0（0%）
中古	8（22.22%）	13（36.11%）	15（41.67%）
近代	8（2.13%）	97（25.87%）	270（72%）
现代	2（7.69%）	5（19.23%）	19（73.08%）
当代	3（7.69%）	49（23.08%）	27（69.23%）

历史时期/语义域	客观域	主观域	
上古	0（0%）	4（100%）	
中古	8（22.22%）	28（77.78%）	
近代	8（2.13%）	367（97.87%）	
现代	2（7.69%）	24（92.31%）	
当代	3（7.69%）	36（92.31%）	

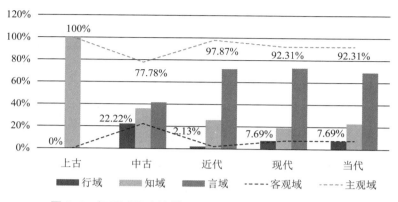

图 6-9　汉语"既（然）"原因分句"三域"频率的演变

总之，"既（然）类因果复句一般强调结果，不强调原因，言者倾向于基于实据性原因或事实，表明自己主观的态度。从中古时期起，此类因果复句逻辑语义经历了主观化的过程，言域表达的频率最高，特别从近代起，言域即言者主语主观化的程度更高，占据了绝对的优势。

2. "因，因为"类因果复句逻辑语义的主观化

在上古和中古时期，原因分句的关联词种类较多，还没有出现"因为"这个关联词，关联词大多为单音词，其中"因"既可引入因句也可引入果句（曾冬梅、邓云华、石毓智，2017），中古汉语的"因"大多引入果句。例如：

　　　［71］因甲于内乱，不克灵承于旅。（《尚书》）
　　　［72］遂不复注，因作道德论。（《世说新语》）

这两个时期引入因句时，因句一般表示是结果分句的内在的客观的原因。

在近代，"因"的语义角色分化明显，且有少数双音化"因为"，引入因句的比例超过引入果句的。例如：

　　　［73］因毫不干涉时世，方从头至尾抄录回来，问世传奇。（《红楼梦》）
　　　［74］大圣在园内，因困倦，自家在亭上睡哩。（《西游记》）

近代的此类因果复句绝大多数表示"行域"意义，即客观语义。

从现代起，"因"关联词的语义角色更加明确，主要只引入因句，同时，随着普遍的双音化，原因关联词大多使用"因为"，"因"主要沿袭其做介词的功能。例如：

　　[75]因为从来不朽之笔，须传不朽之人。（《阿Q正传》）

　　[76]只是因为老的说车有车路，马有马路，我就走了车路。

　　　　（《边城》）

现代的"因为（因）"因果复句仍然绝大多数表示客观语义——行域。

　　[77]你不要过于悲哀，因为你即将临产。（《青春之歌》）

　　[78]现在想起来她大概患有牙周炎，因为吃煤时她满嘴都是血。

　　　　（《蛙》）

　　当代"因为（因）"因果复句出现更多表示主观域语义的现象，接近三分之一（27.87%），此类复句的表达方式更加丰富。例句[77]为言域，例句[78]为知域。表6-17和图6-10的语料统计揭示了汉语"因（为）"类原因分句"三域"频率的演变具体情况。

表6-17　汉语"因（为）"类原因分句"三域"频率的演变

历史时期／语义域	行域	知域	言域
上古	3（100%）	0（0%）	0（0%）
中古	15（100%）	0（0%）	0（0%）
近代	280（93.65%）	1（0.33%）	18（6.02%）
现代	170（93.92%）	7（3.87%）	4（2.21%）
当代	88（72.13%）	18（14.75%）	16（13.12%）
历史时期／语义域	客观域	主观域	
上古	3（100%）	0（0%）	
中古	15（100%）	0（0%）	
近代	280（93.65%）	19（6.35%）	
现代	170（93.92%）	11（6.08%）	
当代	88（72.13%）	34（27.87%）	

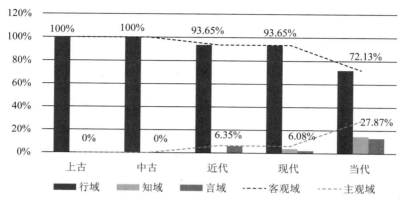

图 6-10　汉语"因（为）"类原因分句"三域"频率的演变

从近代起，"因，因为"类因果复句增加了新的语义，除了表示客观意义，还出现了少数表示比较主观意义的原因句。到了当代，"因，因为"类因果复句表示"知域"和"言域"即主观意义的频率更有一定程度的增高。

（三）逻辑语义主观化的共性和差异

这部分对比分析"since"和"既（然）"类，"because"和"因/因为"类因果复句语义主观化的共性和差异。

1. "since"和"既（然）"类复句语义主观化的共性和差异

"since"和"既（然）"类复句的语义在演变历程中显示出较多的共性和一些差异。

（1）"since"和"既（然）"类复句语义主观化的共性

"since"和"既（然）"类复句逻辑语义关系分为两类：①知域——根据已知原因，推断结果；②言域——基于实据性原因的效力，根据性，言者表达主观的态度和愿望，言者欲达到影响听者的效果。这两种句式都是因句为已知信息，结果为未知信息，语义重点在结果，都经历了从比较客观的逻辑语义关系到既可以表示客观的又可以表示主观的逻辑语义的过程，且到现当代，主观语义的频率更高。

总体来说，"since"和"既（然）"类因果复句的语义主观性程度很高，且凸显的对象为结果分句。

（2）"since"和"既（然）"类复句语义主观化的差异

"since"的语序有两种，可前可后；但汉语的一般在前。经历了历时的演变，"since"的语义主观性弱于汉语的。汉语中的疑问形式更多，更多地表达言者的主观情感，如态度／建议，要求或想法等，倾向于表示言者比较强烈的情绪。

2. "because"和"因/因为"类复句语义演变的共性和差异

"because"和"因/因为"类复句在演变历程中体现出一些共性和差异。

（1）"because"和"因/因为"类复句语义主观化的共性

"because"和"因/因为"原因分句语义都经历了从表达客观的到既可以表达客观的也可表达比较主观的语义的过程。

（2）"because"和"因/因为"类复句语义主观化的差异

"because"和"因/因为"类复句语义演变的差异主要体现在：①"because"原因分句从"for"原因分句中分离出来，表达范围比"因/原因"更受限制：大多表示直接的原因，且有凸显的作用，语义程度强于汉语的"因/原因"类分句，复句的结构更紧凑。②"因为"的表达范围比英语的宽。汉语这类因果复句的语义更加泛化，只要表原因的，无论是直接的还是间接的，强势的还是弱势的，表原因的分句基本上都可以用关联词"因/因为"引入，不过当代大多用双音原因词"因为"，少用"因"。

三、英汉因果复句主观化的认知机制

这部分将分别对比分析英汉因果复句主观化的认知机制。徐盛桓（2005）在研究原因句的嬗变时提出，事件间的各种关系，包括因果关系，"不是一个纯粹的被动接受的过程，而是包含了人们认识的主动建构，包含了人们以自己已有的经验对事物做出主观化的理解，是主客观互动的结果"。徐盛桓是从共时的层面解释英语因果复句中的主观化现象，而我们将从历时的角度解释英汉因果复句的主观化历程。

（一）语序演变的认知机制

奥斯古德（Osgood，1980）提出，"自然语言中存在两种语序——自然语序和特异语序。自然语序基于概念，而特异语序表达言者的兴趣，心绪，焦点等等"。李晋霞、刘云（2004）也提出，自然语序是客观的语序，特异语序是客观程度较弱的语序。朱斌等（2013）研究了汉语复句包括因果复句语序与语义焦点之间的关系。

1. 英语因果语序侧显原因

从中古时期起，英语因果复句的优势语序一直是果－因语序，即奥斯古德（1980）提出的"特异语序"。

　　英语因果复句的语序主要遵循自然信息结构的原则：已知信息先说，未知信息后说。已知信息是未知信息的铺垫或过渡，或者说，是"背景"到"前景"的过渡。原因一般是未知的（除 since 类复句）。英语因果复句的优势语序主要遵循信息结构的原则，从已知到未知，侧显未知的原因。

2. 汉语因果语序体现高度象似性

　　汉语因果复句的优势语序一直是因－果语序，主要遵循时间顺序原则，先发生的先说，后发生的后说。时间顺序原则（The Principle of Temporal Sequence，简称 PTS）指的是，两个句法单位的相对次序对应于它们所表示的概念事件的时间顺序。"从语义结构到表层结构的投射理论的观点来看，……像汉语这样的非屈折语具有比较多的直接投射，而像英语这样的屈折语则具有比较多的间接投射，即投射必须透过对形式句法范畴所规定的那层限制。"（戴浩一著、黄河译，1998）

　　和英语及许多其他语言不同，汉语反映出概念事件的高度"象似性"（Haiman，1980/1983），句法形式的顺序对应概念事件的顺序。汉语因果复句语序严格地运用"时间顺序的象似性原则"（郭中，2015）。因此，汉语因果复句事件基于因果概念的自然语序，比较客观地描摹因果复句概念的语序。

3. 英汉因果复句语序的演变——原因侧显度的改变

　　英语果－因复句从中古时期起一直是优势语序，汉语的优势语序一直是因－果复句。这种语序的差异说明英汉民族对因果复句事件的识解的视角一直存在差异，英语民族对待因果复句事件主要采取侧显原因的方式，语义重点在原因分句上，在因果事件上进行了主观认知处理，让听者／读者更加关注原因，这点体现了英语民族的分析性思维——强调个体差异。但随着语言的历时演变，果－因语序复句有所减少，说明对原因的侧显程度有所减低，因果事件概念表达的象似性有所增强，主要表现在"for"类后置因句的减少和"so"后置果句的增加。

　　汉语对待因果复句主要采取整体识解因果事件的视角，临摹因果事件的自然时间顺序，先发生的先说，后发生的后说，这点体现了汉语民族的综合性思维——万事讲究"和谐统一"。但从现代起汉语果－因复句有较多的增加，说明汉语民族对因果复句事件主观认知处理的程度越来越高，在一定程度上更侧重对原因的凸显。

（二）英汉因果复句逻辑语义主观化的认知机制

英汉因果复句逻辑语义主观化演变的认知机制主要有：（1）识解视角的改变；（2）交互主观性。

1. "because"和"因（为）"类因果复句识解视角的改变

在历史演变的进程中，英语"because"类因果复句比汉语"因（为）"类因果复句，逻辑语义主观化的程度更高。从中古时期，英语"because"类因果复句就有21.05%的知域和言域的表达，从现代起又呈递增的趋势。说明英语"because"类因果复句在演变的历史进程中，整体上言者参与度高于汉语"因（为）"类因果复句，从中古时期言者识解因果事件的视角发生了改变，言者参与度的频率就高于汉语，且频率逐渐递增。

汉语的"因（为）"类因果复句从近代才开始出现知域和言域的表达，且比例较小，到了当代言者识解因果事件的视角才发生比较大的变化，言者参与度有较大程度的增加。但总体上，从中古时期起，英语"because"类因果复句的主观化程度高于汉语，说明英语"because"类因果复句言者的参与度和移情程度高于汉语。

2. "since"和"既（然）"类因果复句的交互主观性

交互主观性产生自主观性。维哈根（Verhagen，2005）对"交互主观性"的界定是，交互主观性是交际双方的基本认知协作能力在语言交际中的反映，交际中话语意义的建构和理解很大程度上体现为"言者"与"听者"在心理空间层面上的交互认知协作，主要表现为前者对后者的观照并试图对后者产生影响。孙鹏飞（2018）研究了交互主观性在汉语特殊"自称"上的表现，张滟（2010）提出汉语"施行性事态限定"句式具有凸显的"交互主观化"语义。其实，交互主观性体现在语言表达的方方面面，如英汉因果复句中特别是英语"since"类因果复句和汉语 和"既（然）"类因果复句。这两类复句在历史的演变进程中主观化的程度较高，英语的从中古时期开始，主观化程度很高。汉语"既（然）"类因果复句从上古时期主观化的程度就高于英语，且言域的程度高于英语，特别是在当代，更是如此。李晋霞、刘云（2004）区分了汉语"由于"和"既然"的主观性差异，提出，"由于"类因果复句主要属于"客观域"，而"既然"主要属于"主观域"。"既然"类复句主要具有主观态度/看法或建议的"言外之力"，且"既然"经常有"就，才，又，那，那么，何，一定，为什么"等与之共现，显示主观性语言编码的强制性和明确性。

"since" 和 "既（然）" 类因果复句的识解视角和 "because" 和 "因（为）" 类因果复句的识解完全相反，它主要是侧显 "结果"，言者基于已知的原因，实据或已知事实，进行推理，询问，表明自己的主观态度或提出建议、要求等。同时，"since" 和 "既（然）" 类因果复句在很大程度上体现了言者和听者 / 旁者的交互主观性。例如：

[79] But now—since I am irrevocably doomed—wherefore should I not snatch the so-lace allowed to the condemned culprit before his execution?（《红字》）

[80] 大家既然都赞成，现在我们就开始讨论。（《青春之歌》）

"since" 和 "既（然）" 类因果复句的 "言域" 表达占据了较大的比例，特别是汉语从近代起占据了绝对的优势。言者主语的主观性通过疑问句或祈使句来表达，比陈述句的主观性强，引起言者和听者的情感互动，以达到言者影响听者的目的。例如：

[81] a. But now—since I am irrevocably doomed—wherefore should I not snatch the so-lace allowed to the condemned culprit before his execution?（《红字》）

b. But now—since I am irrevocably doomed— I should snatch the so-lace allowed to the condemned culprit before his execution.

[82] a. 你既然不爱钱，为什么要为人代孕？（《蛙》）

b. 你既然不爱钱，就不必为人代孕。

a 句以反问句的形式，表达与疑问相反的意义，蕴含的是 "言外之力"，相比 b 句，表明言者更加强烈的移情——主观的态度，看法或建议，要求等，以达到更强烈影响听者并与听者互动的效果。同时，这类复句的言者主语参与度远远高于 "because" 和 "因（为）" 类因果复句。

总之，汉语 "既然" 句的频率高于英语，"言域" 频率高于英语，交互主观性程度高于英语。

本部分对比分析了英汉因果复句两大方面的主观化历程：句法上的语序和逻辑语义，逻辑语义主要涉及英汉因果复句中最典型且演变频率最高的两类复句："since" 和 "既（然）" 类复句，"because" 和 "因 / 因为" 类复句。英语果－因语序复句的频率一直很大程度地超过汉语，但在历时的进程中英汉因果复句的语序和主观化程度都各自有所调整改变。"since"和"既（然）"类复句都经历了从比较客观的逻辑语义关系到既可以表示客观的又可以表示主观的逻辑语义的过程，语义主观化程度很高，但"since"类复句的语义主观化弱于汉语"既（然）"类复句。"because"和"因/因为"原因分句语义都经历了从表达客观的到既可以表达客观的也可以表达比较主观的语义的过程。英汉因果复句语序主观化的认知机制表现在：英语因果语序侧显原因，汉语因果语序体现高度象似性，英汉因果复句语序的演变导致原因侧显度的改变。英汉因果复句逻辑语义主观化演变的认知机制主要有识解视角的改变和交互主观性。英汉因果复句的主观化因素有多种，主观化来自多种因素的协同作用。以后我们还将另文讨论汉因果复句语用方面主观化的历程和认知机制，以更加具体全面系统地揭示英汉因果复句和语言的历时演变和主观化的概况。

第三节　小结

本章对比分析了英汉因果复句语法化和主观化历程的共性和差异及其认知机制和动因。主要研究内容如下：

（1）应用英汉各个历史时期的自建语料库，对比分析了英汉因果复句语法化历程的共性和差异及其认知动因。英汉因果复句语法化的共性主要表现在：关联词的语法化、焦点标记的语法化和因果复句结构的语法化。英汉因果复句关联词的语法化表现在：因句关联词形式的语法化、因句关联词语用的语法化和因句关联词语义的演变。英汉因果复句焦点词语法化特征的共性主要表现在：出现的时期、所处的位置、强调的对象、句法特征和语义特征。英汉因果复句结构语法化的共性主要表现在复句语序的演变上。英汉因果复句语法化的差异主要体现在：因句关联词语法化的程度、焦点标记语法化的程度和复句结构语法化的程度。英汉因果复句的语法化过程和特征的认知动因主要有：语用认知、因句的凸显和识解的方式。因果复句构式的表达越来越倾向于精细化和明确化。英汉因果复句首先通过调整因句和果句事件的语序来凸显因句事件，即因句前景化，且后置的因句强势增加，特别是英语更明确，具体表现是 because 类因句增加。后置的因句作为射体被前景化，语义上得到凸显，而果句前置后倾向于作为界标被背景化。因果复句形式结构的演变，来自对因果事件识解方式的演变，即因果事件从相对独立事件识解的倾向演变到整体事件的识解的倾向，言者关注对象的倾向从有因果逻辑关系的相对独立的两个事件发展到逻辑关系较强的整体因果事件，更凸显果句对因句在形式和语义上的依赖性，从而因果复句的语义关系也发生了改变：言者在强调因句事件语义的同时，更突出果句事件对因句事件的依赖性，因果事件倾向于作为整体事件来识解。

（2）对比分析了英汉因果复句两大方面的主观化历程。句法上的语序和逻辑语义，逻辑语义主要涉及英汉因果复句中最典型且演变频率最大的两类复句："since"和"既（然）"类复句，"because"和"因 / 因为"类复句。英语果－因语序复句的频率一直很大程度地超过汉语，但在历时的进程中英汉因果复句的语序和主观化程度都各自有所调整改变。"since"和"既（然）"类复句都经历了从比较客观的逻辑语义关系到既可以表示客观的又可以表示主观的逻辑语义的过程，语义主观化程度很高，但"since"类复句的语义主观化弱于汉语"既（然）"类复句。"because"和"因 / 因为"原因分句语义都经历了从表达客观的到既可以表达客观的也可以表达比较主观的语义的过程。英汉因果复句语序主观化的认知机制表现在：英语因果语序侧显原因，汉语因果语序体现高度象似性，英汉因果复句语序的演变导致原因侧显度的改变。英汉因果复句逻辑语义主观化演变的认知机制主要有识解视角的改变和交互主观性（文旭、杨坤，2022）。英汉因果复句的主观化因素有多种，主观化来自多种因素的协同作用。

注释

1. 语料来源的说明：因为英语和汉语在古代和中古时期都还没有出现，故我们从近代起搜集语料，选取了英汉历史三个时期具有代表性的文学作品，共 12 部。近代英语来自作品《驯悍记》和《罗密欧与朱丽叶》，现代英语来自《简·爱》和《红字》，当代英语来自《月亮和六便士》和《白噪音》；近代汉语来自作品《红楼梦》和《西游记》，现代汉语来自《边城》和《倾城之恋》，当代汉语来自《青春之歌》和《陆犯焉识》。我们首先检索了这 12 部作品中所有的因果复句，选取所有因果关联词焦点标记句子自建语料库，然后将含有因果关联词焦点标记的语料与因句总量进行统计。接着，根据筛选出来了的因果关联词焦点标记语料，分析英汉因果复句关联词焦点标记的频率，分别穷尽性统计。

2. because、as、for、since 都是连词，表"原因"，语气由强至弱的顺序为 because > since > as > for。because、since、as 皆为从属连词，引入原因状语从句，for 为并列连词，引入并列句。

3. 因为本研究的语料和例句统一来自自建语料库的语料，文中出现的例句不再具体标明出处。

4. 本部分的语料来自我们和课题组成员自建语料库的统计和分析。英汉历史分别分为五个时期。英语古英语时期的语料来自文学作品《贝奥武夫》；中古时期的文学作品为《坎特伯雷故事集》《高文爵士绿衣骑士》；近代时期的作品为《罗密欧与朱丽叶》《十四行诗》《丹麦王子》《驯悍记》《哈姆雷特》《李尔王》；现代时期的语料来自《傲慢与偏见》《简·爱》《红字》《远大前程》；当代时期来自《了不起的盖茨比》《月亮和六便士》《床笫之间》《白噪音》。汉语上古时期的语料来自《国语》《论语》《尚书》《左传》；中古时期来自《法显传》《拾遗记》《搜神记》《世说新语》；近代时期来自《水浒传》《西厢记》《老乞大》《朴通事》《红楼梦》；现代时期来自《阿Q正传》《边城》《倾城之恋》《围城》；当代时期来自《青春之歌》《城南旧事》《活着》《蛙》《陆犯焉识》。

第七章　英汉因果复句的入场模式

本章基于认知语法的入场理论（grounding theory），从关联词入场的视角建构英汉因果复句入场模式。研究聚焦三个主要问题：（1）因果复句的认知场景包含什么元素？（2）因果复句关联词入场的策略与路径分别是什么？（3）怎样构建因果复句入场系统？研究发现，汉语因果复句入场元素的语法化、主观化程度均高于英语。英汉民族概念化主体体验和感知世界的异同是导致因果复句表达形式和语义异同的主要原因。

第一节　因果关系表达形式的分类和研究目标

因果关系是客观世界中事件和现象之间普遍存在的一种内在的必然联系。哲学领域、宗教学领域、逻辑学领域、语言学领域都不乏对因果关系的探讨和研究。哲学中的"因果关系"属于"本体论"范畴，具有"客观性、必然性和普遍性"；逻辑学中的因果关系属于"认识论"范畴，具有"主观性、推理性和论证性"；而语言学中的"因果关系"属于"反映论"范畴，具有"交互性、偶然性和经验性"（荣丽华，2011）。本研究关注的是在语言学领域中，人们对于客观世界中存在的各种各样的"因果关系"的主观反映，即因果关系在语言中的表现形式和特征。这种关系体现在语言表达中主要有以下两种方式：

　　[1]显性因果句
　　　　a.因为他儿子考上了大学，所以他很高兴。
　　　　b.既然校长不高兴，大家也懒得跟他联络。
　　　　c.我不用说明笑什么，反正彼此心照不宣。
　　　　d. I couldn't see Helen's expression, because her head was turned.
　　[2]隐性因果句
　　　　a.外面下雨了，带一把雨伞吧。

b. Where there is a will, there is a way.

汉语显性因果句里含有明显的因果关联词连接前后两个分句，可表示陈述、解释、补充说明以及推断等。如：因为……所以、既然、反正、因此、因而等等。因此邢福义（2001:39）将汉语因果复句从广义上分为因果句、假设句、推断句、条件句、目的句。例如：

　　［3］如果他儿子能考上大学，他肯定会很高兴。（假设句）

　　［4］既然他儿子考上了大学，他一定很高兴。（推断句）

　　［5］只要他儿子考上大学，他定会很高兴。（条件句）

　　［6］一定要他儿子能考上大学，以便让他高兴高兴。（目的句）

英语里的显性因果复句关联词主要包括：because、so、therefore、since、for、while 等，这些关联词将主句和从句连接起来，形成复合句。英汉隐性因果复句中没有因果关联词连接两个或者多个分句，然而我们却可以根据两个分句所表示言语事件的关系推断出它们之间存在因果关系，此时我们一般是根据语境和上下文做出推断。如上例［2］（a）和（b），"外面下雨"与"带一把雨伞"之间虽然没有因果关联词的显性连接，但这两个事件之间毫无疑问是一种因果关系，而且体现出前后事件因果关系时间的顺承，"下雨"在前，"带伞"在后。英语谚语 "where there is a will"与 "there is a way"是一种广义上的隐性因果复句，可看作条件句"只要有志向，就可以成就一番事业"，也可以看作因果句"因为有志向，所以能成就一番事业"。在我们的语言表达中，因果关系的体现是无处不在的，只是表现形式存在多样性。也就是说概念上因果关系在这些复句中是连贯一致的，只是它们的关联方式各自不同。但是总体来说，我们可以将它们分为显性因果复句与隐性因果复句两大类。显性因果复句与隐性因果复句均可表达万事万物之间的因果关系，是人们概念化客观世界的一种思维方式。

关系标记是复句句式中重要的句法标记，也是重要的语义标记（肖任飞，2010）。关于因果复句的关系标记——因果关联词，前期研究中一些学者从汉语的角度对关联词标记模式、句法－语义界面互动、语序蕴含特征等方面进行了探讨（储泽祥，2008；张滟，2012；郭中，2015）。也有学者从英语的角度关注关联词在话语中的认知复杂度，关联词的主观性在眼动实验中的反应（Canestrelli, et al., 2013）。还有学者从跨语言的角度进行了深入的分析，如戴庆厦（2010）将藏缅因果复句关联词与汉语进行对比，发现不同的语言的关联词大多都无同源关系。这些前期研究均从不同的角度对不同语言的因果复句关联词进行了深入的研究，为我们的研究提供了一些思路和启示。由此可见，关联词一直以来就是研究复句的核心，因果关联词是复句关联标记的概念基础，也是架构起因果复句中两个小句之间语义关系的桥梁。通过对因果关联词的研究我们可以进一步弄清楚因果复句的形式和语义特征。

我们发现，前期研究大多是根据语言事实和语言历时演变分析关联词的异同及标记模式，对于关联词如何协助构建因果复句从而反映人们对因果关系的认知模式并没有太多的提及。基于此，本研究将在认知语法入场理论（grounding theory）的指导下深入探索英汉因果复句入场的元素、路径、策略以及因果复句的认知场景，从而构建因果复句入场模型。

第二节　相关的前期研究

入场理论是兰盖克（Langacker，1987/2008）在认知语法的框架下提出的研究名词和动词范畴的一种最新的视角。总之，没有入场的符号不能作为语言理解的基础。入场研究主要关注交际者（说话人、听话人及其他）、言语事件、与言语事件相关的时间、地点等场内成分的使用以及对名词指称义和小句动词凸显的关系或过程概念化的贡献。原著作中使用"grounding"一词表示使用一些语法手段将名词和动词所表达的事物和事件置于言者和听者概念系统中。汉语界有学者将该术语翻译为"情景植入"（牛保义，2013），也有学者翻译为"入场"（完权，2009；吴吉东，2017；付正玲，2017）。牛保义认为情景植入理论是认知语法研究的一条进路（2013），能够拓宽认知语言学研究的视野。本研究统一使用"入场"这一名称来表述"grounding"的概念。

近年来，关于入场研究的成果主要有兰盖克（Langacker，1991/1999/2009）、布里萨尔（Brisard，2002）等，他们从入场的方式、功能、特征、认知机制等方面阐述了入场研究的理论意义和实践意义。每一种语言都有自己的入场策略，各种语言之间有共性也有个性。拉登和迪文合编的《英语认知语法》是目前唯一一部在认知语法入场理论框架下编写的语法著作。其中有两章专门是对英语名词和名词短语、动词的体、时和情态的情境植入研究。诺易兹（Nuyts，2002）从认知－功能视角研究荷兰语的入场和认知表达系统，发现，荷兰语有许多不同的语言形式表达认识情态（epistemic modality），主要有副词、表语形容词、认识动词和情态动词（牛保义，2015）。

关于入场理论的跨语言研究，汉语界学者也做了不同的尝试（牛保义，2013/2015/2017），分别从"语境观""国内外研究综述""今后研究展望"等宏观方面介绍了入场理论的研究领域，并且认为入场理论的发展有助于拓宽认知语言学的研究视野。完权（2009）主要以英语为例，说明了入场元素的语法表现和策略，并提出汉语事实对入场理论具有一定的修补作用，入场理论也在一定程度上可以解释汉语中的某些现象。入场理论为汉语研究提供了一条新的思路，探讨汉语事实并将之与英语作对比可以更清楚地看到屈折语言与非屈折语言之间的认知差异。付正玲（2017）与吴吉东（2017）分别以入场理论为工具研究了汉语类指句和英语复句，两位学者都在入场研究的新领域取得一定的研究成果。王义娜（2019）基于认知语法的情境植入视角，从述题角度对比考察英汉主题结构在自然口语中的使用倾向。

基于国内外学者借助入场理论对语言进行的研究，我们发现，使用入场理论研究语言已经从最初的名词与动词范畴逐渐发展到关系分句、复句的领域。近十年来关于入场理论的跨语言研究还在进行中，也将继续进行下去。本研究在过去研究的基础上从入场理论的角度进行英汉因果复句的研究，以期对入场理论的进一步发展提供一些新的思考。

第三节　入场的两种基本形式与策略

根据兰盖克（Langacker，2008）的研究，入场并非属于语法范畴（如名词、动词、介词），而是一种语义功能（semantic function）。本小节主要对入场理论中的最基本形式进行梳理和介绍。

一、名词短语与限定小句的入场元素

对于英语而言，显性的入场成分包括冠词（the、a）、指示代词（this、that、these、those）以及量词（all、most、some、no、every、each、any）。它们构成了名词短语入场的核心系统，可以视为入场的不同变式。如在以下表达式中：

[7] *the* book on *the* table

　　　　［8］*this* book

　　　　［9］*all the* books

　　这些入场元素扮演所挑选的名词所指的角色，同时告知听者指称对象与场景之间存在最低限度、认识上的关系。可以看出，这些入场成分并没有直接提及言者与听者，即没有明确提及场景。因此场景被主观识解，入场元素所侧显实体位于台上，被客观识解。例如：

　　　　［10］*this me book；this book me

　　与名词短语一样，限定小句的入场也依赖某些特定的入场元素，主要是动词的时态和情态。英语里的两种基本时态："现在时"（present tense）与"过去时"（past tense），以及五个基本情态动词：may、can、will、shall、must。例如：

　　　　［11］Tom *goes* to school with his friends.

　　　　［12］She *had* milk and egg for breakfast this morning.

　　　　［13］I *should* finish my homework before dinner time.

　　动词的时态与情态作为限定小句的入场元素构成入场系统的核心部分，它们共享的语义特征为：均侧显一个高度图式化的过程。与名词短语一样，限定小句侧显的是一个过程，该过程位于台上被客观识解，而场景与入场关系位于台下被主观识解。我们将名词短语入场与限定小句入场后概念化主客体之间的识解，如图 7-1。

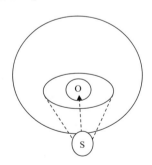

图 7-1　场景中概念化主客体的识解（Langacker，2008）

　　图 7-1 清楚地反映了入场后概念化主体 S（言者或听者）与概念化客体 O（事体或过程）形成一种不对称的关系。在一个概念化活动场景中，概念化主体本身并不被表征，而引起大家关注的是概念化的客体，它在台

上成为注意焦点。因此我们可以说，入场元素不提及认知场景，它们仅仅作为认知参照点，发挥入场功能，侧显不同事体或过程，使其被客观识解，成为焦点。

二、入场策略

在一定的语篇语境中，我们常常使用特定的方式和手段指称我们要表达的事物，正如上一小节讨论的入场元素。

兰盖克（Langacker，2008）认为名词短语入场元素使用"描述策略"（descriptive strategy）和"指示策略"（deictic strategy）的共同作用对我们的所指加以确认和描述。言者在语言表达式的结构复杂度和语义具体度的把握上有主观性特征。言者利用描述策略调用了自己的语言资源库，对对象进行可略可详的描述。例如：

[14] parrot>Brazilian parrot>talkative Brazilian parrot>talkative Brazilian parrot with a lisp>talkative Brazilian parrot with a lisp who kept us awake last night with a constant stream of obscenities

指示策略在不同的用法事件中可指称不同的个体，然而在同一用法事件中是恒定的。比如我、你、I、you 在一个言语场景中指的是言者与听者，这是不变的。

限定小句关注的是事件的过程和状态，根据小句的入场元素，它们的入场可表示言语事件发生的时间是当下、将来或者过去，也可以表示该事件的发生有一定的可能性和必要性。通过小句元素入场，言者与听者互动构建言语事件在认知场景中的心理通达概念化主体采取的策略，即时态策略与情态策略（吴吉东，2017）。例如：

[15] Mary *wants* to tell you a secret.

[16] According to Jack, Jill *may* pregnant.

小句中动词形态的变化即言者采用这种形式来表达事件发生的时间相对于说话时间的距离。[15] 中的动词的一般现在时策略表达了言者认知的及时性，[16] 中的情态策略即表达了言者对事件判断的可能性。由此看来，名词短语入场与限定小句入场的基本策略都与言者的主观性有密切的关系。言者作为概念活动的主体，可选择以何种方式和手段呈现自己对客观事件的感知和体验。在某种情况下，言者还会将自己的言语行为意图赋予这种方式中，以达到交际的目的。

第四节　英汉因果复句的认知原则与识解差异

从句法形式和语义两个层面上分析，英汉因果复句具有一定的相似性和差异性，本节将对两者之间的基本认知原则和识解差异进行论述。

一、认知基础原则

认知语言学主张语言是人的一种基本认知能力，一些普通的认知规则管辖所有的语言。因此，无论语言形式表现的差异性如何，它们必须遵循一些基础的共有原则。牛保义（2006）通过对英语因果复句的研究发现，在因果复句感知或识解的过程中，言者感知或识解的维度虽然不同，但感知或识解的方式表现出共同的特征。他把这些特征抽象为两个基础原则：时序原则和接近原则。

通过对大量汉语因果复句的调查，我们发现，汉语因果复句的语序在不同的语体中差异性较大，在口语中多为果－因语序（宋作艳等，2008），在书面语中多为因－果语序（郭春芳、邓云华，2016；邓云华、李曦，2019）。而英语因果复句的语序比较统一，书面语与口语中均为果－因式。这些形式上的差异揭示了英汉两个民族在概念化因果关系时使用的不同方式，但是它们的认知基础却都遵循时序原则和接近原则。时序原则与戴浩一（1988）提出的时间顺序相似，即，将先发生的事件识解成原因，将后发生的时间识解成结果（牛保义，2006）。原因和结果是人们认知因果事件的两个阶段，它们可以遵循时间顺序完全映射到语言表达式中，也可以逆转顺序映射到语言表达式中。然而人们在认知的过程中，还是会按照时序原则识解原因事件和结果事件。接近原则指的是，一个事件往往伴随另一事件的发生，其中一个事件是引起另一个事件的原因，另一个事件是被引起的结果。接近原则与时序原则共同构建了因果复句的认知基础，这种认知基础在英汉两种语言中普遍存在，并不会因为表现形式的差异而改变。

二、概念结构的差异性

因果复句处理的是事件过程与认知场景之间的关系，哪一个分句作为复句的主要信息被凸显，哪一个分句作为认知参照点提供次要信息都是由客观事件与概念化主体之间的认知互动决定的。然而，由于概念化主体思维方式的差异，主观选择的偏向性决定了同样的言语事件不同的语言表达方式。说英语与说汉语的概念化主体在识解客观世界时表现出了英汉民族之间概念化方式的差异。根据我们对语料的调查，汉语里"先因后果"为优势语序，英语里"先果后因"为优势语序。那是否就可以说明英汉两种语言概念化主体在表达因果关系的时候选择不一样的主要信息呢？先看一组例句：

　　[17]"I married him because I thought he was a gentleman," she said
　　　　finally.(《了不起的盖茨比》)
　　[18]因为这女人在解放前就跟陈额结了婚，所以他就合法地拥
　　　　有了两个老婆。(《蛙》)

　　根据时间顺序原则，两个句法单位的相对次序依赖它们所表示的概念领域里的状态的时间顺序（戴浩一，1988）。由此看来，在概念领域里[17]中主句"I married him"事件发生在原因从句之前，而[18]中的原因分句事件"这个女人在解放前就跟陈额结了婚"发生在结果分句"他就合法地拥有了两个老婆"之前。

　　从语言形式上来说，英汉因果复句的优势语序存在很大的差异，但是仔细观察，两者都是符合人们的一般认知规律的。汉语的"先因后果"符合人们的认知策略和时间顺序原则，客观世界中事件的发生一定是先有原因后有结果。英语的"先果后因"却符合人们的认知策略，因为相对于原因来说，结果是更为可见的，所以首先被发现。因此我们认为，因果关系是思维中的两个阶段，无论是"先因后果"还是"先果后因"本质上都是一种时间顺序，这种顺序存在于人们的心理世界，在语言中可表达为不同的语序。因此，本研究认为按照客观事件自然发生的顺序，因事件的发生是果事件的参照点，果事件是人们关注的自然焦点，即在因果复句中，原因分句是背景，结果分句是图形。但是当焦点标记入场后，言者的主观聚焦发生了作用，将听者的关注点引导到焦点标记后分句的信息上。由于焦点标记均位于因事件之中，所以此时，因果事件的焦点发生了改变，因事件成为焦点信息，果事件成为次要信息。同时，原因分句成为图形，结果分句成为背景。关于焦点标记的入场对因果复句语义产生的影响将在下一节中详细论述。

第五节　因果关联词的入场

在认知语法中，场景（ground）表示由言语事件、事件参与者（言者与听者）、参与者之间的互动，以及当前环境（主要是谈话的时间与地点）构建起来的系统。入场包括名词性短语入场与小句入场，两者分别通过指示代词、冠词、量词示例事物和动词的时态、体态等元素侧显事体和过程，并将听者的注意力引向言者的意图。文献中对入场理论的运用涉及英语指示代词、主观性研究（Langacker，2016；Mortelmans，2002），汉语的类指句、英语复句、汉语主题结构等语言现象的入场解释（付正玲，2017；吴吉东，2017；王义娜，2019）。正如牛保义（2013）所言，入场理论（情景植入）是认知语法的一条进路，有助于拓宽认知语言学研究的视野。

本节主要基于对语料的观察与分析，确定因果关联词入场的身份资格与策略，为因果复句场景的建构奠定基础。

一、关联词语料库的考察

因果复句是由因果关联词连接起来的两个定式小句组合而成的复杂（合）句。吴吉东（2017）详细论述了英语复句入场是通过从属连词作为入场元素实现的复杂言语事件场景。为了更好地进行英汉对比，我们分别考察了汉语与英语从近代到当代三个历史时期文学作品共 12 部，共计因果复句 7581 句。我们首先对作品中因果复句进行穷尽性检索后建库，然后通过对语料库中因果关联词统计得出英汉典型因果连词词频排序，如表 7-1 和表 7-2。

表 7-1　英语因果关联词频率

历史时期	作品	词频高低
近代	《哈姆雷特》	标因：for 41.67%>since 9.8%>because 0.76% 标果：so 24.24%>thus 12.12%>therefore 10.6%
	《李尔王》	标因：for 49%>since 16.98%>because 5.66% 标果：so 15%>therefore 13.2%

续表

历史时期	作品	词频高低
现代	《傲慢与偏见》	标因：for 58.94%>because 21.4%>since 3.86%>as 1158% 标果：so 4.9%
	《简·爱》	标因：because 35.68%>for 35.42%>as 9.8%>since 3.77% 标果：so 10.3%>therefore 4%
当代	《月亮和六便士》	标因：because 29.96%>as 16.6%>for 16.24%>since 4.69% 标果：so 32.49%
	《了不起的盖茨比》	标因：because 22.7%>as 21.25%>for 13% 标果：so 34.29%

表 7-2　汉语因果关联词频率

历史时期	作品	词频高低
近代	《红楼梦》	标因：因（因为）24.97%> 既（然）20.38%> 为 1.7%> 毕竟 0.9% 标果：因（因此）26.47%> 所以 11.52%> 于是 4.22%> 故此 2.22%> 因而 0.8%> 是以 0.4%
	《老乞大》	标因：既 60%> 为 16.67%> 因 3.33% 标果：因此 20%> 故 3.33%
现代	《阿 Q 正传》	标因：因为 38.4%> 由于 1.4%> 既然 1.4% 标果：所以 30%> 于是 22.37%> 因此 4.19%> 那么 2%
	《围城》	标因：因为 38.67%> 反正 4.8%> 既然 3.2% 标果：所以 38.4%> 那么 7.73%> 因此 4.8%
当代	《陆犯焉识》	标因：因为 32.46%> 反正 6%> 由于 2.8%> 毕竟 1.4%> 既然 0.4% 标果：所以 18%> 因此 16.63%> 于是 12.22%
	《城南旧事》	标因：因为 61.4%> 反正 7%> 既然 1.75% 标果：所以 21.9%> 于是 7%> 因此 0.8%

　　根据词频统计，从近代到当代，英语标因连词由 for 逐渐演变为 because，标果连词基本保持不变，一直为 so。汉语标因连词由单音节的"因"逐渐分化为双音节的"因为"，标果连词由单音节的"因"逐渐演变为"所以"。从语料库中搜集的因果连词词频统计得知，当代最典型的因果连词是：because、so、因为、所以。通过对词源的追溯，我们发现 because 起源于法语介词词组 par cause，该词的演变过程为：par cause（法

语介词词组）—because（bycause）（14 世纪英语连词）—because（连词
14 世纪晚期、现当代英语）。so 来自德语，古英语中 so 可以作副词、连
词、代词用，形式为 swa，20 世纪中期演变为现当代英语中通用的 so，其
词性为副词，表示程度；或者连词，表示结果。古代汉语中"因"可以做
名词、介词、连词。"因为"作为连词的演变路径为：名词 / 连词 / 介词 >
介词 / 连词 > 连词。古汉语里，"所以"是两个词，作为特殊的指示代词，
"所"为介词"以"的前置宾语，即介宾短语，表达动作行为的手段、方
式、工具或产生的原因（孙金龙，2013）。现代汉语中，"所以"是一个表
示因果关系的连词，用于复句前半句时表示结果，用于前半句主语与谓语
之间时，表示有需要说明原因的事情，后半句则说明原因。除了典型的因
果连词之外，还有一些关联词也经常出现在因果复句中或表原因或表结果，
如：for、since、as、therefore、既然、由于、于是。

二、因果关联词的入场资格

根据兰盖克（Langacker，2008）对入场元素的限制条件，入场元素是
高度语法化的成分，本质上具有认知性。言者通过入场元素搭建起自己对
复杂客观事件的关注，听者借助入场元素，与言者进行互动和意义协商从
而构建概念活动。当言者感知到客观世界中的复杂事件时，往往会使用比
名词短语和限定小句更复杂的语言形式来表达自己的体验过程。同时，在
运用复杂语言形式表达时试图影响听者对概念客体的认知立场和态度，言
者的这种主观意图经常由入场元素的不同形式体现出来。

因果复句是由如"因为……（所以）、由于、既然、because、since"
等因果关联词连接起来的两个定式小句组合而成的复杂（合）句。吴吉东
（2017）详细论述了英语复句入场是通过从属连词作为入场元素实现的复杂
言语事件场景。我们分别考察了汉语与英语中最典型的因果连词"因为、
所以、because、so"，通过对词源的追溯，我们发现 because 起源于法语介
词词组 par cause，中古英语形式为 bycause 或者 bicause。14 世纪开始语法
化为连词，根据调查，be 表示强调，原意为"是"，cause 表示原因，是由
拉丁语 causa 演变为法语 cause，主要用于法律领域，做名词有"案件、理
由"等解释。16 世纪英语 cause 才开始独立使用，在词根 cause 上加上表示
强调义的 be，形成当代英语常用的 because。该词的演变过程为：par cause
（法语介词词组）—because（bycause）（14 世纪英语连词）—because（连

词 14 世纪晚期 现当代英语）。so 来自德语，古英语中 so 可以作副词、连词、代词用，形式为 swa，20 世纪中期演变为现当代英语中通用的 so，其词性为副词，表示程度，或者连词，表示结果。

古代汉语中"因"可以做名词、介词、连词，"因为"作连词第一次出现在元朝作品《锁魔镜》中，表示因果关系，有连接功能。"因为"从"因"分化出来，由表结果变成表原因。"因为"在《汉语大辞典》中的释义为：连词，表示原因或理由。"因为"做连词的演变路径为：名词 / 连词 / 介词 > 介词 / 连词 > 连词。古汉语里，"所以"是两个词，"所"作为特殊的指示代词，为介词"以"的前置短语，表动作行为的手段、方式、工具或产生的原因（孙金龙，2013）。例如：

　　［19］吾所以待侯生者备矣，天下莫不闻。（《信陵君窃符救赵》）

现代汉语中，"所以"是一个表示因果关系的连词，用于复句后半句时，表示结果，用在前半句主语与谓语之间时，表示有需说明原因的事情，这时后半句用于说明原因。

对英汉因果连词演变的考察符合刘和佩劳贝（Liu & Peyraube，1994）关于连词、动词与介词之间存在的语法化斜坡理论，即：动词 > 介词 > 连词。也就是说连词基本都是由动词和介词虚化而来的。英汉典型的因果连词中，表示原因的连词明显经历了语法化的过程。表示结果连词从词源上探索本身就是一个虚词，是一个高度语法化的成分。因此，因果连词的语法化身份符合入场元素的基本要求，获得入场资格。至此，我们将英汉因果连词界定为因果复句入场元素，发挥入场功能，帮助概念化主体构建对因果事件的认知，倘若因果关联词不入场，复句中的两个定式小句便很容易被识解为并列句，或者只能依靠语境进一步判断其中的因果关系。入场元素通过一些基本策略为我们的心智世界中的事物和事件过程 / 关系印上认知标签。

三、入场策略：连接性与主观性

在一定的语篇语境中，我们常常使用特定的方式和手段指称我们要表达的事物或事件，正如上一小节讨论的入场元素。

我们从因果连词入场后表现出的语法特性和认知过程来分析它们的入场策略。根据斜坡理论，某些动词经历了语法化的过程虚化为连词，其语法化一般规律为：动词 > 介词 > 连词。虚化为功能词后，担任连接两个分句的角色，由此表达更为复杂的言语事件和认知概念。例如：

> ［20］因为女孩子长大了，可以打杂，看护弟弟妹妹，在未嫁之前，她父母省得下一个女佣人的工钱。（《围城》）
>
> ［21］No, my dear, you had better go on horseback, because it seems likely to rain; and then you must stay all night.（《傲慢与偏见》）
>
> ［22］方才在咱门前过去，因见娇杏那丫头买线，所以他只当女婿移住于此。（《红楼梦》）

例［20］表达了三个言语事件，分别是女孩子长大了，长大了之后可以打杂和看护弟弟妹妹，在没有嫁出去之前在家里当女佣为父母省下一笔钱。言者对这一串复杂事件的感知投射到语言表达式上便可采取用连接词的方式把三个事件的因果关系显性地表现出来，也就是我们说的因果连词作为入场元素，侧显复杂事件的因果关系。［21］属于果因句，因为英民族对时间顺序的概念化方式与汉民族有异，因此句序相反，但入场元素不变，采取的方式和策略也一样。言者建议听者最好是骑马回去的原因是"似乎要下雨了"，如果不这样做的话，听者就很有可能要留宿在此。言者所表达的也是复杂的言语事件，牵涉前后可能连续发生的事情，并且互为因果关系，这种关系的彰显由表原因的连词 because 完成。在汉语中，因果连词可以同时出现表示前因后果，将分句连接起来。在英语中，因连词和果连词只需出现其中一个便可以连接两个分句，表示因果关系。根据连词在复句中的句法功能和语法属性，我们将它们的第一个入场策略称作"连接策略"（connecting strategy）。

言者选择什么样的方式表达复杂的事件过程是有很大的主观性的，尤其在因果复句中更为明显。牛保义（2006）将英语因果复句分为主观与客观两种，并且认为客观因果复句反映的是客观存在与发生的事件命题信息之间的因果关系。主观因果复句反映的是言者的主观认识与事件之间的关系。但是从整体上来说，不管是主观因果复句或是客观因果复句，都是言者感知和相关事件之间的识解维度，体现的主观性或者客观性的语义特征都是说话人的感知在语言中的映射。我们认为这是一种无法摆脱的主观性。为了验证这一点，我们考察了中国和外国近代与现当代文学作品，并对其中的因果复句进行检索，发现一个有趣的规律，即：在英汉两种语言中，随着时代的向前发展，在因果关联词前逐渐出现了一些焦点标记，如"正、只、就、还、仅仅、just、perhaps、only"等。例如：

［23］只因公孙胜要降服他，所以容他遁入岭中；不然，宋兵赶上，就是一万个乔道清，也杀了。(《水浒传》)

［24］他告诉老几，正因为他听说保卫科的河北保卫干事要报复老几，他才想办法把老几调到自己的分场来的。(《陆犯焉识》)

［25］I could not unlove him now, merely because I found that he had ceased to notice me. (《简·爱》)

［26］The page of life that was spread out before me seemed dull and commonplace only because I had not fathomed its deeper import. (《傲慢与偏见》)

　　这些焦点标记都具有言者的主观视角特征，或表示强调，或表示推测，或表示聚焦。经过对语料的详细观察发现，这些焦点标记只出现在表示原因的连词之前，言者的主观性暗含在这些焦点标记中。在历时的过程中，焦点标记出现的具体比例和趋势如图7-2。

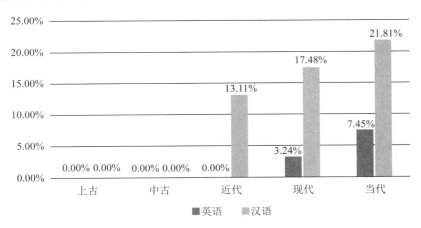

图 7-2　英汉因果关联词焦点标记频率的演变

　　因此，我们将因果关联词的第二条入场策略称作"主观性＋策略"（subjectivity ＋ strategy）。因果复句入场的两个基本策略并非单独被使用，当概念化主体在调取自己的语言资源时，常常是同时采用两种策略为自己的表达服务。同时要注意的是，英汉因果复句的两个策略是建立在复句时态策略的基础上的，无论是英语还是汉语，其小句入场都会首先体现出时态的特征，由表示时态的入场元素完成。英汉因果复句的句法表现、语义特征及其识解都与本民族的概念化方式密切相关。但是人类的语言表达都遵循了一些基本的认知原则。因此我们将分别讨论两种语言对因果复句的认知和识解方式的异同，以便统一构建英汉因果认知场景的模式。

第六节　入场元素的形式与分类

人类识解客观世界的心理过程存在一般性规律，但也会因为不同民族的思维差异导致语言表达的多样性。本部分首先对英汉因果关联词入场的基本形式进行介绍与分析，主要从连词的入场形式、焦点标记入场这两个方面进行阐释。然后基于现有的三种主要入场形式进行分类和语义特征概括。

一、入场形式

因果复句中的因果关系有显性与隐性两类，显性的因果关系均由因果连词连接两个分句，而隐性因果关系则由语境决定。由此看来，因果连词有隐性存在和显性存在两种方式，我们主要讨论显性的因果连词入场，但也会涉及隐性因果关系中连词的零入场。

（一）因果连词的零入场

我们发现，在某些表示因果关系的复句中，因果连词是隐性存在的，但是人们却可以根据语境来确定因果关系。例如：

　　［27］下雪了，孩子们可以去堆雪人了。

　　［28］She felt much better after taking a short nap.

因果关系的发生可以根据"时序原则"和"接近原则"来确定，这两者都会投射到语言表达中，形成因果语境。在因果连词不出现的情况下，我们也可以根据语境来判断其中的因果关系。例［27］中，"下雪了"这一言语事件发生在前，"孩子们可以去堆雪人了"这一言语事件发生在后。根据"时序原则"，人们往往将先发生的事件识解成原因，将后发生的事件识解成结果。因此下雪这件事被识解为孩子们可以去堆雪人的原因。然而"时序原则"并不能单独成为判定复句中因果关系的唯一标准，我们还需结合"接近原则"共同作用。所谓"接近原则"即为一个事件诱发或者导致另一个事件的发生，起诱发作用的事件被视为原因，诱发的结果被视为结果（牛保义，2006）。根据以上两条认知原则，我们可以清楚地看出，汉语由于其"意合性"特征，两个分句之间并没有任何关联标记出现，但是我们仍然可以根据语境判断出句中的因果关系。这种"意合法"的句子，在汉语里比在别的语言里更常见（《现代汉语八百词》）。实际上，汉语的这种"意合表现"本质上符合"经济性原则"（Economy Principle）的要求：表达形式尽可能地减少，但是并不影响语义。而例［28］中，由介词 after 可以断定两个事件在时间上的顺承，关系上的依附。正是因为"take a short nap"，才使她"felt much better"，两个事件之间的诱发与被诱发关系完全符合"接近原则"。句中虽然并没有显性的因果关联词 because，但是我们可以毫不费力地将［28］理解为：

［29］She felt much better because she had taken a short nap.

正如兰盖克（Langacker，2008）所言，每种语言都有自己的手段满足入场元素的入场功能，有时候它们作为入场成分的地位是隐性的，或处于中间状态（如上述例句中的 after）。但是在某种意义上，每种语言均提供了某些规约手段，用以表明所侧显的事体或过程相对于场景的认识地位。零入场形式在英语名词短语入场中也普遍存在，比如物质名词的入场。例如：

［30］My baby drank milk.

因此，对于因果关联词的第一种入场形式，我们将它们归纳为"零入场形式"。在判定一个复句中是否存在这样的"零形式"的因果连词入场的标准即为将"时序原则"与"接近原则"合并使用来判断句中复杂言语事件中的因果关系，语境同时也发挥很大的作用，可以帮助人们推测出在一个复句中是否存在因果关系。

（二）因果连词的显性入场

复句中因果关系主要是通过因果连词的连接作用凸显出来的。第三章已详细论述了英汉因果关联词均经过语法化的过程，因此具备入场的基本资格。当这些入场成分都呈显性身份形式时，它们就聚集在一起构成了因果连词入场元素的集合。无论是汉语还是英语，都存在功能明确、语义稳定的因果关联词，它们是典型的因果关联词。根据我们对语料的检索与观察，发现当代汉语中出现频率最高的因果关联词是"因为"，其次是"既然""由于"；英语中出现频率最高的是 because，其次是 for、since。

从语义上分析，这些因果关联词都具备"认知性"特征。"因为"是从古汉语中的"因"分化出来的，"因"在古代汉语中可做介词、名词、连词，有"依靠、凭借、顺随、原因、结果"等意思（《说文解字》）。《现代汉语大词典》中对"因为"作连词的解释为：连接成分，表原因或理由。英语中出现频率最高的 because，指的是"You use BECAUSE when starting the reason for something."（《柯林斯词典》），而它最初开始使用的时候也是含有言者主观强调的意义的，be + cause 被认为是"是因为"之意。从词源上看，这些阐释都依赖于人作为主体对客观事件的认知。除了最典型的 because 之外，for 也是因果关联词可作为入场元素表示事件的原因，但是它的句法位置通常在射体事件之后。另外还有 since、as 这两个语气较弱的表示已知原因的入场元素，如同汉语的"既然"，他们的前面不能加焦点标记进行强化。

从语用功能上分析，因果连词将复杂的言语事件连接在一起，即放入一个认知场景中统一识解。言者通过连词将因句和果句勾画的两个言语事件勾画出来，听者对整体的言语事件的因果性、时间性、逻辑性的理解依靠的是关联词发挥的入场功能。因果连词的句法位置可居因句前，可居果句前，也可以框式结构出现（因为……所以、既然……就）。言者可以通过选择自己要表达的内容，构建该复句的认知场景，实现认知控制。

（三）焦点标记的入场

因果连词的显性入场具有复杂性，有些情况下并非单一的连词发挥入场功能。在汉语中，植入的成分除了名词或动词类语法成分，还可以为某些语义内容充实的成分，如形容词或副词等（牛保义，2015）。因此，情境植入的跨语言研究对于完善情境植入理论具有重要的理论意义。

我们发现，从近代开始，在汉语因果关联词之前就逐渐出现了焦点标记，如"正、只、就"等等。英语现代文学作品中也出现了焦点标记，而且随着时代的前进，语言的自身发展，焦点标记出现的频率越来越高、形式越来越丰富。因此，我们认为当因果关联词前出现焦点标记时，复句依靠的是这两者的共同扮演入场元素的角色发挥入场功能。

现当代英汉语料中的焦点标记以副词和判断动词（系动词）为主，然而这些焦点标记无一不经历语法化的过程。副词大多由实词虚化而来，判断动词的词源是指示代词，而且位于关联词之前的判断动词和系词已经失去其动词义，演化为句中的焦点标记，其后的成分为句中的焦点信息。例如：

　　[31] 他是因为刚回国，所以一混又混在半西半中的社交圈里。

（《倾城之恋》）

［32］李孟瑜就因为那次做了总指挥，回校后，宪兵先生总光顾他，他不得已，不知跑到哪儿去了。(《青春之歌》)

［33］It seems to me that when vanity comes into love it can only because really you love yourself best. (《月亮和六便士》)

［34］There are few uglier traits of human nature than this tendency——which I now witnessed in men no worse than their neighbours——to grow cruel, merely because they possessed the power of inflicting harm. (《傲慢与偏见》)

　　类似例句中出现在连词之前的"是、就、only、merely"从语义上来说具有主观强调性、排他性和聚焦性。根据我们对语料的检索，发现当代英语因果复句中含有焦点标记的语料占所有显性因果复句的7.45%，汉语的焦点标记占总体显性因果复句的21.81%。且从历时的角度考察，两种语言的焦点标记均随着年代的向前推进呈上升趋势。这些焦点标记的语义特征为表达说话人对事件的主观认识、推测和评价。因此，当它们出现在句中时，复句的认知场景的主观性会增加，主观等级较高。言者通过选择不同的焦点标记附加于关联词前，表达自己的视角、认识和情感，主观认识参与度高。此时言者与听者互动并进行意义协商，言者的期待是将听者的注意力引导到由焦点标记强调的信息上，该部分信息在台上得到最大程度的客观识解。此时，我们认为言者以一种非常明确的语言形式表达对听者的"自我关注"，即关注听者对言者所说的内容并希望听者认可和接受。这种建立在含有主观性的因果连词入场基础上的涉及言者与听者双向互动的话语被认为是一种"交互主观性"（张滟，2012）。

　　按照认知语法的界定，汉语中的这些焦点标记可能算不上真正的入场成分，但是它们在具体的使用中的确表达出交际者（说话人、听话人、其他）对句子所述事态的认知判断。诺易兹也曾对荷兰语中的副词进行过研究，他主张将入场视为一种概念语义（Grounding is a matter of conceptual semantics），不考虑说话人在交际活动中植入某一情境因素时采用的具体表达形式。他认为，入场不应该仅仅局限于语法（化了的）手段（2002）。本研究的观点与诺易兹保持一致，认为言据性表达也可以视作入场元素发挥入场作用。诺易兹（Nuyts，2002）称之为"事态限定语"（qualification of state of affairs）。我们应该根据语言事实，确定不同语言中的入场成分。

因此，本研究认为焦点标记的入场可以看作是原因连词入场的一种复杂形式，因为汉语中存在大量的言据性副词，因此这种形式在汉语中尤为突出。综上所述，因果复句中的关联词入场基本可分为三种形式：零形式入场、显性形式入场、复杂形式入场。

二、入场元素的形式分类与语义特征

根据我们对英汉因果复句中连词的考察和分析，我们从形式上统一把它们分为隐性入场元素和显性入场元素，其中显性入场元素包括含有焦点标记的因果连词的复杂元素入场。隐性入场元素虽然在形式上不可见，然而却可以通过语境判断出两个分句之间的因果关系。尤其是英语里还有一些词虽然并非因果连词，但是却可以隐含"因果义"，它们的存在也可帮助听者进一步理解句中的因果关系。汉语虽然形态上不如英语丰富，但是汉语的言据副词丰富，可以帮助概念化主体表达和识解复杂因果关系的语言表达式。

显性入场元素包括英汉因果复句中出现的因果关联词，以及关联词之前的焦点标记。因果关联词都具有认知性和主观性，但是未包含焦点标记的因果复句中言者的主观视角介入较少，而包含焦点标记的因果复句的主观性更高。因果关联词的入场并不做分句的任何句法成分，仅仅发挥入场功能。因此，从语义上来看最大的特征是，随着焦点标记的逐渐入场，整个入场元素的主观量递增，复句场景的主观性增强。除此之外，入场元素所表达的语义限制性和言者评注性是因果连词的语义基础，它们普遍存在于场景内。

第七节　因分句与果分句的入场

因分句与果分句是含有因果关系的两个复杂言语事件，这些事件发生在一定的"言语场景"（ground）中，在语言中可以表达一种由因到果的事理性关系，也可以表达由果到因的推理性关系，两者之间是相互依存、互为前提的关系。因果分句依靠入场元素的连接功能、焦点功能入场，投射到句法结构上形成复杂的句法与语义，言者和听者通过与这些入场成分的互动构建因果复句认知场景。本部分将对因果分句入场的路径进行分析，并从语用的角度阐释因果分句的语序对整个因果复句场景构建的影响。

一、英汉因果复句句法关系与语序

英汉因果复句中两个分句的入场是建立在各自分句中名词短语和定式小句入场的基础上的。如果要进一步描述复杂言语事件的入场，必然先要弄明白英汉语中因果复句的句法形式与语序是否一样。在复句中，两个定式小句的语法关系由关联词做入场元素实现，言者借助因果关联词将两个分句连接起来，英语中通常叫作主从句，原因分句做从句也叫原因状语分句。汉语中我们称作复句，因果复句是由两个相对独立却又相互依存的分句构成（邢福义，2001）。英语主从句中，从句通常作为一个成分修饰主句，比如因句作为状语修饰果句。但是在汉语中，两个分句之间属于偏正结构，未加焦点标记的因果语序复句中，因句是偏句，果句是正句。正句承载主要句子意思，偏句修饰或者限制正句。由此看来，英汉语中对于复句中两个分句的描述基本一致，区别只在于赋予的名称不一样而已。但是同是复句，两个分句的语序不一样也会反映出不一样的认知机制。

因果事件的关系中，英汉民族在语言表达时心理机制存在一定的差异，其概念化过程并不总是要遵守客观世界中的先后时间顺序，因此英汉因果复句的语序存在较大的差异。前期研究中对英汉因果复句的语序做了比较深入的探讨，研究的结果并不统一。有学者认为，无论是口语中还是书面语中，英汉两种语言都属于"果因"式，原因从句后置是绝对的优势语序（毕永峨，1995；宋作艳，2008）。也有的学者认为在书面语体中汉语的因果复句为"因果式"，在口语语体中则为"果因式"（肖任飞，2010）。然而对于英语因果复句为"果因式"为优势语序则没有太大的争议。我们的研究以文学作品小说为主要语料，小说是一种综合性文体，里面既有叙事性的描述，也有人物之间的对话，语料较为生活化，可以比较全面地反映出每一个时期的语言使用情况。根据我们的调查发现，汉语书面语多为"因果"语序，英语多为"果因"语序，因此我们的研究也是基于该发现深入下去的。

二、因果分句的入场

当两个分句被因果关联词连接起来之后，便在一定程度上失去了自己的部分独立性，成为从句的那一个分句受到主句的越控（overridden）（Langacker，1991）。被越控的分句被看作界标（Landmark），发出越控行为的分句称作射体（trajector），即主句。例如：

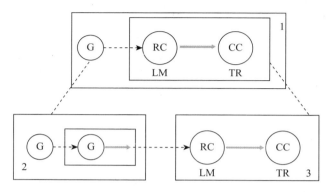

图 7-3 英语因分句与果分句的入场路径

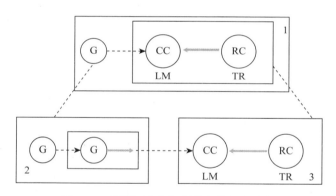

图 7-4 汉语因分句与果分句的入场路径

1. 因果复句入场

2. 因果关联词入场

3. 果分句对因分句的越控

界标言语事件可以通过入场元素的任何一种形式为射体言语事件提供认知参照点，因此事件的结果是参照原因事件而来的。例如：

[35] 爸爸告诉我，骆驼很怕狼，因为狼会咬它们，所以人类给它们带上了铃铛，狼听见铃铛的声音，知道那是有人类在保护着，就不敢侵犯了。（《城南旧事》）

[36] Why must SHE be scampering about the country, because her sister had a cold? （《傲慢与偏见》）

在例［35］中，言者通过情态动词"会"的入场将言语事件"狼咬它们"勾画为一种认知场景：狼会咬它们。这是一个分句，表示这种情况发生的可能性。然后将这个分句投射到另一个以体态词"了"引导入场的分句：人们给它们带上了铃铛。前一个分句为后一个分句提供相关的信息。在言者的全部意识范围内"狼会咬它们"是认知参照点，是界标，处于次焦点的位置。"人类给它们带上了铃铛"是射体，也是处于台上的主要焦点。此时，言者通过显性因果连词"因为……所以"将已经入场的两个分句之间的因果关系展示出来，即从一种隐形的"类"因果关系转化为显性的"例"因果关系。如果此处因果关联词不入场，那两个分句之间的因果关系便无法体现出来。依靠显性因果连词入场表明言者直指，言者与听者便在已经构建好的场景中进行语义互动、协商与理解。例［36］的分析与［35］不同之处在于英汉因果复句语序的差异，在英语里，原因状语从句作为界标和次焦点，由关联词 because 入场后将两个定式小句进行连接。英语中，表示原因的 because 与表示结果的 so 无法同时入场，因此，句中只含有一个入场元素即可完成英语因果复句认知场景建构。

在因果复句中，界标和射体并不是永远不变的，当入场元素为"增强性"元素时，言者的主观言语交际意图凸显，此时界标和射体对换，因句对果句实施越控，是言者刻意将自己的主观情感、态度、立场附加于语义中，使因句成为主要焦点句。由于英汉因果复句语序的差异，我们可以从上图看出英汉因分句与果分句入场的顺序也有先后。大多数情况下，英语的果句先入场，汉语因句先入场。英语因果复句入场的顺序符合人类的认知策略和推理顺序，结果分句在前是因为结果总是比较显性的，而原因是需要人们去探索和找寻的。汉语的因果复句入场顺序则符合人们认知中的时间顺序和语言的象似性。客观世界中，事件的发生总是先有原因再有结果的，汉语对这一客观现象的心理机制反映在语言中便是因果式复句，符合认知"象似性"原则。英汉因果复句沿着自己的路径和方向进入场内位于台上，获得最大程度的客观识解，而因果关联词位于台下关系基底中，获得最大程度的主观识解。

三、概念化主体的言语行为意图

尽管英汉复句的表达式有差异，但是人类语言对心理世界的临摹所反映的客观世界是不会变的。言者与听者作为概念化主体具有人类感知客观存在的一般认知规律，我们按照射体－界标理论来分析人们表达复句时对两个分句的认知规律。当某个关系被侧显时，其参与者可被赋予不同的突显度。最为突显的参与者称为"射体"（trajector），是被侧显的关系中的首要焦点（primary focus），通常还需有一个次要参与者作为次要焦点（secondary focus）加以凸显，我们称之"界标"（landmark）（Langacker，2008）。

　　根据以上的论述，英汉因果复句中的射体是果句，界标是因句，因句作为因果事件发生的认知参照点。言语事件通过显性或隐性因果连词做入场元素发挥入场功能而被置于同一个复杂言语事件关系中。射体言语事件是人们关注的自然焦点信息，界标言语事件通过呈现与原因相关的信息为射体事件提供认知参照点以及相关信息。然而当言者的言语行为意图比较强烈的时候，言者会附加焦点标记作为入场元素来改变听者对言语事件的认知。此时，射体言语事件被主观地改为原因事件，界标言语事件也相应地改为结果事件。由此可见，因果事件中谁是射体谁是界标并不是一成不变的，言者一旦附加了焦点标记入场就是受言语事件中交际情况的驱使，而不是受所涉事件真实情况的限制。因此，我们必须承认动词和名词的语义凸显相互关联（牛保义，2015）。如上所述，对事件的认知主要关注其发生，事件的发生通过事物（参加者）实现。比如，名词 Tom 可以是 kick 过程的射体（Tom kicked the ball），还可以是 love 过程的界标（Mary loves Tom）。由此也可论证我们所说的因果复句中对因果事件的认知在概念化主体言语行为意图的控制下发生一定的改变，显示了事件中动词与名词的语义凸显相互关联的本质特征。

　　总的来说，连词入场元素把射体事件和界标事件连接起来，形成复句入场场景模型。两个分句入场后，均位于台上，被最大客观识解，而言者和听者作为概念化主体位于台下进行主观识解。概念化主体通过入场元素将听者和读者的注意力引向台上的分别由射体事件和界标事件传达的主要信息和次要信息。

　　在不同的入场元素协助因果分句连接起来的时候，语言表达式也就不同。这与言者的意指（intended reference）、言者与听者共同协商、语义共享有关。例如：

　　　[37] 我与小狮子之所以选择回乡定居，是因为我们在北京的尹
　　　　　国寺大街上，遭遇过一件类似的事情。（《蛙》）
　　汉语里有"之所以……是因为"这种框式结构表达因果关系，且两者

在语义上紧密连接，很明显言者的意图在于引起听者关注"我与小狮子选择回乡定居"的原因。言者有意地将因果语序调换，并使用强调标记"是"加以强调。但是同一个事件的表达式如果含有不同的入场元素，则其语义特征和语用功能发生改变。例如：

> ［38］因为我和小狮子在北京的护国寺大街上遭遇过一件类似的事情，所以我们选择回乡定居。

例［38］完全符合中国人表达因果关系的一般认知规律，但是言者的意指程度不如［37］高。因分句和果分句入场后，台下的概念化主体通过共享的知识背景进行互动和语义协商，同时也与句中本身的主语和其他参与者互动，从而构建整体性的认知场景。

第八节　因果复句入场与场景的构建

因果分句依靠入场元素的连接功能、焦点功能入场，投射到句法结构上形成复杂的句法与语义，言者和听者通过与这些入场元素的互动构建因果复句认知场景。

英汉因果复句的表达形式、语序、关联词、焦点标记等都表现出明显的差异。语言形式的差异反映了不同民族识解客观世界中因果关系时不同的认知过程和心理扫描顺序，这与认知场景的模式也紧密相关。我们已经初步描绘了英汉因果复句中两个分句的入场路径以及入场后形成的因果复句场景模式。为了更清楚地剖析，当入场元素为复杂的含有焦点标记的组合形式时，因果复句的句法与语义就变得更加复杂一些。这一规律，我们可以通过图 7-5 和图 7-6 来观察英汉因果复句入场系统的构建。

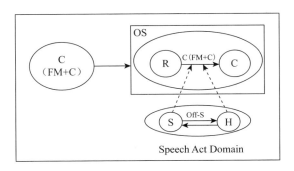

图 7-5　英语因果复句的入场场景

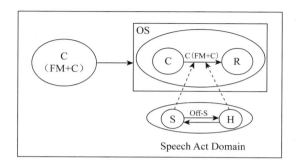

图 7-6　汉语因果复句的入场场景

（C：Connectives 关联词；FM：Focus Marker 焦点标记；OS：On Stage 台上；Off-S：Off
Stage 台下；R：Result Clause 结果分句；C：Causal Clause 原因分句；Speech Act Domain：言
语行为域）

很明显，言者将复句中涉及的两个言语事件作为概念化的对象凸显于
注意台上，而将自身置于两个分句所表达的关系的基底中，位于台下。对
于位于台上的两个言语事件，英汉两个民族的表达方式有所不同，英语中
"果–因式（R–C）"为优势语序，汉语中为"因–果式（C–R）"优势语序
（邓云华等，2016），因此我们分别做了区分。如果言者根据自己的行为意
图在射体事件前附加焦点标记（FM），那么这里入场元素的圈中表达式为
FM+C，英语中这种表达形式的数量和频率均少于汉语，但是语用上都是
言者为了引起听者注意。言者和听者同在一个域内，听者会根据言语情景、
百科知识、语言知识与言者进行语义协商（互动关系由虚线表示）。下面
我们以一个例子解释因果复句场景构建。例如：

　　［39］They think a man leaves only because he wants others.

在言语事件情景中，言者通过一般现在时入场元素将三个分句的言语
事件 they think、a man leave 和 he want、others 定位在说话之时。即把类动
词 think、leave 和 want 勾画为一般性的动作，从而将三个分句转化为 they
think、a man leaves 和 he wants others，指明这三个已入场的分句所表达的
事件离言者很近，具有即时性。分句入场后激活相关信息，名词短语 they、
a man、others 分别通过零入场元素和不定冠词入场元素从类概念中分别
挑选出了例概念，表示直指。前后两个分句入场完毕后，言者通过关联词
because 作为入场元素将 he wants others 分句投射到前分句上，补充说明更

为详细的信息。我们已经论述在因果复句中，界标言语事件指的是原因分句，它为主句提供相关的信息，成为主句的修饰成分，同时，射体言语事件对其进行越控。也就是说，如果上述例句没有加入焦点标记 only，人们在识解该句子时自然的焦点会落在结果分句上。但是此处，言者为了表达自己的言语交际意图，在关联词 because 前附加焦点标记 only，两者同时做"增强性"入场元素，使得原本句子中的界标与射体言语事件对换，a man leaves 投射到 only because he wants others 上。原因分句成为信息流中的主要焦点信息且成为射体，结果分句作为次要焦点信息且成为界标。听者借助自己的语言知识、百科知识、言语情景与言者进行意义协商，将注意力放在言者主观言指的事件上，感受言者的主观情感、态度以及立场。在这个过程中，分句言语事件都在一定程度上失去了自己的部分独立性，在关联词入场后与另外的分句形成相互依存的关系，两者之间的关联度增强。

总的来说，因果复句认知场景指的是在整个复杂的言语情景中，言者通过入场元素引入所指的复杂因果言语事件表达言者对客观现象的体验，经过言者与听者的互动构成的物理语境，即因果复句的认知场景。

第九节　英汉因果复句的认知异同

一、认知原则的相似性

认知语言学主张语言是人的一种基本认知能力，一些普通的认知规则管辖所有的语言。因此，无论语言形式表现的差异性如何，它们必须遵循一些基础的共有原则。

通过对大量汉语因果复句的调查，我们发现，汉语因果复句的语序在不同的语体中差异性较大，在口语中多为果－因语序（宋作艳，2008），在书面语中多为因－果语序（邓云华，2016）。而英语因果复句的语序比较统一，书面语与口语中均为果－因式。这些形式上的差异揭示了英汉两个民族在概念化因果关系时使用的不同方式，但是它们的认知基础却都遵循时序原则和顺序原则。原因和结果是人们认知因果事件的两个阶段，它们可以遵循时间顺序完全映射到语言表达式中，也可以逆转顺序映射到语言表达式中。然而人们在认知的过程中，还是会按照时序原则识解原因事件和结果事件。顺序原则指的是一个事件伴随着另一个事件接踵发生，其中一个事件是引起另一个事件的原因，另一个事件是被引起的结果。接近原则与顺序原则共同构建了因果复句的认知基础，这种认知基础在英汉两种语言中普遍存在，并不会因为表现形式的差异而改变。

二、句法结构的差异性

因果复句处理的是事件过程与认知场景之间的关系，哪一个分句作为复句的主要信息被凸显，哪一个分句作为认知参照点提供次要信息都是由客观事件与概念化主体之间的认知互动决定的。根据我们对语料的调查，汉语里"先因后果"为优势语序，英语里"先果后因"为优势语序。说明英语和汉语概念化主体在表达因果关系的时候选择凸显不同的信息。

结果事件出现在原因从句之后时，这是自然的先因后果句法语序，相似于自然的时间概念语序，遵从概念的顺序象似原则，倾向于凸显结果事件，这是汉语"先因后果"的优势语序。而英语的"先果后因"却符合人们的认知策略，因为相对原因而言，结果更容易被感知。英语更加凸显结果事件，所以英语倾向于遵循认知顺序象似的原则。

三、认知机制的特征

在因果复句认知场景中，言者作为概念化主体对言语界标事件和射体事件进行概念化，实现对两个事件之间的关联度、修饰关系的认知控制，并将复杂的言语事件整合到统一的概念系统中。从言者的角度来说，他对因果复句的场景有主观认知控制性，而场景的反应也是受控于这种主观认知控制性。入场本质上就是一种认知方式，以入场成分引发的言语事件是认知参照点，凸显言语事件或事物。在英汉因果复句这一复杂的句型中，焦点标记的介入，导致入场成分不仅仅是关联词，焦点标记的主观性将认知凸显转移到原先的认知参照点事件上，这是一种更高层次的主观活动。因此，因果复句场景认知机制的特征之一便是主观性。言者与听者通过入场元素建立起心智连接，使得双方的注意力都集中在同一情景中的相同指称事物和过程上。听者根据言者所采用的各种入场元素从因果关系的类事件中提取实例，获知言者意指的目的，这是因果复句入场后的认知功能。语法化的关联词和焦点标记固化下来后在因果复句认知场景中具有明确信息，有时还提供额外信息，具有加强语义的功能，因此我们认为这种基于认知性和语法化的机制之上的认知特征为高度明确性。

第十节 英汉因果复句异同对教学的启示

语言学理论的发展与语言教学与习得密切相关，一些新的教学理念与教学方法随着语言学理论的发展而兴起。近年来，在认知语言学理论指导下进行英语教学与研究的尝试越来越多。

一、语义的准确性

长期以来，外语教学中存在"准确性"的问题，而"准确性"来自对意义的深刻领会与把握（刘正光，2016）。因此，在教学过程中，意义的建构直接关系到学生是否能准确表达思想或者进行翻译。在进行英语复句教学的过程中，教师首先讲授复句的概念与认知基础，使学习者认识到复句的概念内容是关于两个或者多个言语事件的复杂概念。英语因果复句的教学是状语从句教学中的一个重点，根据入场理论，因果关联词作为入场元素架构复杂言语事件。不同的副词、连词的入场为其中一个言语事件小句提供表示原因或者结果的认知参照点。不同的连词的语义程度存在差异性，原因连词 because 的语义程度最高，主观强调性最强，而且在英语表原因的强调句式中，只能用 because。原因连词 since、as、for，语义程度依次递减，主观强调性逐步降低，其中 since 与 as 尤指言者与听者双方都知道的或者显而易见原因。进行英汉互译时，我们要提醒学生关注复句中关联词的使用，选择语义最相近的词语进行翻译。汉语中"因为"的语义程度最高，且在口语和书面语中均可出现，在因果复句中，常常与"所以"搭配使用。"由于"却一般用于书面语，其后的搭配除了"所以"之外，还可以有"因此""因而"，其表示因果逻辑语义时不如"因为"那么强。"既然"与"由于"都含有"表示已经原因的信息"，语义上相当于 since 与 as。焦点标记的入场增强了因果复句的逻辑语义，使语言使用者更加明白对方的交际目的。因此，在实际语言运用过程中，选取哪一个词语表达思想、进行交流取决于我们交际的目的、语境和语言运用能力。因此，教师在教学过程中强调对因果复句中关联词语义的把握就是我们能够准确表达因果复句语义的基础和关键。

二、思维的转换

传统的英语教学中过于机械地使用翻译法和套用语法规则，使得学生的语言概念过于僵硬，无法转换思维灵活使用语言。如何通过概念组织进而进行语言交流是英语教育者应该思考的问题。当我们的教学对象是大学生时，教师有必要首先将大量的因果复句真实语料分发给学生，语料可包括：口语体与书面体。除此之外，教师可将入场模型图示展示给学生，让他们理解这一句型构建的认知规律。英汉因果复句显示了英汉民族对于因果关系不同的识解方式，但同时又遵循一般的认知原则。我们探讨了英汉因果复句的差异性和相似点，教师在教学过程中，尤其是在翻译教学活动中要引导学生注意英汉因果复句的语序差异。在翻译的过程中要符合目标语表达的一般语序，因此要进行语序的调整和思维的转换。也就是说，教师要通过显性教学的方式告知学生在进行概念组织和语言表达时要关注目标语与源语之间的认知差异与表现形式差异。英汉对比在英语学习的过程中有非常重要的意义，对于中国学生最有用的帮助是让他们认识汉语和英语的差别，在每一个具体问题——词形、词义、语法范畴、句子结构上，都尽可能把汉语的情况同英语作比较，通过这种比较更透彻地了解语言现象。

三、语言的理据性

将认知语言学与语言教学结合起来有利于英语教育者积极探索语言的理据性和体验性，并将这些最新的教学理念付诸教学实践活动中。学习者在语言表达的差异中感受某种语言的特点和魅力，并在教师的引领下寻找这些特点背后的认知理据。我们在前文中已经详细分析了英汉因果复句的相似性和差异性并存的认知理据。语言形式的改变一定会引起语义的变化，语义的变化也会相应地体现在语言形式上。英汉因果复句语序的差异即反映了概念组织的顺序不一样，汉语因果复句中焦点标记形式与语义的丰富多样性反映了汉语语言的主观性较高。总体来说，教师要引导学生去寻找探索语言形式、意义、功能之间的关联性。从认知的角度讨论语言教学符合认知语言学的核心要义：现实—认知—语言。认知语法中的入场理论作为最新理论发展对英语教学有着重要的启示：教师关注因果连词的语义差异性、因果事件过程的体验性、客观言语事件的复杂性、概念化主体的认知主观性，并在入场理论的指导下帮助学生领悟英汉句式差异所在，这不仅是对因果复句的教学的启示，也是对其他复句教学的重要启示。

第十一节　小结

本章基于自建语料库考察了英汉因果复句的基本句法语义特征和认知特征，并从认知语法"入场理论"的视角探讨了因果关联词的入场资格、策略、路径以及因果分句入场和场景的构建。在名词与小句入场的基础上进一步探索了英汉因果复句的入场模式，初步构建了因果复句的入场模型和体系，论述了因果复句入场是通过连词从类关系中理清两个言语事件的因果关系，从而勾画了某个例因果复句入场模式。但是相对于名词短语和定式小句，因果复句入场更为复杂的是，在某些（尤其是口语体）语境中，入场元素隐而不显的情况不在少数。这就需要听者或者读者根据语境信息进行因果关系的分析。

汉语因果复句的入场元素的数量、形式与英语有异同之处，两者都经历了语法化和主观化，相比之下汉语语法化与主观化的程度更高。英汉民族概念化主体体验和感知世界的异同是因果复句表达形式和语义异同的主要原因。我们认为，隐性的入场元素如何构建因果复句入场模型也值得学者们的关注和进一步的研究。本研究对于入场理论指导下的跨语言复句研究是一种新的尝试，本研究结果也丰富了入场理论的内涵并且可以为英汉语言的类型特征提供新的解释。在今后的研究中，我们可以继续扩宽研究对象，以语言事实为基础，以语言个性表现为切入点，继续讨论入场理论在不同语言现象中的适用性，以期可以丰富认知语法的内涵。

英汉因果复句的异同主要体现在两者的概念化方式的差异，因此在教学实践过程中，英语教育者应该更多地引导学生关注语义、进行思维的转换并积极探索语言形式背后的意义的理据性。基于入场理论的英语复句理据性和体验性教学能帮助中国学习者灵活有效地运用英语复句构式。在认知语言学指导下进行的语言教学跳出传统语言教学的框架，使学习者主动认识到语言的差异性主要是因为思维方式的差异，同时，认知语法对于语法规则的充分描写和合理解释能帮助学生弄明白每一种语言现象的特点，从而促进学生积极思考现象与本质的关系，最终真正感受到语言的魅力所在。

第八章 结 语

　　本研究以认知语言学理论为框架，基于大规模的自建语料库，对比因果复句在句法、语义和语用演变等不同层面上的共性和差异，解析其演变特征共性和差异的深层理据，发现英汉因果复句结构相同和各自的演变机制，并分析解释其演变机制、动因及相关问题。对比研究了英汉原因连词的语法化过程和特征，英汉原因和结果语法标记特征和焦点标记的演变特征，英汉因果复句关联标记模式和英汉因果复句语序的演变的特征，英汉因果复句语法化和主观化的历程的共性和差异，英汉因果复句语法化和主观化的历程的共性和差异，英汉因果关联词和因果分句的入场模式和场景的构建，同时对其演变的共性和差异特征的认知机制或动因进行阐释。本结语部分将就研究发现、创新之处、研究展望几个方面对本研究进行总结。

第一节 研究发现

　　（1）本研究对英汉因果连词语法化演变过程中句法、语义、语用三方面的共性和差异进行了充分的对比，阐释了其语法化的认知动因和语用动因。研究发现：①英汉因果连词句法语法化的共性在于，英汉因果连词"因为"和"because"两者都来自两个或两个以上实词或较实的词的合成，经过重新分析和类推等语法化机制，分别虚化为现代汉语、英语当中的连词、介词，引导因果从句；在句中的搭配种类、搭配对象及其句类环境更加的多样化。它们的虚化过程都很好地体现了英汉因果连词语法化过程的单向性特征。英汉因果连词句法语法化的差异在于，英语 because 源于古法语 par cause，体现了语法化的借用原则；而"因为"源于甲骨文，字形像茵席之形，后经隐转喻虚化。英汉因果连词在引导因果复句时框式连词的使用也不同，"因为"一般与"所以"连用，形成固定搭配；而英语的因果复句一般不使用框式连词。此外，汉语因果连词"因为"从古汉语的"因"到现代汉语的"因为",有多种表达形式与意义,例如,"因"既可引导原因从句,又可引导结果从句,可做名词也可做动词;相较于汉语"因为",because 的演变似乎更简单,一步到位。②英汉因果连词语义演变的共性在于,英汉因果连词"因为"和"because"很明显在语义层面都表现为从最初相关的实词义逐渐抽象并泛化,语义概念内涵减少,外延扩大;反映出语法化的单向性特征和语义虚化特征。英汉因果连词语义演变的差异在于,"因"的虚词用法是从实词义引申而来的,可作为介词、连词,在复句中既可引入原因,也可引入结果,语义多样化。到了现代汉语,其使用方法才渐渐固定下来,表现了语法化的择一性原则。而"because"的语义演变似乎更简单,从中古英语时期开始,"because"就做原因连词,语义已经比较固定。"因为"常常用来引入一般的或偶然的原因,主要用于解释说明结构事件的原因或理由,理据性不强。"because"多用于指自然的、真正的原因,逻辑性强,语气较强。③英汉因果连词语用语法化的共性在于,从最初使用频率较低到后来分别是汉、英语当中使用的频率最高、范围最广的因果连词,汉语"因为"与英语"because"的语言形式变化很多时候都与人们的日常言语交际紧密相关。这也充分表明了语法化的频率原则。语言形式使用频率与抽象的程度成正比,而抽象的结果又导致其使用频率的增加。而且在现代英汉语中,"因为"和"because"的口语语体都比书面语体使用频率高。它们的意义可以指向前一分句,也可指向后一分句;作为复句连接词语,它可出现在句内,衔接分句,作为语篇连接词语,它也可出现在句外,衔接句子或段落。英汉因果连词语用语法化的差异在于,相较于语法化过程较复杂的汉语"因为","because"的语法化过程更显得一步到位。从古时期开始,"因为"在被使用时出现的形式就远多于"because",如"因""为""因为""为因"等;且它们的使用范围与功能也更多样化,既适用于前因后果句,也适用于前果后因;衔接指向既可以承前,也可以启后。而英语"because"从中古时期开始,其使用范围与形式就比较固定,虽然也在句中起承前启后的作用,但不难发现其引导的前果后因句更加常见。④英汉因果连词"because"和"因为"的认知动因是隐喻和转喻,隐喻和转喻对英汉因果连词语法化产生了重要影响。它们的语用动因主要是语用法的语法化规律,英汉语都有语法化中的自主性规律的作用;在语法化的经济规律中,汉语主要是效用最大化规律,英语主要是边际效用递减规律。

（2）发掘了英汉原因和结果语法标记特征和焦点标记演变的共性和差异，并解释了其认知动因。研究发现：①在标记因果逻辑关系上，英语遵循着严格的语法规则，主要表现在两个方面：首先，有关语法标记要么只能标记原因部分，要么只能标记结果部分，但是不允许混同标记；其次，因果标记的语法化过程和语法功能都是具体明确的，表现在表原因的词汇cause（because）只发展出了标记原因部分的功能，而且有关的语法标记都不能兼标记表原因和结果。相比之下，汉语在因果标记上尚没有形成严格的规则，这主要表现在以下三个方面：第一，与英语等世界其他语言不同，概念义为"原因"的"故"发展成了指示结果部分的语法标记，而相同概念的"缘"则发展成了原因标记；第二，不少语法标记具有双重功能，既可以标识原因成分，又可以标识结果成分；第三，标记因果复句的方式灵活多变，既可以是无标记，也可以是只标记原因或者结果的任何一方，还可以同时标记原因和结果这两个部分。②我们以心智哲学的"意识"和"意向性"维度及识解理论的"视角"维度为理论观照，探讨了语言运用中因果标记不对称性的深层认知机理。无论是"对象"的定位，还是"视角"的选择，都是认知主体在意向性主导下的意识活动。基于结果事件去关指、分析、推断原因事件，它符合人类由已知出发探求未知的意识活动规律。如果将因果关系视作认知的基体，原因则是认知的侧显，这对因果关系语法化产生了重要影响，主要表现在如下三个方面：一是只有表示原因概念的词汇演化成了因果标记，而表达结果概念的词语则鲜有这种发展，原因标记的手段远比结果标记的手段丰富，使用频率也更高；二是因为人们基于结果来反向识解原因，来源、工具和目的等均是原因事件中的构成元素，由此，相应的介词也发展成为原因标记，鉴照了人类的转喻思维机制；三是有代词回指的构式中，回指的一定是出现在前的原因，而且这种构式的语序也是固定的，必须原因在前，结果在后。③基于结果反溯原因是一个由表及里、去伪存真的意识活动过程，相比描述直观的客观结果它需要更多的认知努力，而因果关系认知中的不对称性，反映在语言上即表达原因和结果的标记呈现不对称性，映现了语言运用中的经济示差律，契合了认知语言学"现实—认知—语言"的核心原则。本研究还为语言的标记设计原理提供了新视角，同时也对语言类型学和语法化理论有所裨益。④从历时演变的过程可以看出，英汉因果复句的形式与语义演变特征有异有同，我们从主观识解角度找到了这些演变特征和异同的理据。总的来说，相同之处在于英汉焦点标记呈现数量上升、形式多样的趋势。这一变化说明人们在组织语言的过程中越来越注重自己作为言者的主要角色，尤其是在表达因果判断、信息推测时，英汉民族都在因句关联词前加上焦点标记来体现言者的强调义和主观义，目的在于使听者的注意力放在焦点标记修饰的焦点信息上。但是语言的表现形式总会因为不同的民族的思维方式不一样而相异，英民族与汉民族在对待因果关系的语言表达上呈现出不一样的形式。在因果复句中，由结果去探索原因有一个时间过程，被寻求到的原因也就是大家关注的对象，一旦被确定，也会获得更高的关注度。汉民族习惯先因后果，讲究凡事都是顺承"因果"，因此优先处理事件的原因，即事件的前半段。英民族思维优先处理"结果"，即事件的后半段。根据聚焦维度的前景－背景理论与突显性的侧显特征，我们可以确定，英汉因果复句中，因句是前景，果句是背景；因句是言者侧显的重点。我们对英汉因果复句中关联词焦点标记如"just、only、it is、是、正是、只"等焦点标记进行了描写与分析，并对比了在历时过程中，英汉焦点标记形式表现的异同。通过对比，我们发现，因果复句中关联词的焦点标记几乎只位于因句中而非果句中，汉语焦点标记的形式和数量都大大地超过了英语。由此可见，随着时间的推进、语言的自身发展，汉语语言表达的精细化与复杂化的程度高于英语。除此之外，我们还运用了主观识解理论对英汉因果复句中关联词的焦点标记演变的语义特征进行认知阐释。我们认为，由于言者的主观凸显，含有焦点标记的因句的语义凸显度要高于果句。原因本身含有未知的新信息，需要经过一段时间的探索才可获得，一旦获得便更加凸显，而这些新信息需要依赖一些语法手段来表示，焦点标记便是这种语法手段。根据前景－背景理论，可以证明因句是前景，果句是背景，焦点信息在因句中获得高度前景化。

（3）对比分析了英汉因果复句关联标记模式及其优先序列的演变过程、英汉因果复句关联标记模式的演变特征、英汉因果复句语序和关联词标记模式关系的演变的特征，并对它们进行了认知阐释。研究发现：①通过对英汉语中居端式、居中式和前后配套式在各阶段使用频率的统计，我们得出的结论再次验证了迪克（Dik, 1997）提出的"联系项居中原则"，即："居中式＞居端式＞前后配套式"。且通过历时比较各因果关联标记模式的演变，发现在五个不同阶段，英汉语中居中式、居端式和前后配套式的使用也存在一些差异；英语中居端式和居中式的使用频率分别在现代、当代达到顶峰；而汉语居端式、居中式和前后配套式在因果复句中使用最频繁的年代分别为近代、上古和当代。此外，因果复句的语序差异同样也会影响到各关联标记模式在句中的频次频率，并从因果复句语序视角分别统计了英汉例句中的因－果和果－因句式关联标记频率，得出，英汉因－果复句关联标记演变的共性在于，总体上，在现代和当代，英语和汉语因果复句关联标记的标因频率都高于标果频率。在因－果复句中，在现代和当代，英汉语标果频率大于标因频率；在果－因复句中，英语和汉语因果复句关联标记的标因频率都大于标果频率。差异在于，在因－果复句中，英语的标因关联标记一直稳定，从上古至近代，英语因果复句关联标记的标因频率都大幅超过汉语因果复句关联标记的标因频率。而汉语的标因关联标记在上古和中古时期频率很低，从近代到当代，其频率才大幅增高。在果－因复句中，相对来说，英语的标因关联标记频率高于汉语，标果频率低于汉语。因此，英汉因果复句关联标记序列的演变表示如下：在两种语序（因－果和果－因）中，英语因果复句关联标记的序列一直为，标因关联标记 > 标果关联标记。英语的因－果复句中，关联标记的优先序列一直为：标因关联标记 > 标果关联标记；果－因复句中，关联标记的优先序列一直为：标因关联标记 > 标果关联标记。在两种语序（因－果和果－因）中，汉语因果复句关联标记的序列为：（上古至中古）标果关联标记 > 标因关联标记 →（近代至当代）标因关联标记 > 标果关联标记。汉语的因－果复句中，关联标记的优先序列为：（上古至近代）标果关联标记 > 标因关联标记 →（现代和当代）标因关联标记 > 标果关联标记；汉语果－因复句中，关联标记的优先序列一直为：标因关联标记 > 标果关联标记。本部分细致地展示了英汉因果复句关联标记模式及其优先序列在五个历史阶段的演变情况，同时也从历时和共时角度比较了演变过程中出现的差异。②英汉因果复句关联标记的历时研究表明，英语因果复句中因句后置是优势语序，汉语因果复句的优势语序是因句前置，这与汉民族和英美民族的群众主观视点的参照点有关。汉民族往往是按照事物发生的自然顺序和逻辑关系，以原因从句为参照点，由因导果，而英美民族的群众主观视点倾向于先定位果句再探求果句表达事物的原因，由果溯因。在现当代，英汉语因果复句都倾向于使用标因式，这与图形－背景中的因果原则有关：因句是背景，果句是图形，因句为果句提供句法环境，使果句得以凸显。研究还发现，英汉语因果复句的优势序列总体上都是居中粘接式，说明因果复句的关联标记模式受到了距离象似原则的调控。本研究揭示英汉因果复句关联标记模式的类型特征，并从句法、语义、认知和语用等角度对其进行了阐释。英汉因果复句关联标记模式的类型特征分别从主观视点、焦点—背景、象似性理论的角度得以阐释。③从历时的角度考察英汉因果复句的关联标记模式与语序关系演变的特征，对比分析了英汉因果复句的关联标记模式与语序关系演变的特征的共性和差异，同时也深刻地阐释了英汉因果复句语序和关联词标记模式演变差异的认知动因——英汉民族对因果复句事件识解方式的演变。英汉因果复句的语序从古代起就有较大的差异，从中古时期起英语因果复句的优势语序就一直是果因句，劣势语序是因果句，且一直稳定。而汉语因果复句的优势语序一直是因果句，但自现代起发生了演变。英汉关联词标记的频率存在共性和差异。英汉民族识解方式一直存在差异，这种差异主要源自英语民族对因果复句的主观认知方式，以及汉语因果复句的时间顺序的临摹方式。同时，在历时演变的进程中，英汉民族识解因果复句的方式都发生了演变，而识解方式的演变直接导致语序的演变和因句的凸显，这又导致英汉因果复句概念的主观性增强和关联词标记模式的演变，英汉特别是汉语因句关联词频率增加，部分因句焦点化，主观性等级进一步增强。这些演变的认知动因是英汉民族对因果复句因果事件的识解方式的演变。研究结果不仅丰富了英汉因果关联标记词层面的研究，也有助于英汉因果关联词及其引导的因果关系句的习得、教学和语言比较等。

（4）发掘了英汉因果复句语法化和主观化历程的共性和差异及其认知机制和动因。研究发现如下：①英汉因果复句语法化的共性主要表现在：关联词的语法化、焦点标记的语法化和因果复句结构的语法化。英汉因果复句关联词的语法化表现在：因句关联词形式的语法化、因句关联词语用的语法化和因句关联词语义的演变。英汉因果复句焦点词语法化特征的共性主要表现在：出现的时期、所处的位置、强调的对象、句法特征和语义特征。英汉因果复句结构语法化的共性主要表现在复句语序的演变上。英汉因果复句语法化的差异主要体现在：因句关联词语法化的程度、焦点标记语法化的程度和复句结构语法化的程度。英汉因果复句的语法化过程和特征的认知动因主要有：语用认知、因句的凸显和识解的方式。因果复句构式的表达越来越倾向于精细化和明确化。英汉因果复句首先通过调整因句和果句事件的语序来凸显因句事件，即因句前景化，且后置的因句强势增加，特别是英语更明确，具体表现是 because 类因句增加。后置的因句作为射体被前景化，语义上得到凸显，而果句前置后倾向于作为界标被背景化。因果复句形式结构的演变，来自对因果事件识解方式的演变，即因果事件从相对独立事件识解的倾向演变到整体事件识解的倾向，言者关注对象的倾向从有因果逻辑关系的相对独立的两个事件发展到逻辑关系较强的整体因果事件，更凸显果句对因句在形式和语义上的依赖性，从而因果复句的语义关系也发生了改变：言者在强调因句事件语义的同时，更突出果句事件对因句事件的依赖性，因果事件倾向于作为整体事件来识解。②揭示了英汉因果复句两大方面的主观化历程及其认知机制或动因。英语果－因语序复句的频率一直很大程度地超过汉语，但在历时的进程中英汉因果复句的语序和主观化程度都各自有所调整改变。"since" 和 "既（然）" 类复句都经历了从比较客观的逻辑语义关系到既可以表示客观的又可以表示主观的逻辑语义的过程，语义主观化程度很高，但 "since" 类复句的语义主观化弱于汉语 "既（然）" 类复句。"because" 和 "因 / 因为" 原因分句语义都经历了从表达客观的到既可以表达客观的也可以表达主观的语义的过程。英汉因果复句语序主观化的认知机制表现在：英语因果语序侧显原因，汉语因果语序体现高度象似性，英汉因果复句语序的演变导致原因侧显度的改变。英汉因果复句逻辑语义主观化演变的认知机制主要有识解视角的改变和交互主观性。英汉因果复句的主观化因素有多种，主观化来自多种因素的协同作用。

（5）基于自建语料库考察了英汉因果复句的基本句法语义特征和认知特征，并从认知语法 "入场理论" 的视角探讨了因果关联词的入场资格、策略、路径以及因果分句入场和场景的构建。在名词与小句入场的基础上进一步探索了英汉因果复句的入场模式，初步构建了因果复句的入场模型和体系，论述了因果复句入场是通过连词从类关系中理清两个言语事件的因果关系，从而勾画了某个例因果复句入场模式。但是相对于名词短语和定式小句，因果复句入场更为复杂的是，在某些（尤其是口语体）语境中，入场元素隐而不显的情况不在少数。这就需要听者或者读者根据语境信息进行因果关系的分析。汉语因果复句的入场元素的数量、形式与英语有异同之处，两者都经历了语法化和主观化，相比之下汉语语法化与主观化的程度更高。英汉民族概念化主体体验和感知世界的异同是因果复句表达形式和语义异同的主要原因。我们认为，隐性的入场元素如何构建因果复句入场模型也值得学者们的关注和进一步的研究。本研究对于入场理论指导下的跨语言复句研究是一种新的尝试，本研究结果也丰富了入场理论的内涵并且可以为英汉语言的类型特征提供新的解释。英汉因果复句的异同主要体现在两者的概念化方式的差异，因此在教学实践过程中，英语教育者应该更多地引导学生关注语义、进行思维的转换并积极探索语言形式背后的意义的理据性。基于入场理论的英语复句理据性和体验性教学能帮助中国学习者灵活有效地运用英语复句构式。在认知语言学指导下进行的语言教学跳出传统语言教学的框架，使学习者主动认识到语言的差异性主要是因为思维方式的差异，同时，认知语法对语法规则的充分描写和合理解释能帮助学生弄明白每一种语言现象的特点，从而促进学生积极思考现象与本质的关系，最终真正感受到语言的魅力所在。

第二节　创新之处

我们认为，本研究有以下几个创新之处：

（1）学术思想和学术观点的创新

①突出了句法、语用、语义三因素在因果复句演进中的互动作用。因果复句在形成和演变过程中受到句法、语义、语用等条件的相互影响。因果复句所出现的句法环境和使用频率影响其演变特征，因果复句的初始功能影响其语法标记形式，因果复句的概念化特征影响其结构的语法特征。功能相同或者相近的多个语法手段之间具有相互制约的关系。

②突破了以往对因果复句大多为静态的描写和分析这一局限。语法化过程具有动态性。英汉因果复句的语法范畴和语法手段具有动态性和可变性，随着时代的推移、因果复句环境的改变，因果复句在形式、语音、语义和语用等方面产生相应的变化。

③突出了新语法手段对现有语法系统的影响。新语法手段的出现影响到现有的语法系统，因果复句的演变在一定程度上改变现代的语法系统，据此证明语言系统的"整体性"。

④强调了语用频率来自心理认知这一事实。心理认知与语用频率有密切的关系。英汉因果复句语法化的容易度主要与心理认知的容易度有关，心理认知的容易度越高，语用的频率就越高。

（2）研究方法的创新

①历时和共时的紧密结合。摆脱了以往的以历时为主或历时与共时的分离研究方法的限制。紧密结合历时和共时的研究方法，分析不同文本的特点差异，根据不同时点、不同时段，不同文本、不同领域和不同语体进行综合分析概括，拓宽的研究范围可以保证描写解释的有效性。

②研究的系统性。全方位、多角度地深入对比分析与解释，将语法化与语用、语义、认知、语言接触等领域相结合，可以保证和展现概括和解释的全面性、透彻性。从历时共时、认知语用及认知心理等角度对语法化现象做出解释，所得出的观点创新性更强，解释更加充分。

（3）研究视角的创新

①突破了以往对因果复句单一理论视角的分析。语法化、主观化、识解和入场理论的运用，拓展了对因果复句的研究和解释，有助于对因果复句的演变特征和机制进行充分的认知解释，也扩大了认知语言学理论的应用范围。

②加深了以往对英汉因果复句历时演变的语言对比研究。英汉因果复句历时演变特征的对比研究，突破了以往只从共时层面对单一语言内因果复句的个案研究的藩篱，揭示了人类语言与思维的发展趋势，剖析了英汉语使用者对因果逻辑关系概念化模式的共性和个性。

第三节　研究展望

掩卷沉思，本研究还存在几点不足之处：

（1）研究对象还不够全面。关于因果关联词，我们主要是对比研究了比较典型的英汉因果关联词的演变过程和特征，没有纳入所有的英汉因果关联词，特别是不太典型的关联词，如表原因的"considering、seeing that、in that"等，结果关联词"so that、that、then"等；汉语原因关联词"考虑到，看到"等，结果关联词"于是，就"等。同时对汉语的框式因果关联词也没有作细致的分析。关于关联词的语法化过程，主要研究了最典型的原因关联词的演变特征并进行了对比，而其他的因果关联词的语法化过程和特征分析较少。关于英汉因果复句的演变，主要对比分析了它们的语法化和主观化的历程，对其句法、语用、语义类型特征的演变研究不够充分。

（2）语料的体裁不够多样。首先，考虑到语料搜集的便利，选取的语料基本上为各个历史时期的书面文本，没有口语语料。其次，书面文本基本上为文学题材的文本。语料多样性的缺乏会在一定程度上影响结论的可靠性。

（3）跨语言的研究不够。本研究主要为英汉因果复句历时演变的研究，考虑到对其他语言因果复句历史语料搜集的不便利性，所以较少地涉及其他语言。

因此，在以后的研究中，我们将进一步做到：

（1）关于因果关联词，我们可以细致对比研究所有英汉因果关联词的演变过程和特征，包括结果关联词和不太典型的原因关联词。同时对汉语的框式因果关联词进行细致的分析。关于关联词的语法化过程，还可以研究更多的原因关联词和结果关联词语法化的过程和特征。关于英汉因果复句的演变，还可基于类型学理论对其句法、语用、语义类型特征的演变进行细致的对比。

（2）语料的体裁可以进一步拓展到口语语料和非文学文本语料，对比不同语言各种语体因果复句历时演变的共性和差异，以保证研究发现和结论更具有可靠性。

（3）我们可以进行更多语言的因果复句历时演变的研究，给语言类型学的研究提供更多的借鉴和参考。

参考文献

Altenberg，B. 1984. Causal linking in spoken and written English [J]. *Studia Linguistica* 38(1)：20-69.

Canestrelli, A. R., Mak, W. M. & Sanders, T. J. M. 2013. Causal connectives in discourse processing: How differences in subjectivity are reflected in eye movements[J]. *Language and Cognitive Processes* 28(9).

Benveniste，E. 1971. *Problems in General Linguistics* [M]. Trans. M. E. Meek Coral Gablres，FL: University of Miami Press.

Biq,Y. O. 1995. Chinese causal sequencing and *yinwei* in conversation and press reportage [A]. *Proceedings of the Twenty-First Annual Meeting of the Berkeley Linguistics Society: Special Session on Discourse in Southeast Asian Languages*[C]. California: Berkeley Linguistics Society.

Brisard, F. (ed.). 2002. *Grounding: The Epistemic Footing of Deixis and Reference* [M]. Berlin: Mouton de Gruyter.

Diessel, H. 2001.The ordering distribution of main and adverbial clauses: A typological study [J].*Language* (77): 345-365.

Diessel. H. 2005. Competing motivations for the ordering of main and adverbial clauses [J].*Linguistics* (43): 449-470.

Diessel, H. 2008. Iconicity of sequence: A corpus-based analysis of the positioning of temporal adverbial clauses in English [J]. *Cognitive Linguistics*(3): 465-490.

Diessel，H.& K. Hetterle. 2011. Causal clauses: a cross linguistic investigation of their structure, meaning, and use [A]. In Siemund. (ed.) Linguistic Universals and Language Variation. New York: De Grugter Mouton: 23-54.

Dik, C. 1997. *The Theory of Functional Grammar* [M]. Berlin & New York: Mouton de Gruyter.

Finegan, E. 1995. *Subjectivity and Subjectivization: An Introduction. In Stein & Wright (eds.). Subjectivity and Subjectivization* [M]. Cambridge: Cambridge University Press.

Ford, Cecilia E. 1993. *Grammar in Interaction: Adverbial Clauses in American English Conversation* [M]. Cambridge: CUP.

Ford, C. E. & Junko Mori. 1994. Causal markers in Japanese and English conversations: A cross-linguistic study of interactional grammar [J]. *Pragmatics* 4(1): 31-61.

Ford, Cecilia E. 1994. Dialogic aspects of talk and writing: *Because* on the interactive-edited continuum [J]. *Text* 14(4): 531-554.

Ford, C. E. 2009. Dialogic aspects of talk and writing: because on the interactive-edited continuum [J]. *Text - Interdisciplinary Journal for the Study of Discourse* (4):531-554.

Givón, T. 1979. *On Understanding Grammar* [M]. New York: Academic Press.

Givón,T. 1990. *Syntax: A Functional Typological Introduction*[M]. 2 Vol. John Benjamins Publishing Company: Philadelphia.

Goldberg, Adele E. 1995. *Constructions: A Construction GrammarApproach to Argument Structure*[M]. Chicago: The University of Chicago Press.

Greenberg, J. H. 1978. *Universals of Human Language*[M]. Vol. 4. Syntax. Stanford:Stanford University Press.

Greenberg, J. H. 1966a. Some Universals of Grammar with Particular Reference to the Order of Meaningful Elements[A]. In: Greenberg, J. H.(ed.). *Universal of language*(2nd edition) [C]. Massachusetts: MIT Press.

Haiman, J. 1980. *The iconicity of grammar: isomorphism and motivation* [J]. *Language* 56: 515-540.

Haiman, J. 1983. *Iconic and economic motivation*[J]. *Language* 59: 781-819.

Haiman, John. 1985. *Iconicity in syntax* [M]. Amsterdam: John Benjamins.

Haiman, J. 1985b. *Natural Syntax: Iconicity and Erosion* [M].Cambridge: Cambridge University Press.

Halliday, M. 1975. Learning how to mean-sciencedirect [J]. *Foundations of Language Development*(4) :239-265.

Halliday, M.A.K. & Ruquaiya Hason. 1976. *Cohesion in English* [M]. London:

Longman.

Halliday, M.A.K. 1994. *An Introduction to Functional Grammar* (2nd ed) [M]. London: Edward Arnold.

Harris，Alice C. & Lyle Campbell. 1995. *Historical Syntax in Cross-linguistics Perspectives* [M]. Cambridge: Cambridge University Press.

Heine，B. & T. Kuteva. 2002. *World Lexicon of Grammaticalization* [M]. Cambridge: Cambridge University Press.

Hetterle, Katja. 2007. *Causal clauses in cross-linguistic perspective: A functional approach. Master's Thesis* [M]. University of Jena.

Himmelmann, Nikolaus P. 2004.Lexicalization and Grammaticalization: Opposite or Orthogonal? [A]. Bisang, Himmelmann & Wiemer, (eds.). *What Makes Grammaticalization* — A Look from its Fringes and its Components[C]. Berlin & New York: Mouton de Gruyter.

Hopper, P. J. & Traugott E. C. 1993. *Grammaticalization* [M]. Cambridge: Cambridge University Press.

Hopper, P. J & Traugott, E. C. 2003. *Grammaticalization* (2nd Edition) [M]. Cambridge: Cambridge University Press: 39-69.

Sanders, J. , Sanders, T. & Sweetser, E. 2012. Responsible subjects and discourse causality. How mental spaces and perspective help identifying subjectivity in Dutch backward causal connectives[J]. *Journal of Pragmatics* 44: 191–213.

Kerz, E. and Wiechmann. D. 2015. Register-Contingent Entrenchment of Constructional Patterns: Causal and Concessive Adverbial Clauses in Academic and Newspaper Writing[J], *Journal of English Linguistics* 43(1): 61–85.

Kovecses. 2002. Metaphor: *A practical introduction* [M]. London: Oxford University Press.

Kurylowicz, Jerzy. 1965. The Evolution of Grammatical Categories [J]. *Esquisses Linguistiques* (2): 55-71.

Koffka, K. 1935. *Principles of gestalt psychology* [M]. New York: Harcourt, Brace and World.

Lakoff, G. & Johnson, M. 1980. *Metaphors We Live by* [M].Chicago: University of Chicago Press.

Lakoff，George. 1987. *Women, Fire and Dangerous Things* [M]. Chicago & London: The University of Chicago Press.

Langacker, R. W. 1985. "Observation and Speculations on Subjectivity". In J. Haiman(ed.), *Iconicity in Syntax*[M]. Amsterdam: John Benjamin.

Langacker, R. W. 1987. *Foundations of Cognitive Grammar* (Volume I and II) [M]. California: Stanford University Press.

Langacker, R. W. 1990. Subjectification[J]. *Cognitive Linguistics* 1: 5–38

Langacker, R. W. 1991.*Concept, Image, and Symbol: The Cognitive Basis of Grammar* [M]. Berlin / New York: Mouton de Gruyter: 318–324.

Langacker, R. W. 1994. "Culture, Cognition and Grammar". PuTz M.(eds.). *Language Content and Language Conflict*[M]. John Benjamins Publishing Company: Philadelphia.

Langacker, R. W. 1998. On Subjectification and grammaticalization. Koenig(ed.). *Discourse and Cognition Bridging the Gap* [M]. Stanford: CSLI Publications.

Langacker, R. W. 1999. *Grammar and Conceptualization* [M]. Berlin / New York: Mouton de Gruyter.

Langacker, R. W. 2002. The control cycle: Why grammar is a matter of life and death [J]. *Proceedings of the Annual Meeting of the Japanese Cognitive Linguistics Association* (2):193–220.

Langacker, R. W. 2002. Deixis and subjectivity [A]. In Brisard, F. (ed.). *Grounding: The Epistemic Footing of Deixis and Reference* [C]. Berlin: Mouton de Gruyter.

Langacker, R. W. 2002. Remarks on the English Grounding System [A]. In Brisard, F. (ed.). *Grounding: The Epistemic Footing of Deixis and Reference* [C]. Berlin: Mouton de Gruyter.

Langacker, R. W. 2004. Remarks on Nominal Grounding [J]. *Functions of Language* (1): 77–113.

Langacker, R. W. 2008. *Cognitive Grammar: A Basic Introduction* [M]. Oxford / New York: Oxford University Press, Inc.

Langacker, R. W. 2009. *Investigations in Cognitive Grammar* [M]. Berlin / New

York: Mouton de Gruyter.

Liu Jian & Peyraube A. 1994. History of Some Coordinative Conjunctions in Chinese[J]. *Journal of Chinese Linguistics*（2）:179–201.

Lyons, J. 1977. *Semantics* [M]. Cambridge:Cambridge University Press.

Lyons, J. 1982. Deixis and subjectivity: Loquor, ergosum?[A] In R. J. Jarvella & W. Klein(eds.) *Speech, Place, and Action: Studies in Deixis and Related topics*[C]. Chichester and New York: John Wiley.

Nickel, G. (ed.). 1971. *Papers in Contrastive Linguistics*[M]. London:Cambridge University Press.

Nuyts, J. 2002. Grounding and the system of epistemic expressions in Dutch: cognitive–functional view [A]. In Brisard, F. (ed.). *Grounding: The Epistemic Footing of Deixis and Reference* [C].Berlin: Mouton de Gruyter: 433–466.

Nuyts, J. 2002. Grounding and the system of epistemic expressions in Dutch: cognitive–functional view [A]. In Brisard, F. (ed.). *Grounding: The Epistemic Footing of Deixis and Reference* [C]. Berlin: Mouton de Gruyter: 433–466.

Osgood, Charles E. 1980. *Lectures on Language Performance* [M].New York: Spring–Verlag Inc.

Östman, J. & Mirjam, F. 2005. *Construction Grammars: Cognitive grounding and theoretical extensions* [C]. Amsterdam: John Benjamins Publishing Company.

Quirk, R., Greenbaum, S., et al. 1985. *A Comprehensive Grammar of the English Language* [M]. London and New York: Longman Group Limited.

Rubin，E. 1915. *Edgar Rubin and Psychology in Denmark* [M].Sprinter International Publishing Switzerland.

Sanders, Ted J. M. 2005. Coherence, Causality and Cognitive Complexity in Discourse [J]. In M. Aurnague, M. Bras, A. L. Draoulec & L. Vieu (eds.). *Proceedings of the First International Symposium on the Exploration and Modelling of Meaning SEM-05* [C]. Biarritz, France.

Sanders,Ted J. M. & Wilbert P. M. Spooren. 2015. Causality and subjectivity in discourse: The meaning and use of causal connectives in spontaneous conversation, chat interactions and written text [J]. *Linguistics* 53(1): 53–92.

Schleppegrell, Mary J. 1991. Paratactic 'because' [J]. *Journal of Pragmatics* 16: 323–337.

Spooren, W., Sanders, T. , Huiskes, M., & Degand, L. 2007. Subjectivity and causality: A corpus study of spoken language. In J. Newman, & S. Rice (eds.). *Empirical and experimental methods in cognitive/functional research*(pp. 1–16)[M]. Chicago: University of Chicago Press.

Stein, D.& S. Wright. (eds.). 1995. *Subjectivity and Subjectivisation*[C]. Cambridge: Cambridge University Press.

Stein, D., S. Wright. 1997. *Subjectivity and Subjectivisation: Linguistic Perspectives*[C]. Cambridge: Cambridge UP.

Stukker, N. M. 2005. *Causality Marking across Levels of Language Structure: A Cognitive Semantic Analysis of Causal Verbs and Connectives in Dutch*[D]. PhD dissertation, Utrecht University.

Stukker, N. and Sanders, T. 2012. Subjectivity and Prototype Structure in Causal Connectives: A Cross–Linguistic Perspective[J]. *Journal of Pragmatics* 44(2):169–190.

Sweetser, E. 1996. *From Etymology to Pragmatics: Metaphorical and Cultural Aspects of Semantic Structure*[M]. Cambridge: Cambridge University Press.

Sweetser, E. 2002. *From Etymology to Pragmatics* [M]. Beijing: Peking University Press.

Talmy, L. 1978. Figure and ground in complex sentences [A]. In J. Greenberg (ed.). *Universals in Human Language* (Volume IV) [C]. Stanford: Stanford University Press.

Talmy, L. 2000. *Toward a Cognitive Semantics (Vol.1): Conceptual Structuring Systems* [M]. Cambridge, MA: The MIT Press.

Traugott, E. C. 1995. Subjectification in grammaticalization [A]. In Stein& Wright: 31–54.

Traugott, E. C. & B. Heine. 1991. (eds.). *Approaches to Grammaticalization* [M]. 2 vols. Amsterdam: John Benjamins.

Trautgott, E. C.& E. Konig. 1991. The semantics–pragmatics of grammaticalization revisited [A]. In Traugott& Heine (eds.). Vol. 1.

Traugott, E. C. 1989. On the rise of epistemic meanings in English: An example of subjectification in semantic change [J]. *Language* 65 (1): 31–55.

Traugott, E. C. 2012. Intersubjectification and Clause Periphery[J]. *English Text Construction* 5(1): 7–28.

Verhagen, A. 1995. *Constructions of Intersubjectivity: Discourse, Syntax, and Cognition*[M]. Oxford: Oxford University Press.

Verhagen, A. 2005. *Constructions of Intersubjectivity: Discourse, Syntax, and Cognition* [M].Oxford: OUP.

Wang, Y. & Yan, C. S. 2005. *Grammaticalization: characteristics, motivations and mechanisms* [M]. Journal of Pla University of Foreign Languages.

Zuoyan Song and Hongyin Tao. 2009. A unified account of causal clause sequences in Mandarin Chinese and its implications[J]. *Studies in Language* 33(1):69–102.

常晓敏，2005，英汉连接词的语法化对比分析［J］.《社会科学家》（S1）：630–631.

陈淑梅，2001，汉语方言里一种带虚词的特殊双宾句式［J］.《中国语文》（5）：7.

陈晓燕，2019，认知语法的"三观"及其语义描写工具［J］.《宜春学院学报》41（7）：82–85.

储泽祥、陶伏平，2008，汉语因果复句的关联标记模式与"联系项居中原则"［J］.《中国语文》（5）：410–422.

戴浩一著，黄河译，1988，时间顺序和汉语的语序［J］.《国外语言学》（1）：18.

戴庆厦、范丽君，2010，藏缅语因果复句关联标记研究——兼与汉语比较［J］.《中央民族大学学报》（哲学社会科学版）（2）：74–80.

邓凯方、邓云华，2019，英语原因连词"because"的语法化过程［J］.《湖南科技学院学报》（4）：6.

邓雨辉，2007，果标"因此"和"因而"的用法辨析［J］.《广州大学学报》（社会科学版）（8）：79–82.

邓云华，2005，英汉跨分句结构的语法化对比研究［J］.《外语与外语教学》（2）：31–33.

邓云华、陈朦，2015，英汉关联标记与条件小句语序的蕴涵共性［J］.《外语学刊》（3）：35-39.

邓云华、储泽祥，2004，英汉连接词语法化的对比研究［J］.《山东外语教学》（1）：21-23.

邓云华、郭春芳，2016，英汉因果复句逻辑语义的优先序列［J］.《外语教学》（6）：37-47.

邓云华、李曦，2019，英汉因果复句语序和关联词标记模式的演变及其认知阐释［J］.《中国外语》16（3）：53-62.

邓云华、申小阳、曹新竹，2015，英汉关系分句语法化的路径［J］.《外语教学与研究》47（3）：12.

范丽君，2017，从藏缅语因果复句的特点反观汉语［J］.《语言研究》37（4）：120-126.

方梅，1995，汉语对比焦点的句法表现手段［J］.《中国语文》（4）：279-288.

方有国，2002，古汉语主谓间"而"字研究［J］.《西南师范大学学报》（人文社会科学版）（4）：145-149.

付正玲，2017，汉语类指句的入场研究［D］.重庆：西南大学博士学位论文.

高再兰，2013，前、后置"因为"的隐现及功能差异［J］.《汉语学报》（2）：57-65+96.

郭春芳、邓云华，2016，汉英原因关系词"因为"和"because"句法的历时演变［J］.《邵阳学院学报》（社会科学版）（2）：5.

郭中，2012，汉语多类状语共现的语序自由度及其解释［J］.《汉语学习》（4）：104-112.

郭中，2015，因果复句关联标记模式与语序的蕴涵关系［J］.《语言研究》（1）：110-116.

郝静芳，2013，试论因果复句语序的认知规律［J］.《语文学刊》（12）：79-80.

胡壮麟，1994，语篇的衔接与连贯［M］.上海：上海外语教育出版社.

黄蓓，2009，因果连词的识解与言语场景的介入——以 because 为例［J］.《天津外国语学院学报》（3）：14-22.

黄晓雪、贺学贵，2006，安徽宿松方言引进与事的"在"［J］.《湖北师范学院学报》（哲学社会科学版）26（3）：82-83.

景士俊，1992，"因果"与表达［J］.《语文学刊》（3）1-7.

黎锦熙，1924，新著国语文法（订正本）中等学校用［M］.北京：商务印书馆.

黎锦熙、刘世儒，1962，汉语语法教材（第三编）——复式句和篇章结构［M］.北京：商务印书馆.

李晋霞，2011，论"由于"与"因为"的差异［J］.《世界汉语教学》（4）：490-495.

李晋霞、刘云，2004，"由于"与"既然"的主观性差异［J］.《中国语文》（2）：123-128.

李晋霞、王忠玲，2013，论"因为""所以"单用时的选择倾向与使用差异［J］.《语言研究》（1）：19-25.

李为政，2013，近代汉语因果句研究［D］.北京：北京大学博士学位论文.

李曦、邓云华，2020，英汉因果复句关联词焦点标记演变的认知阐释［J］.《外语教学》41（3）：52-56.

李宇明，2001，《跋》，萧国政编《20世纪现代汉语语法八大家——邢福义选集》［C］.长春：东北师范大学出版社.

连淑能，1993，英汉对比研究［M］.北京：高等教育出版社.

廖巧云，2004，英语实据原因句探微［J］.《外国语》（上海外国语大学学报）（4）：46-52.

廖巧云，2007，英语因果构式探讨［J］.《外语研究》（3）：24-27.

廖巧云，2008，英语实据因果句生成机理研究［J］.《现代外语》（3）：238-244.

廖巧云、王鲁男、孟利君、姜孟，2015，不同类汉语因果复句通达的反应时研究［J］.《解放军外国语学院学报》（6）：1-9.

刘丹青，2003，语序类型学与介词理论［M］.北京：商务印书馆.

刘坚、曹广顺、吴福祥，1995，论诱发汉语词汇语法化的若干因素［J］.《中国语文》（3）：161.

刘林，2013，现代汉语焦点标记词研究［D］.上海：复旦大学博士学位论文.

刘正光、艾朝阳，2016，从认知语言学看外语教学的三个问题［J］.《现代外语》39（2）：257-266.

陆恒，2019，《道行般若经》中"故"类因果复句探究［J］.《常州工学院学报》（社会科学版）（1）：6.

吕叔湘，1947，中国文法要略［M］.北京：商务印书馆.

吕叔湘，1956，中国文法要略（合订本第一版）［M］.北京：商务印书馆.

吕冀平，1959，原因和理由的表达［J］.《语文学习》（5）：19-21.

马贝加，1996，介词"因"辨义［J］.《语文研究》（2）：59-61.

马清华，2003，汉语语法化问题的研究［J］.《语言研究》23（2）：9.

马伟忠，2018，汉语因果构式"因为NP，所以VP"研究［J］.《语言教学与研究》（3）：71-81.

马壮寰，2000，Newmeyer的新作《语言形式与语言功能》［J］.《外国语》（上海外国语大学学报）（6）：2.

毛志刚，2009，上古汉语因果连词研究［D］.重庆：西南大学硕士学位论文.

倪重阳，2008，现代汉语因果连词研究［D］.武汉：华中师范大学硕士学位论文.

牛保义，2005，复句语义的主观化研究［J］.《外国语言文学研究》（4）：25-31.

牛保义，2006，英语因果复句的认知语法研究［J］.《现代外语》（4）：338-345，436.

牛保义，2013，情境植入——认知语法研究的一条进路［J］.《外文研究》（4）：35-43.

牛保义，2015，认知语法情境植入研究综述［J］.《外语学刊》（5）：16-22.

潘海峰，2016，语言的主观性与主观化研究及其相关问题——兼论主观化与语法化的关系［J］.《上海师范大学学报》（哲学社会科学版）（6）：124-132.

乔恒宇，2016，凸显理论视角下分裂结构焦点的认知理解［J］.《辽宁工业大学学报》（社会科学版）（6）：52-55.

荣丽华，2011，汉语因果复句分类系统构拟［J］.《现代语文》（语言研究版）（9）：23-25.

荣丽华，2011，汉语因果复句研究综述［J］.《长春师范学院学报》（9）：47-51.

荣丽华，2017，从标记词语的来源论因果复句的分类［J］.《北京师范大学
学报》（社会科学版）（2）：62-72.

沈家煊，1984，英汉介词对比［J］.《外语教学与研究》（2）：8.

沈家煊，1993，句法的象似性问题［J］.《外语教学与研究》（1）：2-8.

沈家煊，1994，R.W. Langacker 的"认知语法"［J］.《国外语言学》（1）：
12-20.

沈家煊，1997，类型学中的标记模式［J］.《外语教学与研究》（1）：1-9.

沈家煊，2001，语言的"主观性"和"主观化"［J］.《外语教学与研究》
（4）：268-275.

沈家煊，2003，复句三域"行、知、言"［J］.《中国语文》（3）：195-
204.

沈家煊，2015，不对称和标记论［M］.北京：商务印书馆.

沈思莹，2003，因果类关联词语的研究［D］.合肥：安徽大学硕士学位
论文.

石永珍、陈曦，2008，隐喻类推的跨域重组与英汉词义变化［J］.《山西大
学学报》（哲学社会科学版）（1）：86-88.

石毓智，2006，语法的概念基础［M］.上海：上海外语教育出版社.

石毓智，2015，汉语语法演化史［M］.南昌：江西教育出版社.

石毓智、李讷，1998，汉语发展史上结构助词的兴替——— 论"的"的语
法化历程［J］.《中国社会科学》（6）：165-179.

束定芳，2013，认知语言学研究方法［M］.上海：上海外语教育出版社：
26，65.

宋作艳、陶红印，2008，汉英因果复句顺序的话语分析与比较［J］.《汉语
学报》（4）：61-71.

苏倩倩，2010，Because-因果复句的主观性研究［D］.重庆：重庆大学硕
士学位论文.

苏怡莲，2017，现代汉语因果关系表达研究［D］.上海：上海师范大学博
士学位论文.

孙金龙，2013，古汉语常见凝固结构举隅［J］.《语文天地》（5）：3-10.

孙鹏飞，2018，交互主观性与汉语特殊自称现象［J］.《汉语学习》（5）：
59-65.

孙云，1980，论偏句的位置［J］.《天津师院学报》（2）：77-78.

完权，2009，入场理论：认知语法的新进展［J］.《外国语》（上海外国语大学学报）（6）：27-34.

王义娜、李银美，2019，汉英主题结构的主观性：述题的情境植入视角［J］.《外语教学与研究》51（2）：189-201，319.

汪蓓蓓，2015，表因类因果连词"因为""由于""既然"的定位框架及方法论意义［D］.广州：暨南大学硕士学位论文.

王力，1980，汉语史稿［M］.北京：中华书局.

王力，1989，汉语语法史北京［M］.北京：商务印书馆.

王统尚 、石毓智，2018，从品尝动词到经历体标记的语法化［J］.《汉语学报》（3）：38-45，95-96.

王寅，2003，认知语言学与语篇分析——Langacker 的语篇分析观［J］.《外语教学与研究》（2）：83-88。

文旭、伍倩，2007，话语主观性在时体范畴中的体现［J］.《外语学刊》（2）：59-63.

文旭、杨坤，2022，认知语言学教程［M］.北京：北京大学出版社.

吴宝安、邓葵，2006，涟源方言的"拿"字及其相关句式［J］.《湘潭师范学院学报》（社会科学版）（6）：115-117.

吴福祥，2003，关于语法化的单向性问题［J］.《当代语言学》5（4）：16.

吴福祥，2004，也谈持续体标记"着"的来源［J］.《汉语史学报》（1）：10.

吴福祥，2005，汉语语法化演变的几个类型学特征［J］.《中国语文》（6）：387-400.

吴吉东，2017，入场理论视域下英语复句认知及其教学研究［D］.上海：上海师范大学博士学位论文.

吴吉东、蔡龙权，2014，入场理论框架中的英语关系分句认知识解［J］.《外语学刊》（6）：54-58.

向明友，2004，关联论献疑——经济分析语用学探究之六［J］.《外语学刊》（2）：34-38.

向明友、穆志刚，2010，我国英语语法化研究综述［J］.《中国外语》（1）：47-52，110.

肖任飞，2009，现代汉语因果复句优先序列研究［D］.武汉：华中师范大学博士学位论文.

肖任飞，2010，现代汉语因果复句优先序列研究［M］．北京：中国社会科
　　学出版社．

肖奚强、王灿龙，2006，"之所以"的词汇化［J］．《中国语文》（6）：
　　531-539．

谢洪欣，2008，元明时期汉语连词研究［D］．青岛：山东大学博士学位
　　论文．

谢晓明、左双菊，2009，"难怪"的语法化［J］．《古汉语研究》（2）：
　　30-35．

谢晓明，2010，"难怪"因果句［J］．《语言研究》（2）：64-69．

邢福义，1979，谈谈多重复句的分析［J］．《语文教学与研究》（1）：
　　48-53．

邢福义，1985，复句与关系词语［M］．哈尔滨：黑龙江人民出版社．

邢福义，1991，现代汉语［M］．北京：高等教育出版社．

邢福义，1991，汉语复句格式对复句语义关系的反制约［J］．《中国语文》
　　（1）：1-9．

邢福义，2001/2014，汉语复句研究［M］．北京：商务印书馆．

邢福义，2002，"由于"句的语义偏向辨［J］．《中国语文》（4）：337-
　　342．

徐李洁，2008，英语 IF 条件句主观化模式的建构［J］．《外国语》（上海外
　　国语大学学报）（1）：62-67．

徐杰、李英哲，1993，焦点和两个非线性语法范畴"否定""疑问"［J］．
　　《中国语文》（2）：81-92．

徐烈炯，2001，焦点的不同概念及其在汉语中的表现形式［J］．《现代中国
　　语研究》（3）：10-22．

徐盛桓，2001，试论英语双及物构块式［J］．《外语教学与研究》33（2）：
　　81-87，160．

徐盛桓，2010，心智哲学与语言研究［J］．《外国语文》（5）：30-35．

徐盛桓，2011，语言研究的心智哲学视角［J］．《河南大学学报》（4）：
　　1-12．

徐盛桓，2014，意象建构与句法发生——语法语义接口研究的"用例事件"
　　模式［J］．《华南理工大学学报》（5）：125-131．

徐盛桓、李淑静，2005，英语原因句的嬗变［J］．《外语学刊》（1）：56-

62，112.

许文胜、张柏然，2006，基于英汉名著语料库的因果关系连词对比研究［J］.《外语教学与研究》38（4）：5.

杨伯峻，1992，古语汉语语法及其发展［M］.北京：语文出版社.

杨成虎，2000，语法化理论评述［J］.《山东师范大学外国语学院学报》（4）：5.

姚双云，2007，连词"结果"与"所以"使用差异的计量分析［J］.《宁夏大学学报》（人文社会科学版）29（6）：51-53，72.

姚双云，2008，复句关系标记的搭配研究［M］.武汉：华中师范大学出版社.

姚双云，2010，连词"结果"的语法化及其语义类型［J］.《古汉语研究》（2）：61-66.

姚双云，2012，"主观视点"理论与汉语语法研究［J］.《汉语学报》（2）：11-24，95.

姚双云，2018，口语中的连词居尾与非完整复句［J］.《汉语学报》（2）：2-13，95.

尹蔚，2010，选择关系标记关联模式探究［J］.《汉语学报》（1）：85-93.

袁毓林，2012，汉语句子的焦点结构和语义解释［M］.北京：商务印书馆.

曾冬梅、邓云华、石毓智，2017，汉语兼表原因和结果的语法标记［J］.《语言研究》37（3）：1-6.

张辉，2004，语法整合与英汉致使移动的对比研究［J］.《天津外国语学院学报》（1）：7-13+19.

张建，2011，偏正复句的关联标记模式与蕴涵共性——基于中国境内语言的统计与分析［J］.《兰州学刊》（4）：101-105.

张建，2012，汉语复句关联标记模式的组合经济性［J］.《汉语学报》（4）：88-94.

张金桥、莫雷，2003，汉语因果复句的心理表征项目互换效应研究［J］.《心理发展与教育》（4）：53-56.

张良，2018，汉语语篇因果关系的认知加工：理解与韵律产出研究［D］.北京：中国社会科学院研究生院博士学位论文.

张亚茹，2019，先秦因果关联标记模式探究［J］.《现代语文》（1）：24-29.

张滟，2010，"事态限定"句法语义研究——基于"交互主观性"认知观
　　［J］.《外语教学与研究》（3）：203-210。

张滟，2012，因果复句关联标记句法—语义研究——基于"交互主观性"
　　认知观［J］.《外国语》（上海外国语大学学报）（3）：42-50.

张谊生，2000a，《现代汉语副词研究》［M］.上海：学林出版社.

张谊生，2000b，现代汉语副词的性质、范围与分类［J］.《语言研究》
　　（1）：51-63.

张谊生，2001，论现代汉语的范围副词［J］.《上海师范大学学报》（社会
　　科学版）（1）：107-114.

张谊生，2012，现代汉语副词状语的标记选择［J］.《汉语学报》（4）：
　　32-43.

郑丽，2009，《中古汉语主从连词研究》［D］.福州：福建师范大学博士学
　　位论文.

周刚，2002，《连词与相关问题》［M］.合肥：安徽教育出版社.

朱斌，2013，《汉语复句句序和焦点研究》［M］.广州：世界图书出版广东
　　有限公司.

朱城，2000，连词"所以"产生的时代［J］.《辽宁大学学报》（哲学社会
　　科学版）（4）：103-105.

朱德熙，1982，语法讲义［M］.北京：商务印书馆.

朱献珑，2017，汉英因果标记语法化的认知对比研究［J］.《中国外语》
　　（4）：35-41.

图书在版编目(CIP)数据

英汉因果复句的历时演变研究 / 邓云华，曾冬梅，
李曦著． — 北京 ：商务印书馆，2024． — ISBN 978-7
-100-24808-2

Ⅰ．H314.3；H146.3

中国国家版本馆 CIP 数据核字第 2024U5Q834 号

英汉因果复句的历时演变研究

邓云华 曾冬梅 李曦 著

商 务 印 书 馆 出 版
（北京王府井大街 36 号 邮政编码 100710）
商 务 印 书 馆 发 行
艺堂印刷（天津）有限公司印刷
ISBN 978-7-100-24808-2

2024 年 12 月第 1 版　　　开本 710×1000　1/16
2024 年 12 月第 1 次印刷　　印张 19

定价：98.00 元